“世行贷款/英国赠款中国农村卫生发展项目”改革探索与实践

中国农村卫生发展项目
创新试点操作实务集

主　　编　张朝阳
副 主 编　刘　方　池延花
执行秘书　张　剑
编　　者（按姓氏笔画排序）
王禄生　王瑞儒　田向阳　刘　方
刘谷琮　刘忠和　池延花　张朝阳
陈家应　赵根明
注：各篇编写人员详见正文

中国协和医科大学出版社

图书在版编目（CIP）数据

“世行贷款/英国赠款中国农村卫生发展项目”改革探索与实践. 中国农村卫生发展项目创新试点操作实务集/ 张朝阳主编. —北京：中国协和医科大学出版社，2014. 11

ISBN 978-7-5679-0191-9

Ⅰ. ①世… Ⅱ. ①张… Ⅲ. ①世界银行-国际信贷-农村卫生-项目评价-中国-指南 Ⅳ. ①F831. 6-62 ②R127-62

中国版本图书馆 CIP 数据核字（2014）第 240569 号

“世行贷款/英国赠款中国农村卫生发展项目”改革探索与实践

中国农村卫生发展项目创新试点操作实务集

主　　编：张朝阳
责任编辑：吴桂梅

出版发行：中国协和医科大学出版社
（北京东单三条九号　邮编 100730　电话 65260378）
网　　址：www. pumcp. com
经　　销：新华书店总店北京发行所
印　　刷：北京佳艺恒彩印刷有限公司

开　　本：787×1092　1/16 开
印　　张：21. 25
字　　数：280 千字
版　　次：2014 年 11 月第 1 版　2014 年 11 月第 1 次印刷
印　　数：1—3000
定　　价：48. 00 元

ISBN 978-7-5679-0191-9

序

世界银行贷款/英国赠款中国农村卫生发展项目（简称“卫十一项目”）的宗旨是通过体制机制创新、为医改觅踪探路，为不同发展水平地区提供可推广的农村卫生改革发展创新经验和模式。与传统外资项目不同，该项目无预先规定的统一实施内容，而是鼓励项目地区在项目设计框架基础上，按照国家医改的目标和原则，结合当地情况和特点，创新性地探索适合当地卫生改革与发展的做法和经验。

项目自2008年10月启动以来，在委领导和有关司局的指导支持下，在相关部委的关心帮助下，与世行、DFID等国际合作伙伴共同努力，项目地区在农村医疗保障筹资与支付方式改革、基层卫生机构绩效管理、基本公共卫生服务均等化、县级公立医院综合改革等医改重点和难点领域，探索形成了一系列创新经验和模式。

基于项目省县的改革创新试点实践，国家卫生计生委项目监管中心组织编写形成了项目地区《新型农村合作医疗支付方式改革操作指南》、《农村基层医疗卫生机构绩效管理指导手册》、《基本公共卫生服务提供与管理指南》、《公共卫生系统评分》、《健康村试点建设指南》和《县级医疗机构综合改革试点实施方案》等操作性较强的系列管理工具。

本书对项目探索的管理模式进行了系统梳理，汲取了项目覆盖的不同发展水平地区的农村卫生改革创新试点的经验。希望本书能为各地农村卫生改革提供实践借鉴，在推进医改向纵深发展的进程中互相交流学习、启发思路，为深化医改做出贡献。

国家卫生计生委财务司司长 张斌

2014年10月16日

前　言

世界银行贷款/英国赠款中国农村卫生发展项目（简称“卫十一项目”）旨在通过加强能力建设和综合试点，为不同发展水平地区提供可推广的农村卫生改革发展创新经验和模式。项目实施日期自 2008 年 10 月至 2014 年 12 月 31 日，共 6 年。项目覆盖中国东、中、西部不同地区的 8 个省 40 个县，涉及山区平原、经济发达和欠发达等各种类型地区，这为寻求适合不同类型地区的卫生体系改革适宜模式提供了很好的平台。

项目管理探索实践是项目地区落实国家医改政策的重要组成部分。基于项目省县多年的改革创新试点实践，我们组织有关项目管理人员和专家，共同将项目总结和开发的管理操作工具汇编成书。本书共汇编六篇文章，依次为：新型农村合作医疗支付方式改革操作指南、农村卫生服务绩效管理指导手册、基本公共卫生服务管理和提供操作指南、公共卫生系统评分指标的开发和应用、健康村试点建设指南、县级医疗机构综合改革试点实施方案。

本书所有内容已在项目地区使用，在推进项目地区深化农村卫生改革发挥了积极作用。希望本书也能够为各地推进农村卫生改革提供实践参考借鉴，为农村卫生研究和管理者提供循证依据。

本书在编写过程中，得到了 8 个项目省县管理人员及专家的配合和支持，部分项目省县人员参与了编写工作，在此表示衷心感谢。本书的出版和印刷由世界银行贷款/英国赠款中国农村卫生发展项目经费支持，谨向世界银行和英国国际发展部致以谢意。虽然所有编写人员付出了艰辛的努力，但由于编者水平有限和时间仓促，书中难免存在欠缺与不足，希望大家不吝赐教、批评指正，我们将进一步修改完善。

国家卫生计生委项目资金监管服务中心

2014 年 10 月 20 日

目　录

第一篇　新型农村合作医疗支付方式改革操作指南

编写人：王禄生　朱兆芳
姬小荣　苗艳青

前 言

支付方式改革是有效控制医疗机构费用不合理上涨，规范医疗机构行为的有效方式。医药卫生体制改革近期重点实施方案（2009~2011 年）指出，鼓励地方积极探索医疗保险与医疗机构的付费方式改革。在医改的推动下，各地针对新农合支付方式改革进行了积极地探索，并取得了较好的效果。

世界银行贷款/英国政府赠款中国农村卫生发展项目（卫十一项目）把包括新农合制度实施在内的农村医疗保障制度建设作为一个专门领域，给予了高度关注，希望通过支付方式改革，控制医疗费用的不合理上涨，提高农村居民新农合的受益程度。2009 年 3 月，受卫生部项目资金监管服务中心委托，在卫十一项目支持下，卫生部卫生发展研究中心对云南省禄丰县开展的门诊总额预付制和住院按病种分类床日付费制度进行了总结和评价，并出版了《新型农村合作医疗支付方式改革试点研究报告》，用以指导项目县开展新农合支付方式改革工作。

在项目的持续推动和专家的指导下，各项目县根据实际情况开展了多种支付方式改革实践，取得了显著成效，但也存在着一些问题。卫生部卫生发展研究中心再次受卫生部项目资金监管服务中心委托，在前期工作的基础上，对卫十一项目县和全国其他地区支付方式改革进行了总结和梳理，编写了新农合门诊和住院部分支付方式的操作指南，供各地开展新农合支付方式改革工作参考借鉴。

第一章　新农合按病种分类床日付费方式操作指南

住院费用控制因受到其病种多、病情复杂的影响，采取的支付方式也较为复杂。目前常用的住院支付方式包括单病种定额付费、按人头付费、按单元付费、按总额付费和按疾病诊断分组付费等。目前国内有部分地区开展了按病种分类床日付费制度，主要是根据疾病特征和治疗方式把疾病进行分类，按照住院床日数分段，然后确定不同疾病类型和不同住院时间段的每床日付费标准。

按病种分类床日付费制度的优点是覆盖面广，可涵盖所有病种；操作简单，便于经办机构掌握；不对诊疗行为过多干预，可以保证医疗质量，并能调动医生积极性；对每个疾病的付费总额可进行简单预测，有助于形成医院控制费用的自我约束机制。按病种分类床日付费制度也具有一定的缺陷，由于受到费用标准测算水平的影响，不合理的测算标准可能会出现推诿病人的现象。

一、概述

（一）概念

按病种分类床日付费支付方式目前还没有明确的定义。国内部分地区开展的是指在住院治疗中，根据病情特征和治疗进展对疾病进行分类和床日分段，在严格测算的基础上，制定新农合认定的各类疾病和各时间段的每床日应付费标准，病人出院后按实际发生费用和规定补偿比与医疗机构结算，新农合经办机构以实际住院天数的规定付费标准和规定补偿比与医疗机构结算的一种付费机制。

（二）实施背景和目的

1. 设计目的

（1）调动医疗服务供方主动控制费用的积极性，医疗机构通过降低成本和减少住院床日形成自我控制费用的约束机制，有效控制不合理医疗费用过快增长。

（2）在控制总体费用的基础上不对诊疗行为和用药目录做出过多约束规定，方便医生因病施治。

（3）提高实际补偿比和参合农民受益水平。

（4）简化操作和管理程序，用一种支付方式覆盖所有病人。

2. 作用机制

按病种分类床日付费制度的主要思路是在对疾病分类的基础上，测算不同类型疾病在不同住院时期的床日费用标准，以此为标准对同类疾病按照规定比例支付。这样既简单，又没有过多的干预医生对疾病的施治，只是根据住院天数对每一类疾病的治疗费用作出了大概的费用总额和新农合补偿总额测算，医疗机构可以根据实际情况，尽量减少不必要的诊疗项目，减少成本。

按病种分类床日付费制度的作用机制是通过对医疗机构住院疾病的分类并制定床日付费标准，相当于给医疗机构安上了一个费用控制的阀门，医疗机构根据不同疾病和床日的费用标准，衡量其成本和收益，实现医疗机构自我约束其服务行为的机制。

3. 发展方向

根据不同疾病的特征分成了粗线条的四类，需要对现有的疾病种类、费用和住院天数进行统计分析后作出的粗略测算，需要用床日分段付费进行调整，因此目前使用的支付方式受到现有的医疗信息系统和测算能力的限制。随着医院管理信息系统的优化、临床路径的完善和新农合经办机构管理测算能力的提高，可以把疾病分类细化为疾病分组，不再按床日分段，此时按病种分类床日付费制度可逐步向精确测算的 DRGs 支付制度转变。

（三）实施条件

1. 新农合实施 2~3 年，补偿方案较为成熟，运行较为稳定。

2. 县乡两级新农合经办人员具备了一定的管理经验。

3. 定点医疗机构建立了较为成熟的住院信息系统（HIS 系统），或病历记录保存完整。

4. 医疗机构住院信息系统中如有病人费用一日清单最佳，如无，可根据病历记录判断。

二、实施流程

按病种分类床日付费制度实施需要经过数据收集、机构分级、疾病分类、床日分段和确定付费标准五个步骤。其中数据收集需要收集近 2~3 年来全县不同医疗机构的住院病历信息，如果医疗价格指数上涨较快，也可只收集上一年的病历数据。对数据的分析需要借助 Excel 或 SPSS 进行，床日分段和确定付费标准是按病种分类床日付费制度实施的关键。详细流程见图 1。

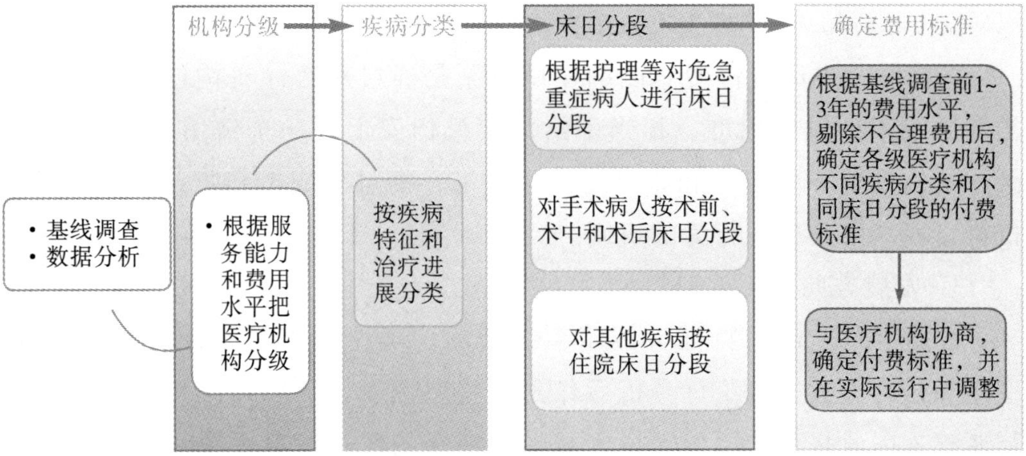

图 1 按病种分类床日付费制度实施流程图

（一）数据收集

付费标准的确定需要翔实的历史数据作为测算依据。因此需要收集近三年的县内医疗机构的住院病人信息，包括疾病种类、住院天数、诊疗项目、费用水平等。详细收集方法见基线调查部分。

（二）机构分级

根据各医疗机构住院费用和平均住院天数的分布情况，结合卫生主管部门对各机构实际服务能力的判断，把全县的医疗机构分为若干级。费用水平接近的医疗机构可合并为一级。

（三）疾病分类

根据汇总分析表结果，对疾病进行分类。可根据不同疾病特征并参考医学专家意见把住院疾病分为急危重症病人、非急危重症病人、择期手术病人和儿科病人四类。不同类型疾病界定见表1。

表1 按病种分类床日付费疾病分类参考标准

付费标准分类	界定标准
急危重症病人	参照原卫生部《综合医院分级护理指导原则（试行）》标准，凡在病程中进行了特级或一级护理的病人均界定为危急重症病人。特级护理需具备以下情况之一： （1）病情危重，随时可能发生病情变化需要进行抢救的患者； （2）重症监护患者； （3）各种复杂或者大手术后的患者； （4）严重创伤或大面积烧伤的患者； （5）使用呼吸机辅助呼吸，并需要严密监护病情的患者； （6）实施连续性肾脏替代治疗（CRRT），并需要严密监护生命体征的患者； （7）其他有生命危险，需要严密监护生命体征的患者。 一级护理需具备以下情况之一： （1）病情趋向稳定的重症患者； （2）手术后或者治疗期间需要严格卧床的患者； （3）生活完全不能自理且病情不稳定的患者； （4）生活部分自理，病情随时可能发生变化的患者。
择期手术病人	住院期间进行了手术的病人，包括外科和妇科手术
儿科病人	儿科的住院病人
非急危重症病人	其他病人

在根据专家意见对疾病分类的同时，还可参照疾病诊断和ICD-10疾病分类标准，对疾病的严重程度进行分类，分类标准参见表2。

表2 疾病分类标准

筛选步骤	根据ICD-10分类	根据疾病诊断分类
1. 手术疾病	住院费用中有手术费的病人	剖宫产、阑尾炎、宫外孕和输卵管流产、子宫肌瘤、卵巢囊肿、混合痔、粉碎性骨折
2. 危急重症疾病	C00-D09 恶性肿瘤 G45-G46 短暂性大脑缺血性发作和脑血管综合征 G70 重症肌无力 G80-G83 脑瘫 G91-G92 脑积水中毒性脑病 I20-I25 缺血性心脏病 I26 肺栓塞 I30-I52 其他类型的心脏病 I60-I69 脑血管病 J96 呼吸衰竭 K72 肝衰竭 N17-N19 肾衰竭 T71 窒息 T36-T65 药物、药剂和生物制品中毒和其他毒性效应	脑梗死、心衰、肾衰竭、心肌梗死、高血压高危组、失血性休克、农药或药物中毒、呼吸衰竭、脑出血、脑血栓、食物中毒
3. 儿科疾病	P00-P96 起源于围生期的疾病 Q00-Q99 先天畸形、变形和染色体异常	小儿支气管肺炎、小儿肺炎、小儿惊厥、新生儿窒息、新生儿缺氧缺血性脑病、佝偻病、鹅口疮、新生儿病理性黄疸
4. 非危急重症疾病	其他疾病	

（四）床日分段

通过对专家审核病历的合理性评价结果，在此基础上确定不同疾病类型和不同级别机构住院费用的每床日付费标准。

1. 参考专家意见，根据原卫生部《综合医院分级护理指导原则（试行）》标准对急危重症病人进行分类。分类标准见图2。

综合医院分级护理指导原则

（试行）

分级护理分为四个级别：特级护理、一级护理、二级护理和三级护理。

第八条 具备以下情况之一的患者，可以确定为特级护理：

（一）病情危重，随时可能发生病情变化需要进行抢救的患者；

（二）重症监护患者；

（三）各种复杂或者大手术后的患者；

（四）严重创伤或大面积烧伤的患者；

（五）使用呼吸机辅助呼吸，并需要严密监护病情的患者；

（六）实施连续性肾脏替代治疗（CRRT），并需要严密监护生命体征的患者；

（七）其他有生命危险，需要严密监护生命体征的患者。

第九条 具备以下情况之一的患者，可以确定为一级护理：

（一）病情趋向稳定的重症患者；

（二）手术后或者治疗期间需要严格卧床的患者；

（三）生活完全不能自理且病情不稳定的患者；

（四）生活部分自理，病情随时可能发生变化的患者。

第十条 具备以下情况之一的患者，可以确定为二级护理：

（一）病情稳定，仍需卧床的患者；

（二）生活部分自理的患者。

第十一条 具备以下情况之一的患者，可以确定为三级护理：

（一）生活完全自理且病情稳定的患者；

（二）生活完全自理且处于康复期的患者。

图2 综合医院分级护理标准

2. 根据不同时间段床日费用情况和县级医院专家意见对其他类型的疾病分类，按照住院天数分段。

3. 根据不同时期床日费用情况和专家意见，一般对手术病人按照术前、术中和术后进行分段，也可根据住院天数进行分段。

（五）确定付费标准

1. 付费标准的确定

（1）要求县级医疗机构报送不同护理级别病人的诊疗项目成本，不同住院时间段和手术前、中、后的诊疗项目和收费标准。通过对危急重症疾病病历的统计，由专家判断不合理费用比例，确定不同护理级别的付费标准。

（2）根据专家病历审核结果，确定不同疾病分类和病种的不合理费用比例，判断不合理诊疗项目，剔除不合理项目后，对不同时间段的病人的诊疗项目成本进行计算、归类和核定，确定付费标准。其中乡镇卫生院的付费标准在县级医疗机构水平上酌情降低。

2. 测算公式

根据数据分析结果，在对全县不同级别医疗机构和不同疾病类型的住院病人的次均住院费用和各时间段平均住院费用的基础上，测算某机构某类疾病的应支付费用公式如下：

某县级机构就诊的某类型疾病合管办应支付费用 = Σ（不同时间段住院天数×此段床日付费标准）

床日支付标准 = 此时间段平均费用×（1−不合理费用比例）

注：此时间段平均费用通过抽查病历获得，不合理费用比例也通过专家病历审查后计算获得

用数学公式表示为：

$$C = \sum_{i}^{m} (a_i \times b_i)$$

$$b_i = \bar{x}_i \times (1 - r_i)$$

其中：

①C 表示某县级医疗机构某疾病类型可用于支付的费用总额

②a_i为某时间段的住院天数

③b_i为支付标准

④$\bar{x}_i$为某一时间段每床日费用的平均数

⑤r_i为专家判断的不合理费用比例

由于目前缺乏对乡镇卫生院的分段标准，因此，乡镇卫生院的支付标准参照县医院付费标准制定。公式如下：

中心卫生院付费标准=县医院支付标准×近三年内中心卫生院平均住院费用/近三年县医院平均住院费用

一般卫生院付费标准=县医院支付标准×近三年内一般卫生院平均住院费用/近三年县医院平均住院费用

根据云南省某县实际数据验证，可得出如下数学公式：

$b_{(一般卫生院)} = b_i \times 0.3$

$b_{(中心卫生院)} = b_i \times 0.6$

其中：b_i为县医院付费标准

其他地区可根据各地实际情况自行验证。

3. 按病种分类床日付费制度付费标准

依据测算结果，在与医疗机构和专家讨论后，最终确定不同级别医疗机构和不同疾病分类的按病种分类床日付费制度的付费标准。参考表见附表6。

4. 付费标准的调整

按病种分类床日付费制度的付费标准需经过实践检验后进行微调，运行正常后应保持相对稳定，每年可按照医疗费用上涨指数略加调整。

（1）试运行检验后调整

按病种分类床日付费制度付费标准制定后，试运行半年，随时发现运行过程中存在的问题，尤其需要检验付费标准制定是否合理，根据运行效果和考核结果，对按病种分类床日付费的付费标准进行适当调整。

（2）根据每年的医疗价格指数进行微调

按病种分类床日付费制度付费标准已经检验调整后确定，运行正常后即保持相对稳定，不应随便调整。每年可根据医疗价格上涨指数或当地实际情况的变化进行微调。

三、基线调查

开展基线调查是按病种分类床日付费制度最基础、最重要的一环。真实、可靠、全面、准确的调查数据是科学确定疾病分类、机构分级和费用分段标准的重要基础，是实施按病种分类床日付费制度的重要保证。

（一）数据收集

1. 基线调查的目的

（1）了解近年农民住院诊疗的机构流向、病种、诊治情况、住院天数和费用情况。

（2）了解不同机构、病种的费用构成和每日费用分布情况。

（3）判断不同机构、疾病诊断治疗的合理性。

（4）为按病种分类床日付费制度的疾病分类和付费标准确定提供依据。

2. 抽样方法和样本量的确定

（1）抽样方法：抽样一般采取整群抽样或按比例随机抽样。

（2）样本量

抽取定点医疗机构病历数，病历抽取的原则是：抽取病历数越大，测算越准确。在规模较小，住院病人较少的医疗机构，如病历数量不大的情况下要全部抽取。在数量特大的情况下可按一定比例抽取。

3. 基线调查的主要内容

（1）近年来（近1~3年）参合农民在县级、乡级和其他定点医疗机构住院的人数、病种（出院诊断）、住院天数和费用情况。

（2）不同机构、病种的费用构成和每床日费用分布，一日费用清单包括住院号、姓名、费用类别、项目和费用和记账日期等信息。

（3）不同机构、病种的诊疗过程及合理性。

4. 基线调查的基本方法及对象

（1）常规数据统计

统计近三年来参合农民在全县定点医疗机构的住院病人总数、疾病诊断和住院天数，并统计其住院费用情况。调查表见附表2。

（2）医疗机构现场调查

抽取病历后，分年度、机构和病种对住院病历进行核查登记。调查人员要对每个病历资料进行查阅，看其是否完整，剔除不完整病历。每个病历所属病种以出院诊断为准，要求所有疾病诊断需要符合国家疾病分类标准。

对病种、住院天数、费用构成和每床日疾病费用进行登记汇总。对进行过特级护理和一级护理的疾病进行不同护理级别的费用和住院天数调查。调查表见附表1和附表2。

（3）专家病历审核及座谈会

邀请县内有关临床专家，对抽取病历的10%进行病历审核，对治疗过程进行合理性判断，剔除不合理治疗行为和不合理费用，补充遗漏的住院费用。调查表见附表3。

5. 基线调查的组织实施

按病种分类床日付费制度基线调查是确定床日付费标准的关键环节，由县卫生局委托合管办负责实施，县卫生局其他科室为其提供必要协助。

（1）基线调查的组织准备

成立基线调查领导小组对基线调查工作进行全面协调和领导。由县卫生局局长或分管新农合工作的副局长任基线调查领导小组组长，组员为各相关科室负责人及各定点医疗机构负责人。

组成基线调查工作小组。抽取有基线调查经验和新农合管理经验的干部组成基调调查小组，主要包括合管办工作人员和各乡镇合管办专干，还可以吸收各定点医疗机构从事病案管理和数据统计的工作人员。

邀请全县各科权威专家组成专家组，对抽取的病历进行病历审核。

（2）基线调查的方案设计

由县合管办邀请部分专家设计抽样标准、调查表和填表说明，并制定调查计划。召集工作小组成员和专家对基线调查表进行讨论和培训，统一调查口径，建立Excel或SPSS数据库。确定时间进度、调查分组和调查要求。

（3）基线调查的实施

根据确定的调查时间进度和人员分组，对各定点医疗机构进行现场调查，由各定点医疗机构指定专人进行配合，收集所有需要调查的数据和资料。每日收集的数据资料要统一登记，由专人保管。

（4）调查资料的收集和录入

调查结束后，对所有收集到的数据资料和专家审核资料进行分类整理，根据建立的数据库培训数据录入人员。

6. 基线调查的质量控制

（1）成立基线调查质量控制小组

抽调数据统计和医学专家成立基线调查小组，负责调查方案设计、调查过程中和调查后数据处理的质量控制工作。

（2）调查前质量控制

调查方案设计过程中，质量控制小组提出对病种、住院天数和住院总费用的界定的明确标准，确定调查表填写说明，并培训调查员，使其统一调查口径。

（3）调查过程中的质量控制

质量控制小组成员分头加入各调查小组中，跟踪调查的全过程，对调查过程中存在的问题及时解决，并在每日调查结束后抽查部分调查表，审核的主要内容是表格的项目内容是否填写规范，有无漏项或者错项，项目间有无逻辑错误等。对不合格的调查表进行通报，并及时改正。

（4）调查后的质量控制

质量控制小组监督数据整理和录入的全过程，提出数据整理和录入的质量控制要求，并每日对录入的数据进行核查，以保证数据录入的质量。

7. 基线调查需要注意的问题

（1）抽调具有医疗专业技能的人员为调查员。

（2）做好调查培训，统一调查口径和标准。

（3）必须依据现场调查核对原始资料。

（4）实行质量控制员制度。

（5）调查资料汇总需要逐步审核。

（二）数据分析

通过基线调查和数据录入，使用 Excel 或 SPSS 对数据进行分析。数据分析表可分为四个部分，一是不同机构和不同病种的住院天数分布；二是不同机构不同病种的住院费用分布；三是不同机构不同病种的每床日费用分布；四是根据疾病严重程度和不同机构费用水平分类的每床日付费标准分布。

1. 不同医疗机构病种和住院天数和住院费用分布汇总

将所有疾病诊断按照 ICD-10 疾病分类标准进行分类，汇总不同医疗机构不同疾病分类的住院天数和住院总费用的分布情况，见表 3。

2. 不同病种的每床日费用分布汇总

对每个病种的每日费用进行汇总分析，找出每床日费用的最小值、最大值和平均数，并分析其合理性。填写表 4。

表 3 医院病种和住院天数分布汇总分析表

病种	病历数	住院天数			住院总费用		
		最小值	最大值	平均数	最小值	最大值	平均数
A							
B							
C							
D							
E							
F							
G							
H							
I							
…………							
合计							

表 4　医院病种每住院床日费用分布汇总分析表

病种	病历数	第 1 天			第 2 天			第 3 天			第 4 天			第 5 天			第 6 天		
		最小值	最大值	平均数	最小值	最大值	平均数	最小值	最大值	平均数	最小值	最大值	平均数	最小值	最大值	平均数	最小值	最大值	平均数
A																			
B																			
C																			
D																			
E																			
F																			
G																			
H																			
…………																			
合计																			

3. 不同机构和疾病分类的每床日费用分布汇总

根据专家意见，对不同类型的疾病按照疾病特征和治疗进展进行划分，并对不同级别医疗机构进行分类，汇总不同严重程度的疾病在不同级别的医疗机构的每床日费用水平分布。其中，对危急重症的疾病根据护理级别进行分类，其他疾病按照住院天数分类汇总。见附表 4 和附表 5。

四、考核指标体系与方法

（一）考核主体和考核对象

1. 考核主体：县合管办为主体，乡合管办配合

县合管办负责按病种分类床日付费制度的实施办法的制定，并负责全县定点医疗机构在实施按病种分类床日付费制度过程中的监督和考核工作，根据每月定点医疗机构考核结果拨付住院补偿费用。

县合管办在负责全县按病种分类床日付费制度运行监督的同时，负责县级医疗机构的住院病历审核和月考核工作。县合管办每月抽查部分病历进行审核，并根据考核办法对县级定点医疗机构进行月考核。

乡镇合管办负责本乡镇定点医疗机构的住院病历审核和月考核工作。每月月底将考核结果上报县合管办，县合管办抽查部分乡镇后，根据考核结果拨付乡镇定点医疗机构的住院补偿费用。

2. 考核对象

全县开展住院的定点医疗机构均作为按病种分类床日付费制度的考核对象。

（二）考核内容和指标体系

1. 考核内容

考核内容包括新农合管理、医疗行为规范、费用控制效果、医疗质量和病人满意五个方面。

2. 考核指标体系

考核指标体系包括专门管理组织和人员、建立管理制度、平均住院天数、疾病严重程度构成比、特级和一级护理比例、住院率、分解住院率、次均住院费用、实际补偿比、一个月内重复住院率、县外转诊病人比例以及住院病人满意度等。具体考核内容和考核指标见表5。

（三）考核办法和周期

1. 考核形式

实行经常性考核和重点考核相结合的办法，通过实地查访和病历抽查的方式进行考核。

2. 考核周期

每月通过抽查部分病历进行月考核，每季度实行重点考核，运行正常后可实行半年考核。

（四）与医疗机构和农民的结算方式

1. 结算方式

按病种分类床日付费制度的结算包括新农合经办机构与定点医疗机构

表5　按病种分类床日付费制度考核标准（参考）表

考核项目	考核内容	合格标准	分值	考核方法	扣分原则	扣分原因	得分
1. 新农合管理组织和制度建设（10分）	1.1 管理组织建设	各定点医疗机构成立专门新农合管理部门或指定专人负责	5	实地考察	无专门管理部门或无责任人本项不得分		
	1.2 管理制度建设	制定本单位按病种分类床日付费制度考核奖惩办法	5	实地考察并查阅文件制度和考核记录	无制度不得分，有制度但无考核扣3分		
2. 医疗行为规范（35分）	2.1 平均住院天数	无延长住院床日现象	10	查阅本月住院病人信息统计和补偿记录	本月平均住院床日高于上年度平均住院床日0.1天扣1分，扣完为止 不同疾病严重程度的平均住院床日高于上年度平均水平0.1天扣1分，扣完为止		
	2.2 疾病严重程度构成	未出现降低住院病人疾病严重程度的现象	10	抽查当月10%的病历，如当月不足10份，全部抽取	计算本月疾病严重程度分类比例，危急重症疾病比例低于上年度标准0.1%扣1分，一般卫生院不考核该项		
	2.3 特级和一级护理比例	未出现特级护理和一级护理比例提高现象	5		计算本月特级护理和一级护理占危急重症疾病病人的比例，高于上年度平均水平0.5%扣1分。一般卫生院不考核该项		
	2.4 严格入院标准	未出现放宽住院指征和门诊转住院现象	5	查阅本月全部住院病人信息统计和补偿记录	挂床住院和门诊转住院病人每查出一例扣1分，扣完为止		
	2.5 分解住院率	未出现分解住院现象	5		同一个医疗证号，同一个病人在同一天同一个医疗机构入院的情况每查出一例扣1分，扣完为止		

续 表

考核项目	考核内容	合格标准	分值	考核方法	扣分原则	扣分原因	得分
3. 费用控制效果（30分）	3.1 次均住院费用	未出现次均住院费用大幅度上涨现象	15	查阅本月全部住院病人信息统计和补偿记录	每月不同医疗机构次均住院费用高于上年度次均住院费用的5%扣1分，高于10%扣5分，扣完为止		
	3.2 实际补偿比	每月不同级别医疗机构实际补偿比不得低于规定标准	15		每月不同级别医疗机构实际补偿比每低于规定标准1%扣2分，扣完为止		
4. 医疗质量（20分）	4.1 一个月内重复住院率	严格保证住院治愈率水平，一个月内重复住院率不得高于2%。	10	查阅本月全部住院病人信息统计和补偿记录	同一个病人在一个月内以相同或相似疾病在本院住院人数占当月住院病人比例每高出0.5%扣1分，扣完为止		
	4.2 上转病人比例	规范转诊管理，严格控制推诿病人现象	5	查阅本机构住院病人转诊记录	经本院上转病人无登记扣1分 上转病人占本机构住院病人的比例每超过上年平均水平1%扣1分，扣完为止		
	4.3 县外转诊病人比例	降低县外住院病人比例，防止推诿病人现象	5	全县县外住院病人统计	半年考核一次，全县县外住院病人比例不得超过上年平均水平，每高出1%扣减所有医疗机构1分		
5. 病人满意（5分）	病人对机构规范行为和医疗质量的满意度	保证病人对医疗机构服务水平和服务质量具有较高的满意度	5	随机走访10名住院病人，并参照病人反馈意见	对医疗机构有无上述不规范的服务行为和服务质量情况进行访谈，两项满意度均低于90%该项不得分，单项低于90%扣3分，两项均在90%~95%之间扣2分，两项均高于95%得满分		

结算和医疗机构与参合人员结算两个环节。结算方式可以分为对医疗机构与参合人员统一按照付费标准及规定补偿比结算和对医疗机构实行按病种分类床日付费标准支付，医疗机构按实际费用和规定补偿比与参合人员结算两种方式。

2. 不同结算方式的利弊和适宜条件

倘若对医疗机构和参合人员实行一种结算方案，都按照按病种分类床日付费的费用支付标准进行支付，有利于约束医疗机构和参合人员的住院行为，操作比较简单。但是在实际费用低于付费标准的时候，尤其是在实行一日清单的情况下，参合人员的支付费用和实际发生费用不符，参合人员不可能接受比实际高的费用，如果实行同一支付标准，在目前的环境下还难以实施。

如果对医疗机构和病人实行两套结算标准，即新农合经办机构对医疗机构按病种分类床日付费总额的规定补偿比支付，医院对住院病人按实际费用的规定补偿比结算，这虽然有利于住院病人理解，也使得医疗机构对补偿金额做到心中有数，操作简便。但在当前参合人员住院自付比例高于50%的情况下，即使住院费用超过定额标准，在新农合补偿中亏损的部分也可以通过参合人员的自付得以弥补，这就容易产生费用控制的漏洞。因此，在实际补偿比高于50%的情况下比较适宜实施。

在目前还难以实行统一支付方式的情况下，可以通过对不同医疗机构月平均实际补偿比的控制和考核措施来控制医疗机构的逐利行为。

（五）考核奖惩

按病种分类床日付费制度实行考核结果与拨付补偿资金挂钩的办法，考核表满分100分，考核满分拨付全部住院补偿资金，考核不合格，根据一定比例扣除应拨付的住院补偿资金。每扣除1分，扣减2%的应拨付资金。

附表

附表 1　年医疗机构病历调查表

患者姓名	合作医疗证号	出院诊断及编号	住院医院	住院天数	实际总费用	每床日费用（元）																							
						1	2	3	4	5	6	7	8	9	10	11	12	13	14	15	16	17	18	19	20	21	22	23	24

附表 2 医院危急重症疾病护理级别和每床日费用调查表

患者姓名	合作医疗证号	住院医院	出院诊断及编号	特级护理						一级护理						二级护理						三级护理					
				第一天	费用	第二天	费用	第三天	费用	第一天	费用	第二天	费用	第三天	费用	第一天	费用	第二天	费用	第三天	费用	第一天	费用	第二天	费用	第三天	费用

附表 3 专家病历审核登记表

患者姓名	合作医疗证号	住院医院	出院诊断及编号	住院天数	住院总费用	应剔除不合理诊疗项目及费用						应添加诊疗项目及费用						合理总费用	合理住院天数
						不合理诊疗1	不合理费用1	不合理诊疗2	不合理费用2	不合理诊疗3	不合理费用3	应添加项目1	应添加费用1	应添加项目2	应添加费用2	应添加项目3	应添加费用3		

附表 4　危急重症疾病在不同医疗机构的费用分布分析汇总表

患者姓名	合作医疗证号	住院医院	出院诊断及编号	特级护理		一级护理		二级护理		三级护理	
				天数	特级护理总费用	天数	一级护理总费用	天数	二级护理总费用	天数	三级护理总费用
合计											
平均数											

附表 5　其他不同严重程度的疾病在不同医疗机构的每床日费用分布

疾病严重程度分类	医院级别	每床日费用平均数（元）																	
		1	2	3	4	5	6	7	8	9	10	11	12	13	14	15	16	17	18

附表 6　按病种分类床日付费制度支付标准（参考）表

医疗机构	急、危、重症病人（元/天）				非急、危、重症病人（元/天）					择期手术病人			儿科病人（元/天）			
	特级护理	一级护理	二级护理	三级护理	时间段 1	时间段 2	时间段 3	时间段 4	时间段 5	待术期（时间段 1）	术中（时间段 2）	术后（时间段 3）	时间段 1	时间段 2	时间段 3	时间段 4

第二章 单病种定额付费支付方式操作指南

单病种付费是在新农合支付方式改革中按病种付费的本土化产物，其操作原理和按病种付费相同，但根据中国农村和新农合运行的情况进行了一定的简化，对病种费用的测算也较为简单和粗略。

在我国，单病种付费又分为单病种限额付费和单病种定额付费。两种支付方式各有利弊，本部分主要针对单病种定额付费支付方式。

一、单病种定额付费方式概述

（一）概念

单病种定额付费是指确定统计医疗机构中某种疾病每名患者合理的平均总住院费用，制定该病种的标准费用，划分为新农合补偿和个人自付费相应数值，超支和结余都由医疗机构负责。

（二）实施条件

单病种定额付费制度的实施条件包括：

1. 新农合实施 2~3 年，补偿方案较为成熟，运行较为稳定。

2. 县乡两级新农合经办人员具备了一定的管理经验。

3. 县级医疗机构建立了较为成熟的住院信息系统，或病历记录保存完整。

二、实施流程

单病种定额付费支付方式的实施需要经过病种选择、服务包确定、付费标准确定以及监督考核等环节。实施流程见图 1。

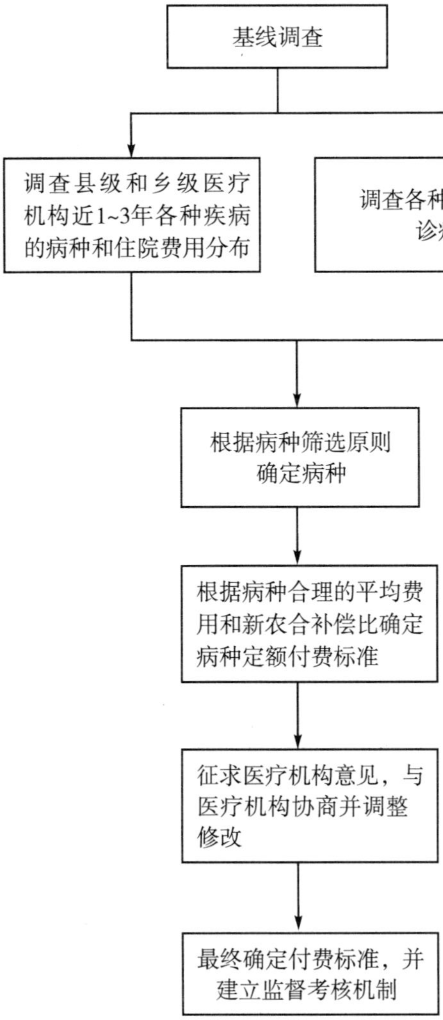

图1　单病种定额付费实施流程

（一）数据收集

1．调查对象和样本量

（1）调查对象：定点医疗机构的住院病历。

（2）抽样方法和样本量的确定：抽取近1～3年的全部病历，如果某机构一年病例数足够大，也可按一定比例抽取。

2．基线调查的主要内容

（1）近年来（近1~3年）参合农民在县级、乡级和其他定点医疗机构住院的出院诊断（病种）、人数和费用情况。病例所属病种以出院诊断为准，符合国际疾病分类标准的疾病名称（如需兼顾基层的实际情况也应尽量靠近）。

（2）不同机构、病种的诊疗过程及合理性。

3. 数据分析

通过基线调查和数据录入，对数据进行分析。数据分析表可分为两个部分，一是不同机构和不同病种的住院人数分布；二是不同机构不同病种的住院费用分布。

（1）规范疾病名称。根据国际疾病分类标准，对住院疾病诊断进行规范。

（2）将所有疾病诊断按照ICD-10疾病分类标准进行分类，汇总不同医疗机构不同病种的住院天数和住院总费用的分布情况，见表1。

表1 医院病种和住院天数分布汇总分析表

病种	病历数	住院费用（元）			平均不合理费用（元）	遗漏的合理费用均值（元）
		最小值	最大值	平均值		
A						
B						
C						
D						
E						
F						
G						
H						
I						
J						
K						
…………						
合计		—	—	—	—	—

（二）确定病种

1. 病种确定的原则

理想的单病种定额付费体系是对所有的住院病例都实行单病种定额付费，但是由于基础数据缺乏，并且部分疾病费用变异较大，难以对所有病例都实施单病种定额付费。这时，可率先选择部分病种进行单病种定额付费。病种选择的原则如下：

（1）发病机制清楚，诊断明确，治疗方法比较固定。

（2）并发症少，治疗处置差异性小，费用相对稳定。

（3）有比较明确的临床路径和治愈标准。

（4）当地发病率较高的病种，社会影响面较大。

（5）医药费用支出较大的病种。容易给当地居民造成较重的经济负担，或者参保人员因为经济负担较重而容易放弃治疗的病种。

2. 病种确定的程序

（1）根据病种选择的原则确定病种。

（2）根据当地社会经济发展状况和基金支付能力，选择重点病种，待条件成熟再扩大病种范围。

有条件和能力的地方可以将绝大部分新农合规定的能够补偿的住院病种纳入单病种范围，也可以先选择部分单病种，待机制运行成熟后，再慢慢增加病种。为了保证费用控制效果，选择部分单病种时，建议按照前三年疾病谱，选择能够保证累积住院次数和累积住院费用均能够过半的疾病数量为单病种。

（三）单病种定额付费标准的测算

单病种定额付费标准的测算有两种途径：一是直接根据历史数据测算不同病种的平均费用，作为付费标准；二是确定每种疾病的临床路径，再根据临床路径测算付费标准。

从理论上说，第二种测算付费标准的方法更为科学，但是在实行单病种定额付费的开始阶段，和目前农村地区疾病还没有制定临床路径的情况下，通过临床路径测算付费标准较为困难。因此，第一种测算方法尽管不如第二种方法精确，但是很快能够得出结果，便于在单病种定额付费方式改革的启动时采用。单病种定额付费方式一旦启动后，医疗机构为了控制成本，会积极开发合理的临床路径，而临床路径的开发又可以为付费标准的测算提供依据。

因此，在现阶段，为了迅速启动单病种定额付费，可以采用历史数据测算付费标准，在今后的实践中，采用临床路径来矫正费用标准。

1. 根据历史数据测算病种费用

根据历史数据测算病种费用大致上有以下几个步骤：

（1）初步划分病种。

（2）计算每个病种费用的中位数和费用变异程度。

（3）确定影响费用变异的主要因素，包括疾病因素和治疗因素。

（4）按疾病因素和治疗因素进一步把病种分类到最细的病种。

（5）可以把病种细分后的费用中位数作为付费标准，或者通过以下公式计算病种付费标准。

公式 1：某单病种付费标准=（某单病种住院总费用-不必要检查费用-不合理用药费用-不合理收费+医院漏费）÷某单病住院人数×物价指数

（6）确定定额方式，确定定额标准。

补偿定额付费需根据新农合规定补偿比确定病种定额补偿标准，自付定额付费是单病种付费标准减去新农合定额后病人自付的定额。

公式 2：单病种补偿定额标准=单病种付费标准 * 规定补偿比

公式 3：单病种自付定额标准=单病种付费标准-单病种付费标准 * 规定补偿比

2. 根据临床路径调整病种费用

在单病种定额付费之下，医疗机构为了控制成本，将主动优化临床治疗过程，建立临床路径。临床路径是以循证医学证据为指导，针对某一疾病建立一套标准化治疗模式与治疗程序，以此来优化治疗组织和疾病管理，最终起到规范医疗行为，降低成本，提高质量的作用。

临床路径不仅可以规范诊疗过程，减少一些不必要、不合理的诊疗行为，还有助于对临床诊疗项目成本进行归类、整理、分析，为测算病种的“标准”成本提供依据。

原卫生部已于2010年底下发了22个专业222个病种的临床路径，根据该临床路径可以提取某些影响费用的重要因素，为费用测算提供线索。

（1）建立临床路径的程序

在单病种定额付费之下，医疗机构将有动力在“成本-收益”的基础上建立适合本地和本院的临床路径，为了促进医疗机构快速建立临床路径，医保部门应该提供一些协助。临床路径的建立可以参照以下程序。

1）病种名称规范

参照ICD-10国际疾病分类标准，规范疾病分类名称。

2）筛选相应病种

选择当地发病率顺位靠前并兼顾平均费用较高的病种，以急性病为主，兼顾手术和非手术科室；疾病应具有明确的诊断，费用变异性较小的特点。

3）收集病历资料，对不同疾病的诊疗过程和费用进行汇总

采用“作业流程分析法”对确定的病种进行回顾性调查。回顾性资料来源于医院的病案统计室，数据摘录于已确定的病历资料卡。从中分析该病种临床路径的入组标准、排除标准、出院标准、住院天数以及住院期间的标准流程和可能发生的变异处置方法。

4）组织专家确定临床路径

在对回顾性调查结果进行统计分析的基础上，采用特尔菲法、循证法和数据分析法，确定该病种的合理平均住院天数，并按照严格的时间顺序，逐日制定出经过循证和专家共同认可，符合该病种特性的检查、治疗（包括手术）、护理、康复等项目的科学、合理的标准工作流程，并加以规范。

组织各学科专家，包括临床医师、护理人员、麻醉师、药师等，分别对各医院制定的临床路径进行论证，根据专家提出的意见和建议对临床路径进行修改完善，形成小样本实验版本。

5）实验临床路径并根据情况进行调整

在不同级别医疗机构试点实验版本，并根据执行过程中存在的问题及

时调整。

（2）基于病种临床路径测算付费标准

临床路径确定后，疾病诊疗过程和费用水平就比较明确了，可以根据临床路径确定的诊疗过程测算不同病种的费用。

1）根据临床路径测算“标准”费用

公式4：病种临床路径“标准”费用=病人住院第一天各诊疗项目和药品费用小计+病人住院第二天各诊疗项目和药品费用小计+……+病人住院第n天各诊疗项目和药品费用小计

2）“标准”费用与实际费用比较

实际费用是指对各医院已发生的各种费用进行归类，求得的病种平均费用。根据实际治疗过程，实际费用的测算应该对不同危重程度、年龄、性别、有无并发症/合并症等因素进行详细分类，分类统计不同类别病人的平均费用。

比较实际费用与“标准”费用之间的差异，需要分析实际诊疗过程与临床路径的差异，可以进一步了解造成医疗费用变异的原因。

3）判断分析不同测算方法得到的费用差异的原因，确定合理的费用标准

对按临床路径测算的“标准”费用与实际费用进行比较，确定病种的合理付费标准。

4）为了避免某些高费用的项目（主要是高新项目）对病种费用的影响，可以在病种费用测算中排除这些项目，而是对这些项目根据实际临床需要，实行按项目付费。

（四）通过协商机制确定付费标准和分担机制

1. 协商机制的组织

付费标准的最终确定需要通过医疗机构的承认。为了促进医疗机构之间的公平竞争、优化医疗资源配置，不同级别的医疗机构应该执行统一的付费标准。因此，所有提供住院服务的医疗机构都应该共同参与协商机制。为了提高谈判的效率，可以按照医院提供住院服务的主要病种，把医院分

为几个谈判组，分别进行谈判。

2. 通过协商机制确定付费标准的方式

通过协商机制确定付费标准有两种思路：一是在协商过程中，直接确定每个病种的付费标准；二是在协商过程中，确定每个病种的相对分值和预算总额，然后在年底，根据预算总额除以总分值得出每个分值的费用标准。

3. 风险分担的方式

风险分担是指实际费用超过付费标准的时候，医疗机构和医保机构之间的费用分担，以及实际费用低于付费标准的时候，医疗机构和医保机构之间的共享。风险分担的处理有以下几种方式：

（1）定额付费方式

对某一个病种，不论其实际支出是多少，都按一个标准进行支付。该支付方式操作简便，但是医院承担了过多的风险，将医院为了节约成本，有可能损及服务质量，同时也将促使医疗机构尽可能把病例上调到付费标准较高的疾病组。另外，从保险理论上来说，让医院承担过多的风险，损害了风险供给的能力，降低了保险的效率。

（2）病种费用弹性结算方式

弹性结算是指在实际费用超过病种付费标准的时候，医保机构按一定比例进行分担，当实际费用低于病种付费标准的时候，按实际费用支付，或者由医疗机构共享一部分节约费用。

为了控制医院过度提供医疗服务，一般来说，医疗机构分担超额费用的比例应该接近医疗机构的毛利。

（3）相对分值法

相对分值法是指医保机构与医疗机构通过协商确定本地区单病种定额付费的预算总额，以及各种病种的服务分值，但是事先不确定每个分值的付费标准。到年底，医保机构把各家医院的服务分值累计，然后把总额费用除以总服务分值，得到每个服务分值的付费标准。

这种方式实际上让所有医疗机构共担了总服务量超过预定水平导致的风险。另外，为了避免医疗机构过多地承担费用波动带来的风险，还可以对费用过高的病例给予较高的分值。

三、单病种定额付费下的监督考核

单病种定额付费的监督考核的目的：一是避免医疗机构为了节约成本而损害医疗质量；二是避免医疗机构把费用转嫁给患者；三是促进医疗机构诊疗规范的建立。前两个目的是预付制下共同的考核目的，而第三个则是单病种定额付费下专门的考核目标。

（一）监督考核指标

从上述考核目标出发，重点可将以下指标纳入监督考核：

1. 病历书写的规范率

规范病历书写是质量监控基础，其他指标计算的主要来源对原始病历资料的统计分析。计算公式如下：

某病种病历书写的规范率=书写规范的病历数/随机抽查病历数×100%

2. 平均住院天数

住院时间是诊断、治疗、护理是否及时、有效的综合反映，可以作为衡量医院利用卫生资源的好坏及医院医疗服务质量的主要依据。在此基础上可以计算实际住院日在临床路径标准住院日范围内的患者比例。要求标准住院在平均住院日±1.64标准误差之间。计算公式如下：

平均住院天数=某病种所有患者住院总天数/某病种患者数

标准住院日范围内的患者比例=低于标准住院日的患者人数/患者总人数×100%

3. 平均住院费用

住院费用是反映医疗成本和卫生资源消耗的主要指标，在此基础上也可以计算实际住院费用在该病种付费标准费用之下的患者比例。计算公式如下：

平均住院费用=某病种所有患者住院总费用/某病种患者数

该付费标准内的患者比例=低于标准费用的患者人数/患者总人数×100%

4. 医疗费用构成

医疗费用构成在一定程度上可以反映医疗诊疗过程是否经济、适宜。具体可包括药品费用比、检查费用比。

药品费用比=该病种患者药品总费用/该病种患者住院总费用×100%

检查费用比=该病种患者检查总费用/该病种患者住院总费用×100%

抗生素费用比例=该病种患者抗生素费用/该病种患者住院总费用×100%

5. 患者自付比例

该指标反映医疗机构向患者转嫁费用的情况。

患者自付比例 = 患者自付金额（包括目录外用药）/患者医疗总费用×100%

6. 并发症发生率

并发症是指一种疾病在发展过程中引起另一种疾病或症状的发生，如手术患者术后出现感染、出血、压疮、深静脉血栓等。并发症的发生率也可作为评价患者临床结局的一个因素，但应根据具体病种而定。具体合格指标依据病种，以循证医学的证据为基础制定。计算公式如下：

并发症发生率=某病种发生并发症患者数/某病种患者总人数×100%

7. 规定时间内非计划再入院率（术后非预期再手术率）

规定时间内非计划再入院率（术后非预期再手术率）不仅是医疗质量的一个重要评价指标，也是监控医疗机构是否可能存在分解治疗和住院的一个重要指标，是单病种定额付费质量监控的重点。具体时间视不同病种而定。计算公式如下：

规定时间内非计划再入院率（术后非预期再手术率）= 规定时间内非计划再入院患者数（术后非预期再手术患者数）/某病种出院人数×100%

8. 患者满意度

患者满意度是综合评价医护人员服务质量的一个因素。目前国内外尚缺乏统一的、比较成熟的评价单病种定额付费的患者满意度量表。较为简单的做法，就是采用五分法（很满意、满意、一般、不满意、很不满意），让患者匿名选择其中一个选项。计算公式如下：

患者满意度=某病种选择很满意和满意的患者人数之和/该病种住院患者数×100%

（二）考核评价办法

对于以上考核指标，很难确定一套合格的分值标准，一种务实的做法是把各医疗机构每个考核指标的结果进行排序，按排序给予评分。如果有10家医疗机构参加考核，则考核第一名得10分，第二名得9分，以此类推。最后把每个指标的得分进行累加，得到每个医院的考核综合分。

为了使得考核结果更为合理地应用，可以事先征求医疗机构的意见，结合专家判断，确定各个指标的权重。

对于考核结果处于末尾10%~20%的医疗机构提出警告，并扣除一定的费用，存在明显违规行为的，可以暂停定点服务资格，限期整改。同时，按照得分对医疗机构进行排名，对管理规范、服务信誉好、合理控制医疗费用的先进单位予以表彰。

考核结果可以给新农合经办机构提供进一步分析的线索。对于平均费用明显升高的医院，可以调查其是否存在人为的诊断升级的现象；对于平均费用明显下降而住院数量上升的医院，可以调查其是否存在挂床住院、分解住院的现象；对于个人负担较高的医院，可以调查其用药和高新项目使用的合理性。如果医院存在弄虚作假骗取医保基金的现象，一经发现并查实，严格按有关规定处理。

第三章 新型农村合作医疗门诊总额预付操作指南

一、门诊总额预付制度概述

（一）门诊总额预付制度的概念和意义

总额预付制度实质上是预付制，是医疗费用支付制度中的一种，是医疗保险机构根据与医院协商确定的年度预算总额进行支付，因此也可以称为总额预付制或总额预算制。具体而言，门诊总额预付制度是指县级新型农村合作医疗经办机构对乡村两级定点医疗机构为参合农民提供的门诊服务，按一定的付费标准计算付费总额，并按月考核付费的一种支付制度。

在这种支付制度下，合作医疗经办机构根据各医疗机构单位的服务能力、当地经济水平等将预先制定的付费总额划拨给各医疗机构，医疗机构则负责向参合农民提供规定的医疗服务。在既定的支付额度下，医疗机构的收入就不能随服务量的增长而增长，一旦出现亏损，合作医疗经办机构不再追加支付，亏损部分由医院自付；同时，由于医疗机构积极控制医药费用而实现的结余也归医疗机构所有，不再扣回。在这种激励机制之下，医疗机构为了达到自身利益的最大化，就会主动降低医疗服务成本，减少过度医疗服务的提供，从而建立起医疗机构的自我约束机制，最终达到控制费用的目的。

由此可见，推行门诊总额预付制度的目的就是为了建立医疗机构的自我约束机制，从而实现控制医疗费用、规范医疗机构行为、提高农民受益水平、促进农民医疗需求合理释放的目标。

本指南主要针对乡村两级医疗卫生机构，有条件的地方可以探索对县级医疗机构的门诊总额预付。

（二）实施门诊总额预付制度的必要条件

1. 实行门诊统筹

门诊统筹是指在新农合基金中提取一定比例的资金，对参合农民在门诊定点医疗机构、规定的补偿范围内的门诊费用，按照一定比例报销的制度。与家庭账户相比，只有在实行门诊统筹的前提下，才有条件和必要推行门诊总额预付制度。

2. 健全的组织管理机构

（1）县级经办机构

县级经办机构是实行新农合门诊总额预付制度的总体设计和管理机构，主要负责制定科学合理的基金分配方案，并对门诊总额预付制度的过程进行监督管理。

（2）乡级经办机构/合管专员

乡合管办专员是实行新农合门诊总额预付制度的具体执行者。主要负责协助县级经办机构开展对医疗机构的考核和监管工作。

3. 健全的卫生服务体系

完善的卫生服务体系是对门诊总额预付制度顺利实行的基础，主要体现在以下几个方面：

（1）健全的乡村两级卫生服务机构。

（2）实行乡村医疗机构一体化管理（以下简称“一体化管理”）。一体化管理是指乡镇卫生院对村卫生室实行统一的管理，包括乡镇卫生院对村医进行统一的人员管理、统一的业务管理、统一的药械管理和统一的财务管理等。一体化管理的程度越高，门诊总额预付制度的实施效果越好。

（3）顺畅的信息传输。县合作医疗经办机构只有及时全面掌握乡村两级医疗卫生机构的财务状况、就诊人次等信息，才能对各乡镇包干资金进行准确的核定和测算，确保门诊总额预付制度的顺利实施。例如可采取会计委派制，即由县卫生局直接委派会计，负责各乡（镇）卫生院的经济业务并进行监督管理，直接向县卫生局负责，以规范卫生院财务管理，掌握并及时传递乡村两级卫生机构的财务信息和业务信息，保证考核审计的客观公正性。

二、门诊总额预付制度设计框架

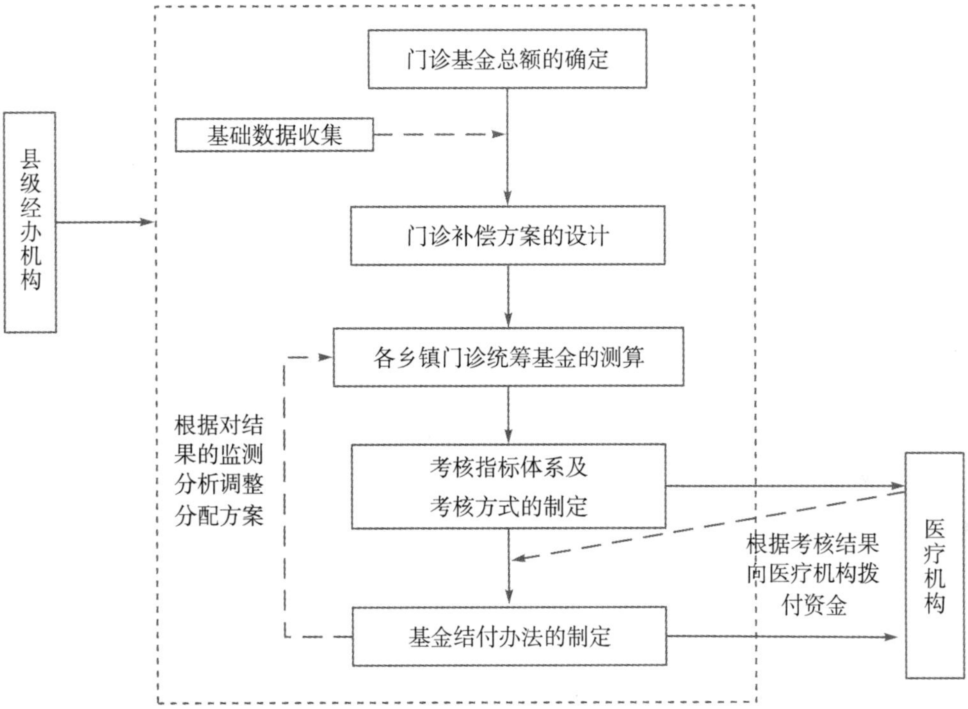

图 1　门诊总额预付支付方式设计框架

（一）门诊基金总额的确定

在确定门诊基金总额时，各地要根据方案目标、基金额度的大小和上年运行的实际情况，对合作医疗基金进行合理的划分。提取出风险基金之后，为了确保新型农村合作医疗“低水平、广覆盖”的原则，门诊基金总额可按照当地人口确定，也可按照住院与门诊补偿基金比例确定。一般而言，住院与门诊补偿基金的划分比例应以 7∶3 为宜，在经济较不发达的地区，住院与门诊补偿基金的划分比例可设定为 6∶4。

（二）门诊补偿方案的设计

门诊补偿方案的设计是新农合整个补偿方案设计的一部分，在进行门诊方案设计时，要遵循合理的步骤，对补偿比和封顶线等参数进行科学测算。

1. 基本原则

（1）以收定支，收支平衡。基金的补偿支出要量力而为，根据基金总量确定补偿支出规模，注意规避透支风险。

（2）调节行为，优化分布。通过补偿方案的差异，引导参合农民合理利用医疗服务，合理选择医疗机构，减轻参合农民的医疗费用负担，保证合作医疗基金合理有效的使用。

（3）尽力保障，略有结余。合作医疗基金在收支平衡、略有结余的前提下，应最大限度地用于参合农民的医疗费用报销，保证参合农民最大程度受益。

2. 补偿比的确定

已实行门诊统筹的地区，其名义补偿比可在各地现行政策基础上进行调整；实行家庭账户的地区则需转为门诊统筹，组织调查，根据调查结果设定名义补偿比。设定补偿比时，建议将补偿比设定于医疗机构药品加成率上下。

同时，设定补偿比时应拉开乡镇卫生院与村卫生室的差距，一般乡镇卫生院的补偿比以低于村卫生室 5~10 个百分点为宜。

3. 封顶线的设定

封顶线的设定应根据本地的经济发展水平，并综合考虑有无其他特殊补偿方式（如二次补偿）和医疗救助等因素。封顶线一般可设定为当地农民人均年收入的 4~6 倍。为防止分解处方或过度利用门诊服务，建议设定年门诊费用的补偿总额。

4. 注意事项

在进行门诊方案设计时，必须对就诊人次及次均费用的增长幅度进行科学准确的预测，否则，如果方案设计不准确，出现的超支结余将会直接影响到门诊总额预付制度的实施。

（三）各乡镇门诊统筹基金的测算

对各乡镇门诊统筹基金的测算和分配是指在确定了当年的合作医疗补偿方案之后，县合作医疗经办机构按照一定的标准将门诊统筹基金合理分配至各个乡镇。这是门诊总额预付制度中的关键步骤与难点之一。在影响各乡镇门诊总额包干资金的因素中，人口因素应是主要因素之一，因此，应在人口数量的基础上，结合各医疗机构的服务能力、当地经济发展状况、农民对医疗服务的利用情况等因素，确定相对合理的门诊基金分配标准。具体测算步骤见第三部分。

（四）考核指标体系及考核方式的制定

为保证门诊总额预付制度的顺畅运行，需要制定评价与考核制度，以便对医疗机构进行严格监管。具体包括制定考核指标、考核体系、考核周期和奖惩措施等，以此作为合作医疗经办机构监督管理的依据。对医疗机构的执行情况进行定期不定期的核查，了解制度的运行情况，也是门诊总额预付制度实施中不可缺少的步骤之一。考核指标体系及考核方式的制定详细步骤参见第四部分。

（五）基金结付办法的制定

在进行基金结付时，对达到考核指标要求的医疗机构进行按时、足额拨付；对没有达到考核指标要求的医疗机构予以相应扣减。同时，根据每年度基金结付和实际运行情况，适当调整门诊统筹基金的分配方式，使其实现动态优化调整。基金结付的具体办法参见第四部分。

三、各乡镇门诊统筹基金的分配测算

门诊统筹基金的测算和分配是门诊总额预付制度中的关键步骤和难点之一。影响各乡镇门诊统筹基金的因素有很多，包括人口因素、当地医疗机构的服务能力、经济发展状况、农民对医疗服务的需求情况等各个方面。

本着能使医保基金收支平衡、服务能力强和工作量大质优的医疗机构多得的原则，要科学合理的测算分配门诊统筹基金，应以参合人口为基础，同时以当地医疗机构的服务能力和群众的服务利用水平进行调节。

（一）各乡镇门诊统筹基金分配的原则

合理的基金分配机制是建立医疗机构良好自我约束机制的基础。在进行门诊统筹基金的分配时需遵循以下原则：

1. 乡镇间的基金分配需以乡镇为单位进行拨付。

2. 包干总额仅用于乡村两级医疗机构的减免活动，乡村两级医疗机构按比例分配。建立乡村两级医药费用的自我约束机制，实际减免补偿费用的成本费用超出了包干总额不补，结余归卫生院及村卫生室留用。

（二）门诊统筹基金分配方案测算步骤

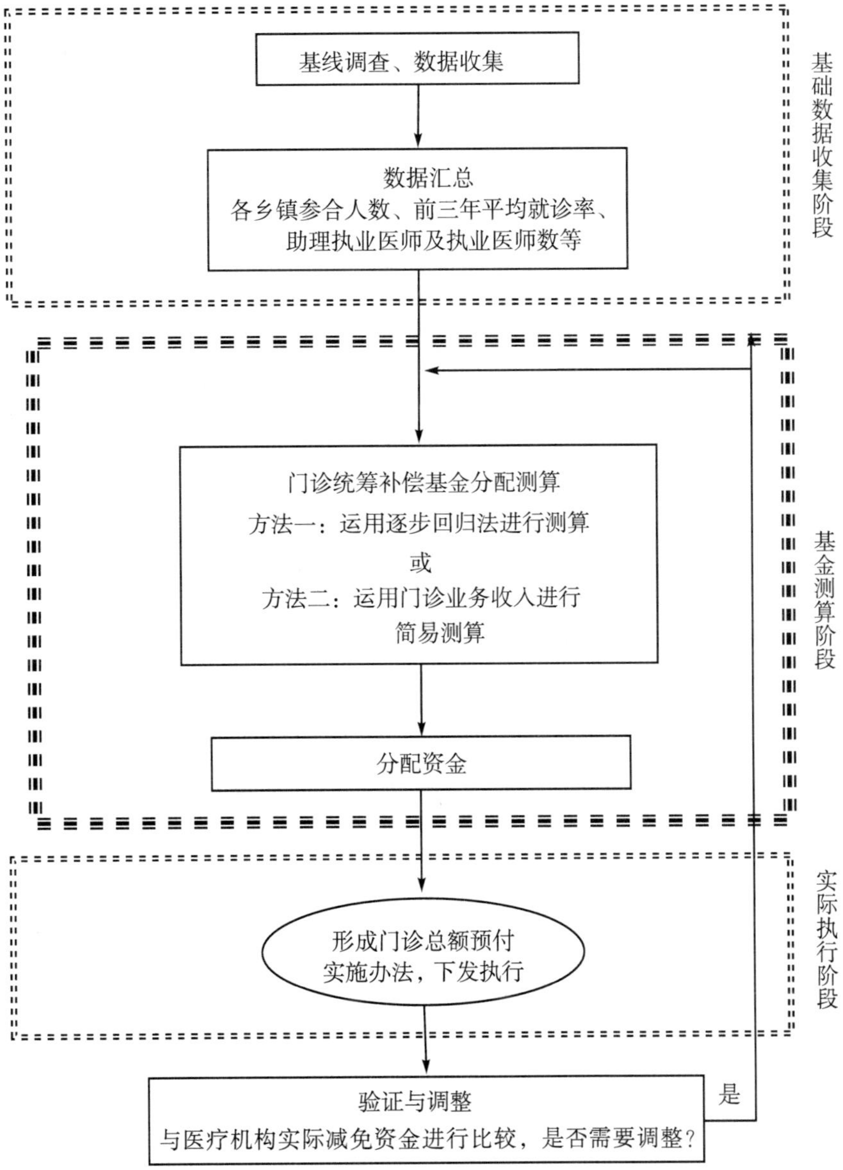

图 2 测算步骤

（三）基础数据收集

为了确保能够得出科学的分配方案，需要进行基线调查以收集准确的历史数据。由于在进行门诊统筹资金分配测算时，需要综合考虑乡镇人口数、居民对医疗服务的利用情况、医疗机构的服务能力三个方面的影响，因此基线调查也重点收集这三个方面的数据。

1．调查目的

（1）全面了解各乡镇农民对乡村两级卫生机构门诊医疗服务利用情况；

（2）全面掌握各乡镇乡村两级医疗机构医疗技术水平状况；

（3）了解各医疗机构门诊医疗服务质量状况。

2．调查对象

县域内所有乡镇卫生院和村卫生室。

3．调查方法与调查内容

（1）医疗机构一般情况统计：对县域内所有乡村两级医疗机构的情况进行普查，收集其医务人员数、执业医师数、助理执业医师数等数据，全面掌握县域内所有医疗机构的一般情况。

表1 ＿＿＿＿＿县＿＿＿年乡村两级医疗机构情况调查表

乡镇名		卫生院/室数目（所）	医务人员数（人）	执业医师数（人）	助理执业医师数（人）	年门诊人次	门诊次均费用（元）
乡镇1	卫生院						
	卫生室						
乡镇2	卫生院						
	卫生室						
……	卫生院						
	卫生室						

（2）处方抽查：由县合作医疗经办机构组织医疗专家进行处方合理性调查，按年度随机抽取处方，每乡镇卫生院不少于100张，每村卫生室不少于50张，为了避免季节性差异，抽取处方日期应涵盖不同季度。处方合

理性统计表参见下表。

表2　________县______年乡村两级医疗机构处方抽查统计表

乡镇		抽查处方数	分解处方数①	用药不合理处方数	使用激素处方数	使用抗生素处方数	2种及以上抗生素联用②处方数	抗生素与激素联用处方数
乡镇1	卫生院							
	卫生室							
乡镇2	卫生院							
	卫生室							
……	卫生院							
	卫生室							

注释：

①同一合作医疗证号人同一天在同一医疗机构出现的非必要重复处方即按照分解处方计，如在甲乡卫生院于某日同时出现合作医疗证号为123456789名为张三的3张处方，即计分解处方2人次，以此类推。

②在同一处方中，同时使用2种及以上口服抗生素或同时使用2种及以上注射抗生素即可认为是抗生素联用处方。

4. 调查数据处理与分析

通过基线调查，可以汇总整理出如下数据：

表3　县域内各乡镇情况整理表

乡镇名	年份	参合人数	就诊率①与全县就诊率的比值	助理执业医师及执业医师数占全县的比例	床位数与全县床位数的比值
乡镇1					
乡镇2					
……					

注：①就诊率 = 当年就诊人次/当年参合人数。

表 4　各乡镇医疗机构处方抽查汇总整理表

乡镇名	年份	分解处方率①	用药不合理处方率②	激素使用率③	抗生素使用率④	抗生素联用率⑤	抗生素与激素联用率⑥
乡镇 1							
乡镇 2							
……							

注释：

①分解处方率=分解处方数/抽查处方数，在下一步对各乡镇间进行基金分配时需要剔除分解处方得出实际的就诊率。

②用药不合理处方率：需要合作医疗管理机构组织专业人员进行判断，包括诊断与用药不符、多种抗生素联用等，以判断不同医疗机构的医疗质量水平。

③激素使用率=使用激素处方数/抽查处方数。

④抗生素使用率=使用抗生素处方数/抽查处方数。

⑤抗生素联用率=2 种及以上抗生素联用处方数/抽查处方数。

⑥抗生素与激素联用率=抗生素与激素联用处方数/抽查处方数。

其中激素使用率、抗生素使用率、抗生素联用率、抗生素与激素联用率是判断医生处方行为的重要指标，应作为考核中的关键指标之一。

（四）门诊统筹基金分配测算

对门诊统筹基金进行合理的测算是门诊总额预付制度的关键技术。如果测算方案合理，则可以建立医疗机构良好的自我约束机制，如果测算方案不具有科学性，则反而会产生负面影响。在此，我们提供 2 种测算方法供各地参考：

方法一：运用逐步回归法进行测算

1. 数据来源及统计工具

（1）样本：县域内各乡镇

（2）数据来源：基线调查结果中各乡镇至少连续 3 年的数据

（3）统计工具：SPSS 统计软件/Excel

（4）统计方法：逐步回归法

2. 测算参考公式

根据各乡镇参合人口、剔除了分解处方后的实际就诊率、乡村两级医疗机构助理执业医师以上人员数等历史数据，通过逐步回归法进行测算。参考公式如下：

公式一：

某乡镇下年度门诊包干资金=当年全县门诊资金总额/当年度全县参合总人数×该乡镇参合人口数×该乡镇的调整系数

公式二：

某乡镇的调整系数=常数项+权重1×该乡镇就诊率/全县平均就诊率+权重2×该乡镇助理医师与执业医师数之和/全县助理医师与执业医师数之和

3. 测算步骤

（1）根据历年数据推算出之前各年的某乡镇的调整系数B

B=该乡镇当年度门诊包干资金×当年度全县参合总人数/（当年全县门诊资金总额×该乡镇参合人口数）

（2）以之前各年各乡镇的B为因变量，该乡镇就诊率/全县平均就诊率、该乡镇助理医师与执业医师数之和/全县助理医师与执业医师数之和为自变量，导入SPSS软件或Excel进行逐步回归。

（3）逐步回归得出权重1、权重2和常数项结果

（4）将上述结果代入公式二，得出当年的调整系数

（5）将调整系数代入公式一，得出当年度门诊包干资金

4. 测算举例

（1）确定门诊可用于包干的资金总额

如某年某项目县为下年筹得资金总额为1526万元，扣除3%的风险基金后为1480万元，按照门诊与住院基金3∶7的比例分配，得出门诊资金总额为444万元。

（2）列出各乡镇所需数据

1）前三年平均就诊率（如无前三年就诊率数据可用当年就诊率代替）：

剔除分解处方后前三年的真实就诊率乡镇1为1.25，乡镇2为2.38，乡镇3为1.79，……，全县平均就诊率为2.16

2）助理执业医师及以上人员数

乡镇1为8人，乡镇2为30人，乡镇3为18人，……；全县共为141人

3）计算各年各乡镇实际调整系数

2006年乡镇1的B_1为0.66，乡镇$2B_2$为1.12，乡镇$3B_3$为0.85，……；2007年乡镇1的B_1为0.65，乡镇$2B_2$为1.26，乡镇$3B_3$为1.06，……；2008年乡镇1的B_1为0.64，乡镇$2B_2$为1.20，乡镇$3B_3$为1.19，……；

（3）将上述数据代入统计工具

1）将得出的数据整理成下表格式

表5　各年各乡镇统计数据整理表

乡镇名	年份	理论减免资金	B	相对就诊率	助理以上执业医师比例
乡镇1					
乡镇2					
……					

注释：

①相对就诊率=该乡镇就诊率/全县就诊率

②助理以上职业医师比例=该乡镇助理以上执业医师数/全县助理以上执业医师数

2）进行统计测算

以各乡镇各年的B为因变量，该乡镇当年就诊率/全县平均就诊率、该乡镇助理医师与执业医师数之和/全县助理医师与执业医师数之和为自变量，导入统计软件进行运算后，得出常数项为-0.011，权重1为0.893，权重2为1.324。

3）计算各乡镇调整系数

乡镇1的调整系数$B_1=-0.011+0.893\times1.25/2.16+1.324\times8/141=0.58$

乡镇2的调整系数$B_2=-0.011+0.893\times2.38/2.16+1.324\times30/141=1.26$

乡镇3的调整系数$B_3=-0.011+0.893\times1.79/2.16+1.324\times18/141=0.90$

……

4）计算各乡镇门诊统筹资金

乡镇1的门诊统筹资金=当年度全县门诊资金总额/全县总参合人数×乡镇1的参合人数×B_1=443.97万元/302260×46823×0.58=40.01万元

乡镇2的门诊统筹资金=当年度全县门诊资金总额/全县总参合人数×乡镇2的参合人数$\times B_2$=443.97万元/302260×23133×1.26=42.74万元

乡镇3的门诊统筹资金=当年度全县门诊资金总额/全县总参合人数×乡镇3的参合人数$\times B_2$=443.97万元/302260×30794×0.90=40.72万元

……

方法二：运用门诊业务收入进行简易测算

1. 主要指标

（1）各乡镇上年门诊业务收入占全县年门诊业务收入的百分比

（2）各乡镇年门诊人次

（3）各乡镇的次均门诊费用

2. 测算参考公式

根据各乡镇年门诊人次、剔除了不合理费用后的次均费用、各乡镇年门诊业务收入等历史数据进行。参考公式如下：

公式一：

某乡镇下年度门诊包干资金=当年度该乡镇合理的年门诊业务收入/当年度全县合理的年门诊业务收入×全县的门诊基金总额

公式二：

某乡镇合理的年门诊业务收入=该乡镇实际年门诊业务收入-抽查处方中不合理费用总额/抽查处方总数×该乡镇年门诊人次

3. 测算步骤

（1）根据抽查处方结果修正各乡镇门诊业务收入

1）分别抽取各乡镇全年门诊处方1200张（每月100张，连号抽取），由至少3人组成的专家组进行研判，得出平均每张处方的不合理费用。

2）将以上得出的平均每张处方不合理费用乘以该乡镇年门诊人次，从而得出该乡镇当年不合理费用总额。

3）从该乡镇当年门诊业务收入中剔除不合理费用，从而得出该乡镇合理的年门诊业务收入。

（2）将各乡镇合理的门诊业务收入加总，得出全县合理的门诊业务收入总和。

（3）将该乡镇当年合理的门诊业务收入除以全县合理的业务收入总和，得出该乡镇当年合理的门诊业务收入所占的比重。

（4）以该乡镇合理的门诊业务收入占全县的比重乘以全县门诊基金总额，得出该乡镇下年度门诊包干基金额。

（五）验证与调整

在门诊总额预付制度按照最初测算出的方案运行半年之后，各地还需要根据其实际运行情况进行验证，即将各乡镇的实际补偿基金与测算出的门诊统筹资金进行比较，以判断方案制定是否妥当，一般而言，测算出的门诊统筹资金与其实际减免资金的差距在10%以内，可视为正常现象，不需再进行调整。如差距过大，则要在比较验证的基础上对测算出的方案进行调整，在实际运行过程中不断完善。

（六）注意事项

在按照上述步骤推行门诊总额预付制度时，可能会导致分解处方和卫生院侵占村卫生室利益现象的出现，因此需要在这两方面加强监管。

1. 加大对分解处方的监管和处罚力度

分解处方是医疗机构对超量处方采取分解的方法规避风险的行为。医疗机构通过分解处方的行为会造成就诊人次增加、次均费用减少的假象。在进行基金分配时，引入了就诊率指标，也就间接会诱导医疗机构通过分解处方行为获取更多的门诊基金。因此，必须加大对医疗机构分解处方行为的监管和处罚力度，同时辅以将各医疗机构分解处方行为进行公示的手段，彻底打消医疗机构的侥幸心理，避免分解处方现象的发生。

2. 避免乡镇卫生院侵占村医利益现象的发生

实行门诊总额预付制度时，门诊费用均只允许包干到乡，不允许包干到村，各乡镇基金的分配权力直接掌握在乡镇卫生院手中，同时，乡镇卫生院与村卫生室存在有潜在的竞争关系，更倾向于让病人到卫生院就医。因此，如果政策不加以引导限制，则必然会导致村卫生室的利益被卫生院所侵占。

3. 监管中应重视医疗质量

加强对医疗质量的监督管理，避免出现医疗机构为了节省成本而出现该开的药不开，该做的检查不做等医疗质量下降的现象。

4. 根据实际情况适度调整

门诊统筹基金分配办法应根据实际运行情况适度调整，但不可随意调整，影响门诊总额预付制度的良性发展。

四、监督考核与基金结付

（一）监督考核

合作医疗经办机构是考核主体，负责监督考核的具体实施。县合作医疗经办机构与各乡镇定点医疗机构签订协议，明确医疗费用的总额指标、质量管理指标及结算程序等，并按协议实施双方的责任、权利和义务。同时，县合作医疗经办机构定期和不定期对定点医疗、医药机构医疗费用结算指标的执行情况进行监督考核，并及时通报监督检查的情况和提出调整的意见。严格的考核监督制度是门诊总额预付制度能够顺利实施的重要保障。

1. 考核对象

全县所有乡镇卫生院和村卫生室。

2. 考核指标体系

严格的考核标准和考核制度是门诊总额预付制度的一个抓手。为了保证门诊总额预付制度的顺利实施，必须有具有针对性的可量化的指标体系。考核指标要根据门诊支付制度设计当中可能出现的漏洞和问题进行设定，主要包括以下三方面设计指标（具体见附表）：

（1）合作医疗补偿情况。主要考核定点医疗机构合作医疗服务的门诊补偿管理情况，补偿到位情况，参合居民对定点医疗机构的满意度情况等。

（2）医疗服务质量情况。加强医疗质量的管理是门诊总额预付制度试行过程中的一个重要内容，因此此部分是考核的重点内容。主要通过抽查医疗机构门诊处方考核其抗生素使用、激素使用等处方行为，以及考核定点医疗机构提供合作医疗服务中收费标准执行情况，药品费用、个人自费费用及住院和门诊费用控制情况。

（3）合作医疗基础管理情况。主要考核定点医疗机构合作医疗服务的内部机构设置、管理制度，自查情况和配合合作医疗经办机构医疗费用监控情况，以及定点医疗机构合作医疗政策学习贯彻情况和宣传教育情况。

在门诊总额预付制度试行初期，应全面贯彻考核指标（包括抗生素使用率等传统指标和新指标），在实行一段时间后，可根据实际情况，调整传统指标考核。

3. 考核周期

（1）月考核：各乡（镇）卫生院在次月 1~3 日内将上月服务信息报表上报乡合管办；乡合管办在接到卫生院信息报表的 5 日内完成对本乡（镇）乡村两级定点医疗机构服务情况的信息报表分析和现场抽查考核，并写出考核报告连同信息报表一并报县合管办。县合管办在接到乡合管办考核报告 3 日内完成信息报表分析和有针对性的抽查考核。

（2）季考核：卫生院报表和乡合管办考核与月考核相同。县合管办在接到乡合管办考核报告 10 日内完成季考核，由县合管办组织各乡（镇）合作医疗专干，分组交叉到各乡（镇）进行现场门诊处方抽查和入户核实。第四季度考核可与年终考核合二为一同时进行。

（3）年考核：各乡（镇）本年度信息上报后 10 日内由县合管办组织对各乡（镇）总额付费办法执行情况以及新型农村合作医疗的运行管理情况进行全面考核，并完成总结报告。

（4）县乡两级合管办应不定期组织人员对乡村两级定点医疗机构进行抽查考核。在制度实行的初始阶段，考核周期应较短，考核频率应较密集，以对医疗机构的行为产生约束，督促协助总额预付制度尽快步入正轨。

4. 考核方法

（1）实行门诊处方审核制度。县合作医疗管理机构按月抽取一定比例的参合病人门诊处方、付费清单进行审核，每乡镇卫生院抽查处方数不少于 300 张，每村卫生室不少于 50 张，凡不符规定的医疗费用，一律按同期门诊处方费用总额，同比例折算后不予支付。

（2）随机走访农户以调查农民满意度情况。同时，县合管办建立合作医疗监督投诉机制，设立投诉箱，公布投诉（举报）电话，投诉（举报）情况一经查实，直接作为日常考核和年度考核扣分的依据之一。

（3）年度考核和日常考核的内容和标准可根据合作医疗制度运行情况以及实际需要作相应调整。

5. 考核结果评定

（1）考核按照《合作医疗定点医疗机构考核评分标准》进行，满分为100分。最终得分以年度考核与季度考核结果综合评定，其中年度考核结果占60%，季考核占40%。

（2）考核结果进行全县排名并予以全县通报，并与考核结算资金分配挂钩，每扣减1分，则扣减包干资金总额的1%。

6. 相关部门职责

（1）定点医疗机构要积极配合考核工作，主动提供有关资料，不得藏匿、转移、伪造；不得以任何借口拖延、干扰、阻挠考核工作。对干扰、阻挠考核工作的，日常考核不得分，拒不接受考核的，取消定点资格。

（2）考核人员要忠于职守，秉公办事；在考核过程中有徇私舞弊等情况的，一经查实，取消其考核资格。

（二）基金结算

1. 基金结付周期

（1）每月拨付：为了不影响医疗机构的运转，在每月考核后应由县合管办先按80%的比例拨付，其余20%待年终测评结束后，按测评结果结付。

（2）年底结算：根据当年运行情况以及年终考核结果进行重新分配结算。分配金额为年初制定计划的20%资金。在年底最终结算时，应特别注意分解处方率，如当年医疗机构分解处方率不超过5%，则仅按照其考核得分予以支付，如分解处方率大于5%，则在按其考核得分支付金额的基础上还要按比例扣除其分解处方部分资金。

2. 结算原则

如果实际补偿基金小于预付总额，差额留存。但如实际补偿基金大于预付总额，不再予以补偿，超支部分由医疗机构自行承担。

（三）监测与分析

门诊总额预付制度在各地尚且处于探索的阶段，必须要对其进行实时监测，定期将结算金额与乡镇卫生院的实际花费金额进行对比分析，找出差异的原因，作为下年度调整测算方法的依据。

附表 新型农村合作医疗门诊总额付费考核参考标准

乡镇名：________ 总得分：________

考核项目	考核内容	合格标准	分值	考核方法	扣分原则	扣分原因	得分	备注
一、门诊减免（35分）	1.1 减免兑现情况	抽查处方全部按照政策规定比例减免	20	抽查处方：卫生院不少于300张，每个卫生所不少于50张，少于抽取量的全额抽取；现场核实：在抽取的处方中随机选5户入户核实	核查和抽查每出现一例未按规定比例减免扣1分；无故不给农民减免发现一例扣10分，扣完为止			此项考核内容在初期应实行一票否决，随着运行时间延长，可逐步降低权重
	1.2 减免兑现管理情况	门诊减免登记及处方填写完整，规范。减免情况告知患者并由患者签字或按手印认可	10	查阅门诊减免登记册和处方，入户核实是否告知减免情况	登记内容不完整，每缺一项扣0.5分，每出现1例未将减免情况告知患者扣0.5分，扣完为止			
	1.3 就诊人员身份核实	严格审核就诊人员参合情况，杜绝借证、租证看病行为	5	走访核实	经举报或走访核实有借租证看病或冒名顶替行为发现一例扣5分			

续　表

考核项目	考核内容	合格标准	分值	考核方法	扣分原则	扣分原因	得分	备注
二、医疗质量（45分）	2.1 诊疗规范	按照新型农村合作医疗诊疗规范提供医疗服务	5	抽查处方	诊断与用药符合率低于80%的扣1分，低于75%的扣2分 待诊比例超过抽查总数的5%扣1分 同一处方中重复用药比例超过1%扣1分			此项考核内容在初期可适当降低权重，但在门诊总额预付制度步入正轨之后，应逐步提高权重
	2.2 合理用药	合理使用抗生素和激素	10	抽查处方	抗生素使用率、抗生素联用率、激素使用率不得超过上期考核结果，每超过1%扣1分。每下降1%奖励1分。如发现3联以上抗生素联用每发现1例扣1分			
	2.3 合理治疗	合理控制输液治疗	10	抽查处方统计	输液率不得超过上期考核结果，每超过1%扣1分，每下降1%奖励1分			
	2.4 处方规范管理	不分解处方①	10	抽查处方及实地走访	发现1%的分解处方，扣2分，扣完为止			
	2.5 因病施治	严格按入院标准收治住院病人，不诱导门诊病人住院和挂床住院	5	查看住院记录，抽样实地走访	不严格按入院标准收治住院病人。挂床住院和诱导门诊病人住院，酌情扣分			
	2.6 合理使用资金	未出现骗取、套取合作医疗资金现象	一票否决制	通过对群众访谈、暗访、信访、电话调查等	查出或举报核实有套取、骗取资金的实行一票否决，扣100分			

续 表

考核项目	考核内容	合格标准	分值	考核方法	扣分原则	扣分原因	得分	备注
三、工作管理（20分）	3.1 管理与考核	有乡对村的具体考核办法；明确专人负责此项工作，每月考核1/3村卫生所	5	现场查看相应规章制度及考核记录	未制定相关考核措施的扣2分 未明确专人负责新农合管理考核的扣2分，未组织实施考核的扣4分			
	3.2 门诊诊疗信息录入	及时录入门诊诊疗信息	5	查看合作医疗信息系统	不按要求录完处方信息的酌量扣分			
	3.3 资料上报	按规定时间报送处方及登记册	3	查看各乡（镇）合管办记录	不按规定报送处方、登记册的不得分			
	3.4 政策宣传培训	做好医务人员及村医的新农合政策宣传培训工作	4	现场提问医务人员及走访群众	医务人员对新农合政策不知晓或有意对政策做反宣传的一次扣6分			
	3.5 减免情况公示	有规范的宣传公示栏，并按月公示减免情况	3	实地查看	无规范的公示栏或有公示栏但未按月公示的该项不得分			

注释：

①同一合作医疗证号人同一天在同一医疗机构出现的非必要重复处方即按照分解处方计，如甲乡卫生院抽查的300张处方中于某日同时出现合作医疗证号为123456789名为张三的4张处方，即计分解处方3人次，分解处方率计为1%，以此类推。

②在门诊总额预付制度实行初期，考核指标应较多较细，尽量涵盖合作医疗管理、医疗质量、农民满意度等各个方面，运行一段时间较为稳定后，可根据实际情况进行调整。

第二篇　农村卫生服务绩效管理指导手册

主要编写人员（以姓氏笔画为序）：

朱　坤　刘谷琮　杨敬宇　陈家应
赵要军　林振平　秦太铮

统稿： 陈家应　刘谷琮

审核： 池延花　王晓华　张　剑　潘　伟
栗　瑞

审定： 张朝阳　刘志贵

致谢

在本手册编写过程中，陕西省卫十一项目省级专家曹凌、陕西省眉县卫十一项目办主任侯居安、江苏省卫十一项目省级专家、南京医科大学医政学院黄晓光副教授、青海省卫十一项目省级专家苏克俭教授、大通县卫生局薛霖、重庆市卫十一项目市级专家伍敬贤、重庆市九龙坡区卫生局何晓敏、甘肃省卫十一项目办曹永春、会宁县卫生局张琪副局长、黑龙江省卫十一项目省级专家、哈尔滨医科大学卫生管理学院高力军副教授、河南省卫十一项目省级专家秦太铮、息县卫十一项目县级专家戴学发、山西省卫十一项目省级专家徐辅慧等，参与了部分内容的起草和讨论。

北京大学孟庆跃教授、卫生部政法司石光处长、世行卫生专家张硕女士、中澳卫生与艾滋病项目副经理徐玉华女士、卫十一项目中央专家、复旦大学赵根明教授等为本手册的编写提供了咨询意见。特向各项目省、县和各位专家，对本手册的支持和贡献，致以由衷的谢意！

卫生部项目资金监管服务中心

2012 年 9 月

一、绩效管理概述

（一）绩效与绩效管理

1. 绩效

绩效，简单地说即是工作的业绩、成效，其内涵随着人们在实践中对绩效的理解和认识的不断深入而逐步完善。目前人们对绩效概念比较一致的理解是指：机构（组织）和员工通过其行为，以及知识、技术、能力的应用，对社会和机构预期目标的贡献程度，是行为和由此产生的结果和价值的总称。

绩效包括系统绩效、机构绩效和个人绩效三个层面。机构绩效的实现建立在个人绩效实现的基础上，如果机构绩效按一定的逻辑关系被层层分解到每一个工作岗位以及每一个人的时候，只要每一个人完成了机构的要求，机构的绩效实现就有了保证。而系统绩效是指在国家或区域层面的总体绩效，同样，它是基于系统内各级各类机构和组织绩效的实现程度。

绩效有以下基本特征：

一是多因性。即绩效的优劣不是单一因素决定的，而是由多重主客观因素决定的。

二是多维性。即需要从多个维度和方面分析、考核和评价绩效。如：我们在考核员工绩效时，一般要从工作态度、工作能力和工作业绩这三个方面进行综合评价。

三是动态性。即一个机构和员工的绩效状况，常常随着时间的推移和工作的改善而发生变化，不能用一成不变的思维看待一个机构和员工，也不能用一成不变的标准去判断绩效，判断标准应随着绩效的提高而相应提高。另一方面，提高绩效的途径和方法也会因影响绩效的主要问题的变化而变化。

2. 什么是绩效考核

绩效考核，又称为绩效评价，是指运用数理统计和运筹学方法，采用特定的指标体系，对照统一的标准，按照一定的程序，通过定量定性对比，对组织或个人在一定时期内的业绩做出客观、公正和准确的综合评判。

绩效考核的重点是对机构或个人的绩效进行客观准确的测量，有三个基本要求：

（1）实施考核必须确定适当的考核主体，不同的主体有不同的绩效价值取向。

（2）实施考核必须设置适宜考核周期，兼顾长效与短效利益。

（3）定性与定量方法相结合的考核，以保证考核结果的全面准确。

3. 什么是绩效管理

绩效管理是指各级管理者和员工为了达到机构目标共同参与的绩效计划制定、绩效辅导沟通、绩效考核评价、绩效状态改进的循环管理活动，以期持续改善组织和个人的能力，提高其绩效水平。

（1）绩效管理的具体过程

一是制定绩效计划。制定绩效计划，确立绩效目标是绩效管理过程的起点，制定绩效计划的依据是上级部门的要求和机构本身的战略目标，并结合管理对象工作任务的完成情况和存在问题，以及影响绩效的主要问题来确定。绩效计划过程是管理者和管理对象双向沟通的过程。管理者和管理对象之间要在对绩效期望值方面达成共识，在共识的基础上，管理对象对自己的工作目标作出承诺。这是在绩效管理中管理对象积极参与的基础，也是绩效目标能否实现的关键。

二是开展绩效沟通。绩效沟通是管理者和管理对象共同完成绩效目标的过程。在这一阶段，要不断对管理对象进行指导和监督，及时发现和解决出现的问题并作出反馈。指导和帮助管理对象努力达到绩效目标。同时，根据实际需要，调整完善组织和员工的绩效目标值。

在这一过程中，要持续收集能够反映管理对象绩效表现的数据和事实。

三是对绩效的考核。即对绩效计划确定的绩效目标完成情况进行考核。考核的依据是绩效计划阶段管理者和员工对绩效目标达成的共识，日常收集的反映被管理者绩效优劣的信息。并据此对机构和个人实施奖惩。

四是对绩效的改进。绩效改进是绩效管理中的核心环节。它是通过绩效分析，管理者和员工的共同参与，确定新的绩效目标计划，采取一系列具体行动来改进绩效。从而使绩效管理进入新一轮更高层次的绩效管理循环。

（2）绩效管理的基本特点

一是绩效管理是管理者和员工共同协作完成的管理过程，是防止绩效不良和改进绩效的管理工具。必须持续地进行管理者与员工之间的双向沟通。

二是绩效管理强调监测与反馈。绩效管理不能满足于绩效状况的记录和奖惩，更应该重视对绩效的跟踪监测，及时发现绩效形成过程中出现的问题，以解决问题为目标。

三是绩效管理的核心是持续改进绩效。绩效管理通过计划、辅导、考评与奖惩等管理环节与手段，最终实现绩效的不断改进和提升。

四是绩效管理是一个完整的循环。管理的各个环节不但紧密联系，而且周而复始地不断循环上升，形成一个持续改进过程。

（3）绩效考核与绩效管理的关系

人们常把绩效考核等同于绩效管理。其实，绩效考核虽然在整个绩效管理流程中占据较为重要的位置，但是，绩效考核只是绩效管理的一个环节，不是绩效管理的全部，更不是绩效管理想要达到的最终目标。具体地说：

绩效考核是一种监督手段，管理者的角色是裁判员，而绩效管理更多地体现为管理者与被管理者之间的相互沟通、信任、理解和激励，管理者的角色更多体现为辅导员。

（二）卫生绩效管理

1. 卫生绩效管理的沿革和基本原则

（1）卫生绩效管理的沿革

进入21世纪以后，政府财政对发展卫生事业投入力度不断加大。在政府财政投入大幅度增加的情况下，如何落实国家长远战略规划，确保政府财政投入取得实际效果，就成为摆在政府面前的重要课题。开展卫生绩效考核成为评价和提高政府投入效益的重要工具。

卫生绩效管理的理论基础和主要方法来源于现代企业的绩效管理。对卫生部门的绩效考评开始于政府对公共卫生项目的投入评估，之后逐步延伸至对卫生机构和机构内部员工的绩效考核和绩效工资。

（2）卫生绩效管理的基本原则

一是坚持公益性原则。强调公益目标和社会效益，加强疾病预防和控制，满足居民基本卫生服务需求，减轻不合理疾病负担，促进居民健康素质的提高。

二是以卫生服务质量为核心。优化资源配置，规范服务行为，突出人文关怀，创新服务模式，提高居民对卫生服务的满意程度。

三是有利于促进卫生管理体制和运行机制改革。坚持员工的主人翁地位，维护员工的合法权益，营造爱岗敬业、乐于奉献的氛围，实行多劳多得、优绩优酬的激励措施，充分调动广大员工的积极性。

四是科学制定绩效考评办法。规范考评程序，坚持实事求是，民主公开，确保考评结果的公平、公正。将日常性监督检查、定期抽查和群众参与评价相结合；将定性与定量考核相结合。注重实效，科学合理，简单易行。

五是增强卫生机构员工改善绩效的主动性。重视绩效结果的反馈和绩效的改进，基层卫生机构的领导要为绩效改进提供支持与帮助，调动员工主动改进绩效的自觉性。

2. 新医改强调绩效管理

国家关于深化医药卫生体制改革的意见，是在今后相当一个时期内，我国卫生改革与发展的纲领性文件。意见将“建立高效规范的医药卫生机构运行机制”作为医改的重要目标之一，要求卫生机构“建立以服务质量为核心、以岗位责任与绩效为基础的考核和激励制度，形成保障公平效率的长效机制”。

中央领导多次强调：“保基本、强基层、建机制”是这次医改的重点。农村乡村两级卫生机构是我国数量最多、服务覆盖面最广的基层卫生组织，是承担农村居民基本卫生服务提供的主要阵地，而实施以服务质量为核心的绩效考核与管理，正是建立完善农村基层卫生机构运行机制的重要内容。

所以不管从哪个方面解读，开展农村基层卫生机构的绩效管理，都是新医改的重要活动内容。同时，做好农村基层卫生机构的绩效管理，将有效落实农村公共卫生服务项目的实施，提高公共卫生服务的覆盖和质量，推进农村基本公共卫生服务的均等化；将有利于新型农村合作医疗经费的控制和有效性的提高，巩固新农合制度的可持续发展；有利于国家基本药物制度在农村的实施；有利于为城市公立医院改革提供在绩效考核和管理方面的可借鉴的经验。

二、绩效管理基本流程

绩效管理的过程通常被看作一个循环，这个循环分为四个环节，即：绩效计划、绩效沟通、绩效考核与绩效改善。实施绩效管理是保证绩效螺旋式提高的重要措施。

绩效计划制定是绩效管理的基础环节，不能制定合理的绩效计划就谈不上绩效管理；绩效沟通是绩效管理的重要环节，要让每个管理对象了解目前存在的主要绩效问题、绩效管理的目的和目标，从而明确努力的方向；绩效考核是绩效管理的重要环节，通过考核准确测量绩效，为管理措施的落实提供依据；绩效改善是绩效管理的根本目的，根据考核结果对考核对象实施激励与约束机制，可以更好地调动管理对象改进绩效的积极性。绩效管理强调组织目标和个人目标的一致性，强调组织和个人同步成长，形成“多赢”局面；绩效管理体现着“以人为本”的思想，在绩效管理的各个环节中都需要管理者和员工的共同参与。

（一）制定计划

制定计划是绩效管理体系的第一个关键步骤，也是实施绩效管理的主要平台和关键手段，通过它可以在组织内建立起一种科学合理的管理机制，能有机地将组织机构的利益和员工的个人利益整合在一起，其价值已经被国内外众多组织所认同和接受。制定绩效管理计划可以分为三个步骤：建立组织机构、制定目标和方案、确定绩效指标。

1. 建立组织机构

建立组织机构是绩效计划的一个重要内容。健全的组织体系是绩效管理顺利实施并取得成功的关键。要在农村基层卫生服务机构实施绩效管理，首先应建立健全相应的组织机构，根据职责和分工不同，绩效管理的组织机构可以分为管理组织、技术指导组织和监督组织。

（1）管理组织

其职责主要是负责绩效管理工作的组织领导和具体实施。根据绩效管理的领导机构和执行机构是否分设可以分为两种类型。

1）绩效管理的领导与执行融为一体，有些地方设立集领导和执行于一体的绩效管理机构，名称各有不同，有称绩效管理委员会，也有称绩效管理领导小组，还有称绩效管理办公室的。

这种类型一般适合于以下情况：即管辖机构和人员较少、考核的基础工作和组织、协调绩效管理的工作量不是很大，人事部门完全能够承担。如卫生局下辖的乡镇卫生院数量较少、规模接近，人事部门具有一定的考核和管理能力时，则可以成立单一的绩效管理委员会进行绩效管理。乡镇卫生院规模较小、人员较少时一般也采用这种设置。卫生局的绩效管理委员会一般由卫生局局长（或分管局长）以及相关科室如办公室、人事股、规财股、医政股、农村卫生股、疾控股等的负责人组成，有些地方还邀请财政等相关部门领导加入绩效管理委员会，有助绩效考核结果的应用。乡镇卫生院绩效管理委员会一般由院长、分管院长、医务科长、预防保健科长和护理部主任等人组成，部分卫生院还邀请职工代表参加。

2）分设绩效管理领导小组和执行机构，有些地方设立了绩效管理委员会（或领导小组）和绩效管理办公室，绩效管理委员会负责绩效管理制度的制定和组织工作，绩效管理办公室负责对相关机构的绩效进行考核，是绩效管理的执行机构。

这种类型一般适合于以下情况：即管辖机构和人员较多，机构的规模差异较大、人员岗位的性质比较复杂，考核的基础工作和组织、协调绩效管理的工作量较大，仅靠单一部门难以完全承担绩效管理工作。针对乡镇卫生院的绩效管理委员会一般由相关机构的领导组成，如卫生局的局长、分管局长、县级医疗机构的负责人等组成，有些地方还邀请财政局分管局长和人力资源和社会保障局分管局长参与，以强化绩效考核结果的应用和改进机构绩效。绩效管理办公室一般设在卫生局，由卫生局办公室、人事、规财、医政、基妇等科室负责人组成，部分地区还邀请部分乡镇卫生院的院长参与绩效管理工作。针对乡村卫生机构员工的绩效管理委员会一般由卫生院的院长和分管院长组成，有时卫生院还邀请卫生局的相关领导如人事科长参与；绩效管理办公室一般由乡镇卫生院的办公室、人事科和财务科相关人员构成，负责员工的绩效考核和管理工作。

（2）技术指导组织

为了更好地执行绩效管理，部分地区还设立了绩效管理和考评技术指导组织（小组/专家组），一般由县卫生局选聘县级卫生机构相关专家和技术人员组成，必要时可聘请省、市卫生机构的相关专家参加部分技术咨询和指导工作。技术指导机构的主要职责是参与绩效管理和考评方案的制定；作为绩效考核组成员直接参加对农村基层卫生机构的绩效考核工作；参与绩效管理状况和绩效考核结果的分析评议；对绩效问题提出技术改进措施，并指导和督促农村基层卫生机构的绩效改进等。在县级卫生技术力量较强的地方，县级卫生行政机构可建立技术专家库，以方便抽调相应专家参与绩效管理和考核工作。

（3）监督组织

为了保证绩效考核的公正、公平，提高结果的权威性和管理对象的接受程度，应该建立绩效考核监督组织。监督组织不一定是一个常设组织，但考核应该建立相应监督机制，每次考核都应该有监督人员，一方面可以保证考核过程的公正、合理，另一方面也会有效提高考核对象对结果的认可和接受。对于县级卫生等下部门在开展乡镇卫生院绩效考核时，可以邀请人大、政协、财政、民政、考核对象等利益相关者代表，组成监督小组。

2. 制定目标和方案

制定目标和方案是绩效计划的核心内容，也是绩效管理能否成功的关键。制定目标和方案的主要依据是机构的功能定位和战略目标以及员工的岗位职责。在绩效计划阶段，管理者和被管理者之间需要在对被管理者绩效的期望值上达成共识。在共识的基础上，被管理者（被考核对象）对自己的工作目标做出承诺。管理者和被管理者共同的投入和参与是进行绩效管理的基础，绩效管理必须由管理者和被管理者共同参与，才能真正取得好的结果。

（1）明确绩效问题

在制定目标前，必须清楚地知道，目前管理对象存在的主要绩效问题有哪些，突出的问题是什么，这样才能提高绩效管理的针对性和问题导向性。

问题的发现通常可以通过以下几个途径：一是基于既往的绩效考核。很多地方已经开展了绩效考核，虽然规范程度不同，但都可不同程度地发现影响绩效的关键问题。二是日常工作监管。根据相关业务部门和单位对乡村卫生机构的日常监管和业务检查指导，可以发现基层卫生机构绩效存在的主要问题。三是专题调研。如果前两个途径都没有，则在制定计划目标前，可以通过召开卫生院长座谈会、村卫生室负责人座谈会、乡村卫生机构业务骨干座谈会等形式，了解目前存在的问题。

（2）制定绩效目标

制定农村基层卫生机构的绩效管理目标时必须将其与农村卫生发展战略相结合。制定员工的绩效管理目标必须使其与机构的目标一致。同时制定目标时应因地制宜，切合实际，具有问题针对性和解决绩效问题的导向性。如果目标定的过高，现有条件无法实现，有可能导致组织和员工的士气低落，从而与实施绩效管理的目标相背离；如果目标定的过低，则组织和员工比较容易实现目标，也失去绩效管理的意义。

农村基层卫生机构实施绩效管理的目标是改进农村基层卫生机构和员工的绩效、实现农村卫生事业的可持续发展。要实现这个目标，必须正确解读农村卫生事业发展的战略目标，明确农村基层卫生机构的功能定位；并将总目标分解为具体的任务和指标，落实到各个机构和岗位上。根据目标周期的不同，可以分为近期目标、长远目标；年度目标、季度目标等；根据目标的对象不同，可以分为机构目标和岗位目标等。为便于开展考核，还可将指标逐层分解成一、二、三级指标，确保目标落实到位、责任到人。

（3）制定绩效管理计划

明确了绩效管理的目标后，就需要确定绩效管理的方案计划，包括谁来负责绩效管理、管理什么、如何管理、如何改进绩效等。在绩效计划阶段，管理者所扮演的角色是绩效合作伙伴的角色，即管理者必须通过有效的沟通，与下属或员工在绩效目标上达成一致，而不是简单地分派任务、下达命令。在这里，管理者和员工的利益是一致的，是双赢的合作关系，也就是绩效合作伙伴的关系。

3. 确定绩效指标

绩效指标又称绩效考核因素或绩效考核要项，绩效指标明确了从哪些方面对被考核者的工作绩效进行考核和评价。具体而言，绩效考核中把能够反映被考核者工作产出或绩效行为的各要素细化为可测量、可评定的考核因素，即称为绩效指标。明确绩效指标是实现绩效管理目标的重要举措，绩效指标是绩效管理目标的具体化。绩效指标是被考核者绩效的表现形式，只有设定了绩效考核指标，绩效考核工作才具有可操作性。确定考核指标是绩效考核的关键，也是实施绩效管理的重要内容。确定的考核指标是否合适直接影响到绩效管理的成效。

绩效指标体系是由一系列既独立又相互关联、并能较完整表达绩效要求的考核指标组成的绩效评价系统。农村基层卫生绩效指标体系根据考核对象的不同，通常可包括卫生机构绩效指标和个人绩效指标两类。基层卫生机构绩效指标体系根据其职能定位通常应该包括公共卫生服务、基本医疗服务、综合管理和社会评价等几个方面（维度），再根据每个方面的具体要求，列出具体的绩效指标；对于个人绩效（或岗位绩效）指标体系则可以从工作能力、工作态度、工作产出等方面进行考核指标的选择。根据指标的重要性可分为必选指标和备选指标，核心指标与辅助指标；确定考核指标时要同时明确指标的考核标准，同时要考虑指标的权重以及指标的收集和测量方法。

设计恰当的绩效指标，是绩效考核得以成功实施的基础之一。绩效指标的设定明确了考核内容以及绩效标准，是整个绩效考核体系平稳运行的参照系。科学有效的绩效指标可以达到以下四个目的：

（1）形成有效的战略目标分解体系。绩效指标的制定一般以卫生发展战略为依据，以医疗卫生机构的管理目标为出发点。完整、有效、科学的绩效指标体系必须是通过组织战略目标的层层分解而建立，进而将组织目标分解、落实到具体岗位和员工，明确绩效责任主体。从某种意义上讲，绩效指标体系就是组织战略目标的细化和具体化。

（2）明确工作重点，突出管理要点。绩效指标明确了绩效衡量维度，通过设立绩效指标，可以使组织和员工明确工作重点，关注影响绩效突出问题，从而提高工作的有效性。同时，对于基层医疗机构而言，绩效指标指明了什么是绩效，什么是基层医疗机构关注的，有利于各级管理人员抓住管理重点，提高工作效率，提升管理水平。

（3）引导绩效行为，形成绩效合力。绩效指标明确了什么是对组织有效的绩效行为和结果，什么是基层医疗机构鼓励的，什么是不被鼓励的。通过绩效考核指标可以将组织文化、价值观具体化，明确基层医疗机构的管理导向，从而引导员工正确的绩效行为；同时，绩效指标来自基层医疗机构战略目标的分解，有利于使员工的绩效行为与机构的战略目标保持一致，形成绩效合力。

（4）为持续绩效改进提供有效依据。通过绩效指标可以从不同维度对被考核者的绩效形成全面、有效、准确地评价，有利于明确绩效薄弱环节，制定绩效改进措施；并且通过不同考核周期绩效的比较，可以有效评估绩效改进计划的实施效果，从而形成被考核者绩效改进计划的跟踪管理，形成持续的绩效改进机制。

确定绩效考核指标需坚持以下原则：

（1）客观性。绩效考核的指标应尽可能选择客观指标，避免一些笼统的、不确切的指标。

（2）重要性。绩效考核的指标设置应以服务效率、服务质量和满意度为核心，体现乡村卫生服务机构的关键绩效。

（3）敏感性。敏感性是指绩效指标的设置能够准确地反映绩效的变化情况。

（4）适宜性。适宜性是指指标要符合当前乡村卫生机构的发展实际，能够被乡村卫生服务机构接受。

（5）可得性。可得性是指与指标相关的信息数据能够方便获得，具有一定的可操作性。

指标值的设定需要坚持以下原则：

（1）指标值要具体。指标值的意义要明确，表述要清楚，让管理对象清楚地知道考核什么，需要做什么。

（2）指标值必须是可测量。可测量就是指指标应该是明确的，而不是模糊的。

（3）指标值必须是可实现的。指标值设置要坚持员工参与、上下左右沟通，使拟定的指标值在组织及个人之间达成一致。既要使工作内容饱满，也要具有可实现性。

（4）指标值的实现必须具有明确的时限。指标值的时限性就是指指标实现是有时间限制的，一般为一个考核周期。因此，在设定指标的目标值时，应以一个考核周期能实现为度，要根据考核周期的长短，设定合适的目标值。

（二）绩效沟通

绩效沟通过程也是绩效管理的动员和培训的过程，也称为绩效辅导过程，是绩效实施与管理的过程，是绩效管理过程中最关键的环节。要想具备实现绩效的执行能力，就必须进行持续沟通式的绩效动员和培训。因此，可以说实际上绩效沟通贯穿了绩效管理的全过程，在计划阶段，需要通过沟通就问题和目标达成一致，在考核阶段，需要通过沟通，使双方都清楚取得的成绩和存在的问题，在绩效改进阶段，则通过沟通明确需要进一步采取的措施和努力的方向。

绩效的动员和培训实质上就是管理者进行管理和被管理者在目标和行动上达成一致的过程。动员和培训可以避免管理者和员工之间不必要的误解和对抗。通过双向沟通，使员工知道管理者希望他们做什么、怎么做、做到何种程度和做不好的直接后果等信息；帮助管理者掌握工作的进展程度、员工的工作表现、存在的困难和障碍等情况，实现信息资源的传递和共享。实施前广泛组织动员和培训，这个工作在某种意义上来说，重要性甚至超过方案设计本身。

基层卫生机构实施绩效管理过程中，绩效计划是否能够完成，还有待于在绩效实施与管理中得以验证实现，而绩效考核和绩效反馈的一些重要依据也有赖于绩效实施与管理的过程，因此动员与培训的过程将会直接影响到基层卫生机构绩效管理的实施成效。在农村基层卫生机构实施绩效管理，必须动员各级管理人员和被考核对象，使他们真正愿意参与绩效管理；同时要对各级管理人员尤其是乡镇卫生院的院长进行培训，提升他们对绩效管理的认识和管理技能与技巧，以保证绩效管理工作的顺利开展。动员过程中一定要使被考核对象了解绩效管理的目的是为了促进他们提高绩效，更好地实现组织（机构）目标和卫生事业发展的目标，而不是为了惩罚他们，这点尤其重要。根据沟通的形式不同，可以分为宣传动员、培训和征询意见与建议三个环节。

1．宣传动员

宣传动员主要是指实施绩效管理的主体（如卫生行政部门或者卫生机构的领导）向被考核对象宣传绩效管理的实施计划和实施方案的过程，这个环节的目的主要是让被考核对象了解绩效管理的主体将要实施绩效管理的目的意义，并赢得被考核对象的理解和支持。宣传动员形式多样，能促进被考核对象了解和理解绩效管理的各种形式均可采用，可以是专题会议、政府文件或通知等。

2．培训

培训是实施绩效管理的主体向管理对象介绍绩效管理将如何实施的过程。这个过程主要是让管理主体和管理对象明确双方的权责以及考核方案和考核指标等，使管理对象更加清晰地了解绩效考核和绩效管理的全过程，了解和掌握自己要达到服务绩效要求，还需要哪些知识和技能。培训的形式一般是举办培训班或者研讨会等，也可以通过分发或在宣传栏张贴书面培训材料等方式，培训的对象主要是被考核机构或个人，培训的内容主要为绩效管理的实施方案、绩效考核的指标与标准等。

3．征询意见与建议

征询意见与建议是沟通的重要环节，征询意见和建议的过程也是绩效计划的完善过程。在宣传动员和培训后，被考核对象对绩效管理的目标、实施方案和指标体系有更加清晰地了解；这时征求他们的意见和建议有助于更好地完善绩效管理的实施方案和指标体系，从而有助于更好地实现绩效管理的目标。征求意见和建议的形式多样，可以以座谈会的形式、个人面谈、或者书面形式反馈等。对于征询来的意见和建议，考核主体应及时吸纳、调整和完善绩效管理的实施方案和内容。

通过双向沟通，使管理对象知道管理主体希望他们做什么、怎么做、做到何种程度和做不好的直接后果等信息；同时也帮助管理主体掌握工作的进展程度、员工的工作表现、存在的困难和障碍等情况，实现信息资源的传递和共享。通过动员与培训，可以使管理主体与管理对象实现互动，使管理对象（卫生机构或卫生技术人员）获得被关注和重视的团队归属感，进而提升组织机构的执行力。

（三）绩效考核

绩效考核是绩效管理的重要环节，通过考核可以测量绩效、发现问题、明确努力方向。绩效考核首先要明确考什么、如何考、何时考、谁来考四个方面的内容。

“考什么”是指考核的内容必须完整、有针对性，必须来源于被考核对象的工作内容且是其能够控制或者显著影响的。如果不同部门和不同岗位的考核对象其考核内容差别不大、针对性不强，这很大程度地影响了考核结果的客观性、有效性。

“如何考”是指怎么组织考核，采取何种考核形式，采取上级评价、述职评分还是第三方考评的方式，采取的是个体考核还是基于团队考核等等。

“何时考”是确定考核周期。考核周期应该根据不同岗位的工作性质的差别，既不频繁导致整天忙于此事，又不能周期太长影响了对问题的及时发现和纠正。绩效考核的频度可以根据具体情况和实际需要可分为月考核、季度考核、半年考核和年度考核。

至于“谁来考”，要遵循谁管理、谁考核的原则。乡镇卫生院的绩效应该由上级单位（卫生局）负责组织考核；乡镇卫生院员工的绩效则应由乡镇卫生院的绩效考核小组负责考核。

除此之外，绩效考核的全过程要坚持“公开、公平、公正、客观”的原则，这是绩效考核结果能够被众多被考核对象接受的基础和前提。如果绩效考核不能坚持上述原则，则结果必然难以服众，最终绩效考核只能流于形式。

根据绩效考核的步骤，可以分为实施考核、结果分析、结果反馈和结果申诉四个环节。

1. 实施考核

动员和培训完成后，绩效考核的主体根据事先制定的计划，以收集到的可用信息为依据对被考核对象（乡村卫生机构或者员工）进行考核评估。考核期开始签订的绩效合同一般都规定了绩效目标和绩效测量的标准。绩效合同一般包括工作目的描述、工作目标及其测量标准等。绩效合同是绩效考核的依据。在绩效考核实施过程中，所收集到的能够说明被考核对象绩效表现的数据和事实，可以作为判断被考核对象是否达到关键绩效指标要求的证据。绩效考核的意义在于总结这一绩效期间被考核对象完成工作的情况，评估被考核对象的绩效和工作能力等，也就是说绩效考核要及时给被考核对象一个结果。

2. 结果分析

绩效考核结束后就进入结果分析环节，对绩效考核的结果分析应重点关注绩效考核的两极，即绩效较好的和绩效较差的两种被考核对象。同时对这两种对象进行深入分析，发现他们绩效优劣的根源，一方面为结果反馈做准备，另一方面也为改善员工和机构的绩效奠定基础。结果分析通常可包括以下几方面：

一是测量每个考核对象的绩效水平，为实施激励措施提供依据；

二是对被考核对象的绩效差距进行分析，并寻找绩效差距的原因。哪些指标没有达到目标要求？哪些机构或个人没有达到绩效目标要求？哪些是共性问题，哪些是个性问题？没有达到目标的原因是什么？通过分析发现本地区或本单位影响绩效的关键问题。还可以通过结果分析，对绩效管理措施的有效性进行判断，为完善绩效管理相关政策提供依据。

三是根据考核结果判断绩效指标体系的合理性。如果考核结果导致被考核对象的差距过小或者过大，都有可能影响激励措施的兑现，那就需要从考核指标体系方面寻找原因（如公共卫生与基本医疗的权重平衡、岗位设置与绩效考核指标不匹配等）。如果某些考核指标普遍没有达到目标要求或绝大多数都远超过目标要求，提示这些指标的目标值设定存在过高或过低的问题。需要对考核指标体系及目标值进行调整。

3. 结果反馈

了解绩效考核的结果并分析绩效差距的原因后，就需要向被考核对象反馈考核的结果，同时接受被考核对象的申诉。绩效反馈是实现绩效管理目标的重要手段，绩效反馈的内容包括：被考核对象在考核周期内的绩效状况和取得的主要成绩；考核发现的主要不足之处和原因分析；下一阶段绩效改进的重点和措施建议。

将绩效考核的结果反馈给被考核对象时需要注意方式方法。合适的方式方法可以使被考核对象容易接受，并促进他们在未来的考核周期内改善绩效；不合理的方式方法则有可能挫伤被考核对象的积极性，进而打击他们改善绩效的意愿。对于取得较好绩效的对象，可以公开公布并广泛传播，树立典型，起到榜样的作用；对于个别绩效较差的被考核对象，可以采取面谈的方式将结果反馈给他们，以避免激烈的对立和冲突的出现；同时也有助于听取他们的想法，帮助他们分析绩效不佳的主要原因，并鼓励他们持续改进绩效。

4. 结果申诉

按照考评程序，考核结束后，被考评人若对考评结果有异议，可在考核结果反馈后的一定时间段（一般为 1~2 周）内向考核主体提出书面申诉。考核主体应认真对待被考核对象的申诉，对投诉进行审核处理。如果考核主体未及时处理或投诉人对处理结果不满意，被考核对象还可以向考核主体的上级（一般为卫生局）提出二次申诉，上级部门对申诉资料进行调查，将调查结果和处理意见报绩效考核的主体，考核主体评议后，确定维持原评议结果或调整原评议结果。

（四）绩效改善

绩效管理作为农村基层卫生机构管理的一个重要手段，其评价结果一定要运用到基层卫生机构的管理决策当中，真正发挥其决策依据的作用，帮助当地的卫生部门和基层卫生机构做出正确的决策，提高管理水平，提升员工的素质，使员工与组织（机构）的发展保持同步，不断为组织（机构）提供更加良好的管理环境和人力资源支持。绩效管理的目的是绩效改进，因此绩效考核结果的应用应以有助于改善组织（机构）和员工绩效为出发点。绩效改善主要包括三个方面的内容：结果运用、绩效辅导和绩效改进。

1. 结果应用

绩效结果的应用非常重要，当绩效考核完成以后，要及时将考核结果与相关的激励措施相结合，以实现绩效管理的目标。结果应用应与建立健全激励机制相结合，以促进被考核对象持续改善绩效。根据激励措施的不同，可以分为经济激励和非经济激励两大类。

（1）经济激励

所谓经济激励，就是我们过去常说的物质奖励，即是利用经济的手段，将绩效评价的结果与相关经济补助政策相联系。如将绩效考核的结果作为政府卫生投入流向和员工薪酬调整、奖金分配的主要依据，这是绩效考核结果运用最为广泛的方式。经济激励主要有三种形式：一是奖优，即对取得较好绩效的机构和员工进行奖励；二是罚劣，惩罚那些绩效不佳的机构和员工；三是奖优罚劣并用，奖励绩效较好的机构和员工，同时惩罚绩效不佳的机构和员工。

在实际操作过程中，将绩效考核的结果与经费分配（财政补助）或者薪酬挂钩时，最好与增量挂钩，尽量不与存量挂钩；尤其在经费（财政补助）总量较少或者薪酬水平较低时。如果财政补助较少或者薪酬水平较低时，将绩效考核的结果与存量挂钩，有可能影响到机构的正常运转或者对员工的积极性造成负面影响，有时还会影响组织内部的团结氛围。

（2）非经济激励

尽管经济激励措施作用更直接，但也有相关研究表明，非经济激励的作用可能会更有效、更持久。非经济激励措施主要有以下几种形式：

对于基层卫生机构，非经济激励通常可以通过：①通报表扬绩效考核结果优秀卫生院；②作为卫生院院长任免、评选优秀院长的依据；③根据绩效优劣给卫生院评星级；④给绩效较优的单位分配更多的职称晋升指标；⑤向绩效较优的单位分配更多的免费进修名额等形式，调动卫生院主动加强管理、提高绩效的积极性。

对于个人的非经济激励，通常可以将岗位绩效考核结果与：①个人发展机会如职称与职务晋升、进修培训机会；②颁发荣誉称号；③岗位调整如提高或降低岗位；④通报表扬或批评；⑤优秀人才选拔等措施的落实相联系，以调动员工提高绩效的积极性。

2. 绩效辅导

此处的绩效辅导主要是指对绩效不佳者进行辅导。开展绩效辅导有助于考核主体了解被考核对象工作的进展情况，以便于及时进行协调调整；有助于考核主体了解被考核对象工作时碰到的障碍，帮助被考核对象解决困难，提高绩效；进行绩效辅导有助于被考核对象及时发现自己或他人工作中的优点、问题与不足，帮助被考核对象相互促进、互助提高；有利于团队内的相互沟通，避免工作中的误解或矛盾，创造良好的团队工作氛围，提高整体的工作效率。绩效考核结果出来后，绩效考核主体应与被考核对象尤其是绩效不佳者对绩效不佳的原因进行深入分析，及时协调各方面的资源，对被考核对象工作进行辅导支持。

在实施绩效辅导的过程中应注意以下的问题：力图通过面谈使得被考核对象了解绩效管理的目标和方向；多让被考核对象谈自己的想法和做法；及时纠正不利的行为和想法；让被考核对象认识到自己的角色。因此在绩效辅导过程中灵活应用正式和非正式的绩效辅导方式，如书面报告、专题会议和面谈等，使被考核对象有受到尊重和重视的感觉，有助于被考核对象接受考核主体提出的要求和建议。

3. 绩效改进

绩效管理的目的是持续改善绩效，而实现这一目的的途径就是绩效改进。绩效改进是绩效考核的后续应用阶段，是连接绩效考核和下一循环计划目标制定的关键环节。绩效改进是指确认工作绩效的不足和差距，分析产生的原因，制定并实施有针对性的改进计划和策略，不断提高绩效的过程。

绩效改进的形式多种多样，但其过程大致上可以分为以下几个步骤：首先分析被考核对象工作绩效的差距。将考核期内被考核对象的实际工作表现与绩效计划的目标进行对比，寻求工作绩效的差距和不足；将考核期内被考核对象的实际绩效与上一期的工作绩效进行比较，衡量和比较其进步或差距。其次，分析产生绩效差距的原因。从被考核对象的个人条件、心理条件以及机构的内外部环境分析产生绩效差距的原因。第三，针对存在的问题和问题产生的原因，制定合理的绩效改进方案，并确保其能够有效的实施，尽可能为被考核对象的绩效改进提供知识、技能等方面的帮助。

三、乡镇卫生院绩效管理方案制定

乡镇卫生院绩效管理，是指县级卫生行政部门对乡镇卫生院开展的绩效管理，是农村卫生系统绩效管理的重要组成部分。乡镇卫生院绩效管理以绩效问题的改善为目标，是推进乡镇卫生院转变运行机制，加强内部管理制度建设，强化基本医疗卫生服务职能定位，规范医疗卫生服务行为，从而提高农村卫生服务绩效的重要途径或手段。乡镇卫生院（机构）绩效管理方案，主要包括绩效计划、绩效辅导、绩效考核与绩效改进四个方面内容。其目的就是要通过绩效管理，促进乡镇卫生院卫生服务的改善与可持续发展，强化乡镇卫生院的综合服务职能，调动基层医疗卫生人员积极性，保障农村居民公平享有安全、有效、方便、价廉的基本医疗卫生服务。

（一）绩效管理基本要求

乡镇卫生院绩效管理发挥效用的机制，是对乡镇卫生院设定合理目标，建立有效的激励约束机制，使乡镇卫生院向着政府和居民期望的方向努力，从而提高乡镇卫生院组织绩效。因此，开展乡镇卫生院绩效管理需要符合以下几个方面的基本要求。

1．坚持公益性服务导向

乡镇卫生院（机构）绩效管理是农村卫生绩效管理的核心内容；乡镇卫生院绩效管理必须要与其承担的社会职能与效益挂钩，突出其公益性服务内容的实现情况和社会效益的完成情况，促进乡镇卫生院全面履行职责定位，防止单纯追求经济利益的倾向，以保障广大农村居民公平享有基本医疗卫生服务，有效提高农村居民的健康水平。

2．绩效管理过程要公开公正

乡镇卫生院绩效管理计划、绩效辅导、绩效考核与绩效改进的过程，不仅要公开征求各相关方意见，从而合理制定绩效计划与考核办法，而且必须规范考核程序，考核过程必须实事求是，确保考核过程民主公开，确保考评结果的公平、公正，提高考核工作的透明度和考核结果的公信力，以综合真实反映乡镇卫生院的工作效率和任务完成质量等业绩。

3．必须综合开展绩效考核工作

乡镇卫生院绩效考核要以基本医疗和公共卫生服务质量为核心，综合考虑服务数量、服务质量和服务对象满意度等因素，坚持将日常性监督检查、定期考核和群众参与评价相结合，坚持综合评估与专项评估相结合、定性考核与定量考核相结合，以及考评方案的可操作性与动态性相结合，加大对医疗质量和公共卫生服务绩效的考核力度，从而建立与其设置、定位和职能相适应的综合绩效考核体系，促进乡镇卫生院服务能力与管理水平可持续发展。

4．正确发挥绩效考核结果的导向作用

乡镇卫生院绩效考核结果要与政府补助、卫生院负责人目标责任管理以及医务人员收入待遇、单位和职工的发展等相挂钩，充分发挥经济与非经济手段的激励导向作用，从而建立完善的政府财政补偿机制，岗位竞争、能上能下的用人机制，奖优罚劣、优绩优酬的分配机制和社会监督与民主评议机制，引导乡镇卫生院和工作人员不断提高自身素质、服务意识和专业技术水平。

5．突出绩效改进这一核心环节

乡镇卫生院绩效管理方案的制定与落实，核心是通过县级绩效管理组织和乡镇卫生院的共同参与，制定绩效目标与计划，开展绩效辅导与绩效考核，采取一系列具体行动来改进绩效，使绩效管理进入新一轮更高层次的绩效管理循环。因此，要高度重视绩效结果的反馈和绩效改进，特别是激励机制的建立与落实，从而持续调动乡镇卫生院及其员工主动改进绩效的自觉性与积极性。同时，更要动态调整乡镇卫生院绩效管理方案，推动卫生院不断调整管理重点与方向，促进乡镇卫生院服务能力与管理水平可持续发展。

（二）绩效管理方案基本框架

乡镇卫生院（机构）绩效管理以县（市、区）为单位，并由县级卫生行政部门会同相关部门具体实施；从绩效管理循环来看，乡镇卫生院绩效管理要获得良性循环，其中，目标管理、绩效考核、激励控制三个环节非常重要；目标管理环节的核心问题是保证县级管理组织目标、乡镇卫生院目标以及员工目标的一致性，保证乡镇卫生院绩效与卫生部门发展绩效得到同步提升，这是绩效计划制定环节需要解决的主要问题；绩效考核是绩效管理发挥效用的基础，只有建立公平公正的评估系统，对乡镇卫生院绩效做出准确的衡量，才能对业绩优异者进行奖励，对绩效低下者进行鞭策，才能推进乡镇卫生院卫生服务绩效不断改进，促进绩效管理目标的实现。

1．绩效计划

绩效管理计划的制定是乡镇卫生院绩效管理的首要环节，也是实施绩效管理的关键环节；绩效计划的制定，一般依据上级部门的工作或政策要求、乡镇卫生院发展目标、工作任务目标，特别是影响绩效的主要问题来制定。绩效计划的制定过程是县级绩效管理组织和乡镇卫生院双向沟通的过程，只有县级绩效管理组织和乡镇卫生院在绩效期望目标方面达成共识并接受，才能使乡镇卫生院积极参与绩效管理过程，这是绩效目标能否实现的关键。绩效管理计划的制定一般分为建立绩效管理组织、查找和确定主要绩效问题、确定绩效目标，以及制定绩效实施计划等。

（1）建立绩效管理组织

乡镇卫生院绩效管理以县（市、区）为单位，并由县级卫生行政部门会同相关部门具体实施，因此，以县级卫生行政部门为主组成的绩效管理组织机构是乡镇卫生院（机构）绩效管理的组织者和执行者。

一般情况下，设立县（市、区）乡镇卫生院（机构）绩效管理委员会（或领导小组）和绩效管理办公室两级机构。绩效管理委员会（或领导小组）负责绩效管理制度的制定和组织协调工作，最好由县级政府负责牵头，相关部门负责人参与，有利于协调部门间的政策；绩效管理办公室一般设在卫生局，负责对乡镇卫生院（机构）的绩效进行考核，是绩效管理的执行或实施机构。

同时，为了提高绩效管理水平，更好地执行绩效管理，尤其是考核过程，还应该设置绩效管理和考评技术指导组与考核监督组；技术指导组一般由县卫生局选聘县级卫生机构相关专家和技术人员组成，主要开展技术咨询、分析评议、绩效改善指导等工作；考核监督组主要对绩效考评过程进行监督，收集反映意见、受理申诉等。

（2）明确主要绩效问题

乡镇卫生院绩效管理以绩效问题的改善为目标，而乡镇卫生院绩效管理方案的制定，必须首先明确目前存在的绩效问题，从而制定绩效改善目标。查找和确定主要绩效问题是绩效管理方案制定的关键，也是第一步。

县级绩效管理机构在制定绩效管理方案时，可根据既往的考核结果、日常基层卫生工作检查、督查、第三方意见与建议等，掌握全县各卫生院存在的主要绩效问题，必要时可通过召集包括乡村卫生机构负责人、卫生技术骨干等在内的相关人员召开座谈会，通过座谈会了解基层卫生服务中存在的主要问题。对发现的问题进行分类、归纳，如可以按基本医疗、公共卫生、综合管理分类，也可以按服务质量、服务数量、服务效率等类别划分，再分析各个（类）问题产生的主要原因，如医务人员知识和技能、服务态度、硬件条件、政策管理等等，为制定绩效改进目标和计划提供依据。只有找准当前主要绩效问题后，才能明确绩效改善目标，并分步骤、分阶段开展相应的绩效辅导、考核与改进，从而把主要绩效问题的改善作为推动乡镇卫生院持续发展的基本管理途径。

（3）确定绩效管理目标

1）确定目标是绩效管理的关键

在制定绩效计划过程中，确定绩效目标是最核心的步骤，这是乡镇卫生院绩效管理计划的核心内容，科学合理的确定绩效目标对绩效管理的成功实施具有重要的意义，而解决当前存在的主要绩效问题应当是乡镇卫生院绩效改善的主要目标。

2）绩效管理目标要清晰分解

在确定乡镇卫生院绩效管理目标时，县级绩效管理组织可以先制定一个3~5年的乡镇卫生院总体绩效管理目标规划，然后将总体绩效管理目标分解到每个年度；设计的绩效管理总体目标主要有规划目标、阶段性目标或年度目标，绩效考核指标体系、绩效管理制度、绩效管理方法等。在绩效管理目标的要求上，先求初步建立，再求持续优化；对于目标的实施安排，要遵照循序渐进的原则推进，要将绩效管理目标划分成几个阶段开展并分解为年度目标；同时，要将各目标转变成可以测量的具体的考核指标与详细的绩效工作计划。

县级绩效管理组织制定乡镇卫生院绩效管理年度目标一般是在往年的最后一个季度完成或者最迟不超过当年的第一个季度完成。乡镇卫生院绩效管理目标，无论是总体发展目标、年度目标或阶段性目标，必须要与当前农村卫生发展战略相结合，并要根据乡镇卫生院职能定位落实、实际情况与政策要求相结合，因地制宜，切合实际，并从上到下予以合理分解，从而通过乡镇卫生院职责履行情况的检查和评估，促进乡镇卫生院职责绩效的改进，这是乡镇卫生院绩效目标是否有效制定从而最终影响绩效管理运行效果的关键。

3）绩效管理目标要符合要求

在具体制定乡镇卫生院绩效考核目标时，必须要符合五个要求，一是目标必须是具体的，目标设置要有指标、衡量标准、实现措施、完成期限以及资源要求，使乡镇卫生院能够清晰地看到绩效管理部门的绩效计划，以及计划要完成的程度；二是目标必须是可以衡量的，应该有一组明确的数据，作为衡量是否达成目标的依据，使考核对象和被考核对象有一个统一的、标准的、清晰的可度量标准，如数量、质量、成本、时间、管理部门或病人的满意程度，也可以将完成目标的工作进行流程化，通过流程化使目标可衡量；三是目标必须是可以实现或达到的，目标设置要坚持管理对象参与与沟通，从而使绩效管理目标在管理对象和被管理对象间达成一致，具有现实可实现性；四是设置目标时必须考虑和其他工作目标的相关性或关联性；五是目标必须具有明确的截止期限或时间限制，根据工作任务的权重、工作的轻重缓急，拟定出完成设置目标的时间要求，定期检查目标的完成进度，及时掌握目标项目进展情况，并及时开展工作指导或调整工作目标计划。

4）绩效管理目标要让卫生院认同

乡镇卫生院绩效管理是为县域卫生发展战略服务的，乡镇卫生院及其员工都应该了解县域卫生发展战略，了解卫生院发展的具体目标，而乡镇卫生院绩效管理计划实际上就是来源于县域卫生发展目标的层层分解。乡镇卫生院管理者和员工对卫生院发展目标了解越多，就越容易认同卫生院的发展目标，通过卫生院发展目标的层层分解，最终就能够形成卫生院各个岗位的绩效计划与目标。

（4）制定绩效管理计划

制定绩效管理计划，就是围绕在管理周期内，如何解决影响绩效的问题、实现绩效目标的工作计划。乡镇卫生院绩效管理计划是县级绩效管理组织和乡镇卫生院双方对乡镇卫生院应该实现的工作绩效进行沟通的过程，并将沟通的结果落实为正式书面协议即绩效计划和评估表，它是双方在明晰责、权、利的基础上签订的一个内部协议。确定乡镇卫生院绩效管理的目标后，需要制定绩效管理计划方案，安排绩效改进的相关活动。

2. 动员与沟通

绩效沟通过程也是绩效管理的动员和培训的过程，也称为绩效辅导过程；绩效沟通就是指县级绩效管理组织为帮助乡镇卫生院完成绩效计划，通过沟通、交流或提供帮助，给乡镇卫生院以指示、指导、培训、支持、监督、纠偏、鼓励等帮助的行为。乡镇卫生院绩效管理工作是以乡镇卫生院共同参与与支持为基础的管理方式，是防止绩效不良和改进绩效的管理手段，应当是一个全员参与的民主管理活动过程。绩效沟通分为三个沟通过程，即绩效计划沟通、绩效实施沟通和绩效结果沟通。县级绩效管理组织在对乡镇卫生院的绩效管理中，必须重视让乡镇卫生院充分参与到绩效管理方案的制定和优化、绩效考核目标的确定、绩效目标的实现过程、绩效考核的组织实施、绩效考核过程控制以及绩效评估结果的反馈沟通等方面。

（1）开展绩效计划的沟通

绩效计划应当是绩效计划阶段（比如年度）主管部门、乡镇卫生院对绩效目标达成的共识，乡镇卫生院的绩效管理工作必须要建立起有效的全员动员、全程参与的沟通与反馈机制，方案制定前、中、后，都要动员并激励卫生院积极参与绩效计划方案的制定与实施工作，及时与卫生院进行反馈沟通，才能共同提高卫生院的整体绩效水平。在制定绩效管理方案时，要重视绩效沟通，并明确如何开展沟通，在绩效管理实施前要开展培训，绩效目标的确立以及指标目标值的确定过程也需要沟通，特别是绩效指标体系的建立以及目标值的确定等更是离不开与乡镇卫生院多层面沟通，征询意见与建议，确保绩效目标能够被乡镇卫生院接受，并能通过努力得以实现。

（2）营造氛围，宣传动员

县级绩效管理组织可充分利用报纸、网站、宣传栏、会议等载体平台广泛开展乡镇卫生院绩效管理宣传工作，方案中要明确如何开展宣传动员，如何提高乡镇卫生院管理者和员工对绩效管理的理解和支持。同时，对绩效管理实施的动态，如绩效管理实施的进度与成果、召开的各种绩效管理议题/总结会、绩效管理任务完成的表彰会要及时跟踪报道，让各乡镇卫生院及时了解全县（市、区）乡镇卫生院绩效管理整体状况。

（3）加强绩效管理的技术指导和培训

县级绩效管理组织要了解技术指导的必要性和重要性，成立技术指导组织，明确对乡镇卫生院开展绩效管理进行指导和培训的方式。可以就绩效计划与考核的主要目标、关键环节、指标体系、考核标准与方法等进行专题培训和解读，要让乡镇卫生院了解绩效管理的意义作用，熟悉绩效管理的基本内容，掌握绩效管理的基本工作流程和方法。县级绩效管理组织要加强对乡镇卫生院院长绩效管理知识和技能培训。乡镇卫生院绩效管理培训需贯彻三个原则：一是先抓绩效管理意识培育，再抓绩效管理技能培训；二是先抓县级绩效管理者的绩效管理培训，再抓乡镇卫生院管理者绩效管理培训；三是先抓重点突破，再抓普及率。

（4）重视绩效考核过程沟通

要对参与乡镇卫生院绩效考核人员开展培训，通过培训，使每位参加考核者明确绩效考核工作的目的、意义、职责与任务，掌握考核的标准、程序和工作要领，规范运用评价指标体系，并能够对被考核对象提出的质疑进行合理解释。

（5）建立绩效考核的申诉机制

县级绩效管理组织要建立畅通的绩效考核咨询、答疑、申诉渠道，随时为乡镇卫生院提供咨询、答疑、申诉、监督与举报，要建立高效、可行的申诉机制，提高考核结果的有效性和绩效问题的发现。考核实施组织和监督组织要认真核查乡镇卫生院和员工的意见，并及时解决绩效考核实施过程中出现的各种问题、不足或困难，作出相应处置，指导绩效考核各项工作顺利开展。同时，绩效考核绝不应当只是针对乡镇卫生院及其人员，也要重视绩效考核管理人员的考核。

（6）重视绩效考核结果的反馈

绩效考核结果的反馈是乡镇卫生院及时准确了解绩效水平和绩效问题的重要途径，也是绩效沟通的主要形式。反馈可以用口头和书面两种形式。根据计划时段进行的乡镇卫生院考核结果和不定期考核的重要结果，都应该有书面反馈报告并提交给乡镇卫生院，并要及时与卫生院进行反馈沟通，帮助卫生院发现、分析与解决问题，总结经验教训，以进一步推进绩效水平的提高。同时，绩效考核的结果可以通过适宜的公示信息载体、发布会等对外公开公示。

3. 绩效考核

绩效考核是绩效管理的一个重要环节。通过绩效考核正确评估乡镇卫生院的绩效，为有效实施激励提供依据，从而实现乡镇卫生院绩效的改善与提升。乡镇卫生院绩效考核内容要根据乡镇卫生院的职能定位和绩效目标来确定，要突出卫生服务质量的核心地位，强调卫生服务质量与数量的结合。

（1）考核方案

乡镇卫生院绩效考核的组织实施计划或方案，是乡镇卫生院绩效管理方案的重要组成部分，更是乡镇卫生院内部岗位绩效考核方案制定的主要依据。乡镇卫生院绩效考核实施方案应由县（市、区）卫生行政部门负责制定，制定过程应吸收人事、财政、社保等相关部门参与，并要听取乡镇卫生院意见建议，最后由县（市、区）政府或相关部门联合下发实施。县级卫生行政部门要结合本地实际情况，制定操作性强的乡镇卫生院绩效考核实施方案与评价细则。

绩效考核实施方案通常应该包括考核对象、考核内容、考核方式、考核时间、考核信息收集方法、考核结果发布方式、争议申诉与处理等。

（2）考核内容

乡镇卫生院的工作内容通常包括组织管理、公共卫生服务、基本医疗服务、乡村卫生服务一体化管理、新型农村合作医疗管理等方面。因此，县级绩效管理组织对乡镇卫生院的绩效考核内容主要可以包括综合管理、公共卫生服务、基本医疗服务和满意度评价四个方面（维度）。

1）公共卫生服务，主要考核国家和当地政府确定的由乡镇卫生院承担的各项基本公共卫生服务项目完成的数量与质量，具体考核居民健康档案、健康教育、儿童保健、妇女保健、老年人保健、规划免疫接种、慢性疾病管理、传染病防治以及疾病预防控制等。

2）基本医疗服务，主要考核乡镇卫生院日常医疗服务数量、医疗质量、医疗安全、中医药服务、规范用药、重大急救医疗、双向转诊、医疗费用控制以及基本药物制度等。

3）综合管理，主要考核乡镇卫生院机构环境、行政管理、财务财产管理、文化建设及信息管理等组织管理，乡村卫生服务一体化管理，以及新农合审核补偿、调查核实、信息统计等相应职能管理。

4）满意度评价，具体考核乡镇卫生院不同服务对象（政府相关部门、公众、门诊和住院病人等）的综合满意度，以及乡镇卫生院卫技人员满意度等。

另外，为了平衡各卫生院间由于资源配置水平、机构规模等不同所带来的服务质量与产出的不可比，可增加一个维度即资源状况，对各卫生院资源状况进行平衡；也可将卫生院按规模、医院级别、是否中心卫生院、硬件配置等综合划分几个等级，对不同等级提出不同的绩效内容考核要求。

（3）考核指标

乡镇卫生院绩效考核指标的设置主要依据绩效管理计划来设置；绩效考核指标应符合重要性、相关性、可比性、敏感性、适宜性、可得性等基本要求。考核指标体系要规范，指标名称要具体、明确、完整，指标内涵要概念清晰、通俗易懂，指标的衡量要有确定的信息来源或采集方法，指标值要有确定的计算方法或公式。

1）考核指标的范围要适宜

为保证绩效考核的科学、公平，并降低考核管理成本，考核指标的数量级要适宜，并通过考核实践逐步调整完善；要防止考核指标与乡镇卫生院的功能和职责定位错位现象，防止把不属于其职责范围的工作要求列为考核内容。如，乡镇卫生院的人员编配、工作用房建筑面积等，不是乡镇卫生院有能力解决的问题，就不应当列为对乡镇卫生院的考核内容。

2）考核指标的筛选

首先，要确定乡镇卫生院考核指标维度（内容），指标维度通常按乡镇卫生院的功能与职责任务来划分，即用哪几类指标来衡量和反映乡镇卫生院的工作情况；乡镇卫生院的指标维度一般分为基本公共卫生服务、基本医疗服务、机构综合管理、满意度四类。第二、根据乡镇卫生院绩效管理指标确定的原则，考核指标可按 6 组层次类别来设计，即：必选指标与可选指标；核心指标与辅助指标；过程指标与结果指标；定量指标与定性指标；数量指标与质量指标；年度指标与季度指标。第三，在现阶段，国家已有明确要求的乡镇卫生院考核指标，要按照相应指标值进行考核。第四，在选择具体指标时，要根据本地实际，指标不需要面面俱到，覆盖所有工作内容，要以解决突出问题为重点，重点选择那些工作薄弱环节的指标，以引导卫生院加强和改进工作，提高绩效。

3）考核指标的量化

对乡镇卫生院定性考核指标，要尽可能做到量化，并合理规范量化过程和方法。例如：农村居民健康档案管理规范就有健康档案建档率、健康档案合格率、健康档案使用率3个量化指标；在公众满意度测定中，要规范调查样本的对象、数量、抽样方法、问卷内容、调查者身份、调查数据的计算方法等，使定性考核指标尽可能量化。

4）过程指标与结果指标相结合

乡镇卫生院绩效考核的目的是测量绩效水平、发现绩效问题，因此，乡镇卫生院绩效考核指标的选择，应以既要测量产出和结果，也要考查服务过程和服务行为为依据。

5）考核指标的动态性

绩效管理是一个动态发展、逐步提高的过程，因此，绩效指标及其目标值也应该根据绩效改进情况进行动态调整，可以根据需要一年调整一次。

6）机构考核指标体系要与内部员工绩效考核有机结合

乡镇卫生院内部员工绩效是乡镇卫生院机构绩效的基础，要将上级部门对乡镇卫生院的绩效考核指标体系与乡镇卫生院内部绩效考核指标有机结合起来，并将乡镇卫生院绩效考核指标和要求科学地分解到科室和员工，从而成为乡镇卫生院员工共同的绩效改进目标。

（4）考核流程

对乡镇卫生院考评的流程包括：听取被考评机构的汇报，与机构领导、员工座谈，现场观察机构服务提供过程和员工工作情况，查阅相关信息资料，访问当地政府、社区相关人员，对相关利益人群进行问卷调查，实地访问农户等。

（5）考核频度

对乡镇卫生院考评原则上一年一至两次，一般时间安排在年中和年末，由县级卫生行政部门会同财政、人社等部门开展考核工作。县级卫生行政部门对乡镇卫生院的绩效考核工作要在其内部考核的基础上进行；每年12月底前，县级卫生行政部门应完成对辖区内乡镇卫生院的年度绩效考核，并确定考核结果的公布。

（6）考核形式

县级卫生行政部门对乡镇卫生院的绩效考核工作，可采取综合考核与专项考核相结合、行政部门考核与服务对象评议相结合、日常考核和定期考核相结合等灵活多样的方式进行；无论哪种方式，都要以获得真实有效、全面准确、可供利用的信息为出发点和落脚点。具体考核方式包括：

1）查阅资料，包括统计表、工作记录、疫情报告、一类疫苗接种率考核结果、健康档案、处方、病历等相关文件和医疗文书等。

2）现场检查，主要查看医疗卫生单位的内部设置、医疗设备、服务流程和美化、绿化、环境卫生等就医环境。

3）走访调查，走访农户、门诊和住院病人，以及乡镇卫生院卫技人员等，并进行问卷调查，了解群众的满意度等社会评价。

4）召开座谈会，可以随机抽取本院职工、若干名患者召开座谈会，征求乡镇卫生院服务工作意见等。

（7）考核结果等级的划分

对乡镇卫生院绩效考核结果的等级，一般可分为优秀、良好、合格、不合格等若干档次；划分不同等级的主要依据是考评得分；根据事前或者事后确定的优秀、良好、合格、不合格的分数线，评定被考评机构的不同等级。采取百分制分四档的分值线一般为：90 分以上为优秀，80 分及以上为良好，60 分及以上为合格，60 分以下为不合格。各等级机构的比例掌握两头小、中间大的原则，即：少数为先进（15%～20%），大部分为良好与合格，极少数为不合格（约 10%）。

（8）考核质量控制

对乡镇卫生院绩效考核的质量控制可分为事前控制、事中控制和事后监督三个方面；事前管理主要是做好绩效考评方案的制定，各个绩效考评指标应定义明确，信息的可获得性强，评价方法与标准可操作性强等，并要做好考评人员的培训，统一标准、统一方法开展考评，严格考评工作纪律等；事中控制主要是要建立有利于质量控制的工作机制，如规范考评人员填写考评工作记录表单等，约束考评人员行为，使考评结果详尽公开透明；事后监督主要是采取问题核查和考核结果信息公示，接受群众监督，确保考核公平公正。县级绩效考评监督组织要贯穿考评全过程监督，要参与绩效考评方案制定、考评工作过程和考评结果应用等主要环节。

4. 激励与改进

绩效管理的真谛不在于考核，而在于改善行为，最终提升绩效。对乡镇卫生院开展绩效考核只是绩效改进的一种手段，最终目的是促进乡镇卫生院卫生服务绩效的持续改进，从而提高医疗卫生服务的质量和效率。因此，通过激励机制，充分应用绩效考核结果，激发卫生院的工作积极性，不断提高卫生服务绩效，从而形成一个卫生服务绩效持续改进的良性循环，这才是绩效管理的真正目的。

（1）经济激励

1）与政府对乡镇卫生院的财政补助相挂钩

目前，政府对乡镇卫生院的经常性财政补助均可纳入按绩效支付。如何与绩效挂钩，可在方案中明确，可以按绩效实际得分，也可以按考核等级确定兑现比例等办法。需要明确的是，无论何种兑现方式，卫生局和县政府都不应克扣、截留财政补助，而应该将预算补助经费全部发放，奖优罚劣。如为了适应月工资发放制度，县级财政可预拨付乡镇卫生院员工月绩效工资总额的70%，在季度、半年或全年考评结束后统一核发其余绩效工资。

2）与基本公共卫生服务经费支付相挂钩

基本公共卫生经费可以纳入财政补助经费统一按绩效支付，也可以将其单列出来，根据乡镇卫生院绩效考核方案中公共卫生部分的考核结果为支付依据。在制定绩效管理方案时，可根据本地实际采取适宜的方式。

3）与新农合管理机构对乡镇卫生院的费用结报相挂钩

新农合管理机构通过支付制度改革将资金拨付与乡镇卫生院绩效考核结果挂钩，实施对乡镇卫生院医疗质量、效率和诊疗行为等绩效的定点监管，并实施安全预警制度，控制医疗费用的不合理增长和基金风险。

4）与乡镇卫生院负责人绩效工资相挂钩

乡镇卫生院负责人的绩效工资，由县级卫生行政部门根据岗位责任制管理中的年度任务目标以及年最高工资总额，再综合该乡镇卫生院年终绩效考核结果后兑现。

（2）非经济激励

经济激励手段是激励机制的重要方面，但不是激励手段的全部；要重视乡镇卫生院绩效考核结果的非经济激励手段的应用，要把乡镇卫生院绩效考核的结果与乡镇卫生院的评优奖励、负责人职务的聘任和升迁、以及乡镇卫生院科室、员工、乡村医生的评比先进、聘任奖励、职称晋升、进修学习等相挂钩；特别是，要把乡镇卫生院绩效考核的结果与负责人岗位责任管理年度考核、职务聘任、评奖评优与职务升迁相挂钩，对考评不合格的乡镇卫生院院长要提出警告直至免职等处理，从而形成乡镇卫生院绩效考核结果的有效约束机制，以促进绩效改善的外在硬约束。

（3）及时整改存在的绩效问题

绩效考核不能仅仅局限于乡镇卫生院绩效状况的记录和奖惩，更应该重视对乡镇卫生院计划期内绩效改善的跟踪提高。对绩效考核中发现的问题，制定具体的绩效改进计划，包括由谁负责和以什么形式进行指导和帮助，这是绩效管理的重点，必须在绩效管理方案中明确。

（4）绩效改进的工作方法

绩效改进是乡镇卫生院绩效管理的重点环节，是绩效考核后续阶段的中心工作，也是绩效计划目标实现的保证。根据乡镇卫生院绩效考核结果，就乡镇卫生院绩效改进过程中出现的问题，一般需要采取三个步骤开展绩效改进工作。

1）分析绩效差距。根据乡镇卫生院实际工作表现，一是通过目标比较法，即将乡镇卫生院的实际工作情况与绩效计划目标进行比较，找出绩效差距与不足；二是通过水平比较法，即将乡镇卫生院实际工作绩效与前阶段的工作绩效做比较分析，确定差距与不足；三是通过横向比较法，即把某一乡镇卫生院与基本条件相近的其他乡镇卫生院作绩效比较，找出绩效差距与问题。

2）确定绩效差距的原因。导致乡镇卫生院绩效低下的原因是多种多样的，但综合起来主要包括领导、员工与环境三个方面原因。分析绩效问题的原因，目的在于为解决绩效问题提供相应的策略和措施。

3）实施绩效改进项目或措施。针对绩效问题与不足，县绩效管理办公室要组织专家指导乡镇卫生院通过实施绩效改进措施来实现绩效的提升，将绩效改进工作措施落到实处。比如，采取预防性措施，明确乡镇卫生院目前什么工作措施是正确、有效的，哪些是错误的、无效的，通过强化培养与训练，防范员工再出现工作差错和问题；通过调查与监督，并采取正向与负向激励措施，发现问题及时纠正，提高员工的积极性与硬约束，并通过对各级管理人员的督导，使员工克服自己的缺点，发挥优势，提高绩效。

（三）案例与点评

1. 案例

＊＊县基层医疗卫生机构绩效考核实施办法

为了充分调动基层医疗卫生人员的工作积极性，提高基层卫生服务质量和效率，增进基层卫生机构的活力，逐步形成可持续发展的运行机制，根据省卫生厅、省人力资源社会保障厅、省财政厅《关于印发某省基层医疗卫生机构绩效考核办法（试行）的通知》和县政府《关于印发＊＊县深化医药卫生体制改革实施方案（2009~2011年）的通知》、《关于印发＊＊县基层医药卫生体制综合改革实施方案的通知》，结合本县实际，制定本实施办法。

1. 乡镇卫生院考核内容

（1）院内管理与建设：医疗事故月分析会、医务人员不良执业记录、疾病谱排序、抗生素使用量、自费药物使用比例、青霉素使用量占抗生素使用量的比例、业务人员到上级医院进修及下村指导情况、乡村卫生服务一体化管理开展情况、人事财务管理情况。

（2）基本医疗服务：服务数量、服务质量、医疗费用、规范药房建设和国家基本药物制度的执行情况、新型农村合作医疗实行情况。

（3）公共卫生服务：国家基本和重大公共卫生服务项目实施情况、应急处理、卫生监督等项工作情况。

（4）中医药服务：中医科室设置、中医适宜技术适用、使用地产中药治疗常见病和多发病、中医门诊人次占全院门诊人次的1/3、中药收入占药品总收入的1/3、中医药治疗总收入占业务总收入的1/3。

（5）群众评价与监督：乡镇卫生院分院的考核参照乡镇卫生院绩效考核内容、主要指标及分值表，以其实际承担的工作任务内容进行考核，按百分制计算考核得分。

具体考核指标详见《＊＊县乡镇卫生院绩效考核主要指标及分值表》（附表）。

2. 乡镇卫生院绩效考核组织

县卫生局负责对乡镇卫生院和社区卫生服务中心的考核工作，成立由局长任组长，有关人员为成员的乡镇卫生院绩效考核领导小组，负责绩效考核工作的组织领导。乡镇卫生院要成立绩效考核领导小组和工作组，负责对乡镇卫生院人员的绩效考核工作。

县卫生局基层医疗卫生机构绩效考核领导小组在卫生局下设绩效考核办公室，并成立绩效考核工作组，依据《某县乡镇卫生院绩效考核主要指标及分值表》、《某县社区卫生服务机构绩效考核主要指标及分值表》，对辖区内的乡镇卫生院进行考核。委托乡镇卫生院对村卫生室进行考核，卫生局绩效考核办公室对其考核结果进行抽查复核。

县上成立由卫生、财政、人劳、监察等部门组成的基层医疗卫生机构绩效考核监督小组，负责对全县乡镇卫生院绩效考核工作的监督检查和复核。

3. 绩效考核方法和程序

（1）考核方法

①查阅资料。查阅基层医疗卫生机构的管理制度、统计报表、工作记录、健康档案、健康教育资料、慢性病管理、疫情报告、妇幼保健表卡、疫苗接种表卡、处方、病历等相关资料和医疗文书。

②财务考核。依据财务凭证、会计账务，对其日常收支、专项经费使用、资产管理等情况进行考核、评估。

③现场检查。查看基层医疗卫生机构的内部设置、医疗设备、服务流

程、院落美化、卫生厕所、病房建设等就医环境。

④走访调查。随机走访不少于10户居民并进行问卷调查，了解群众满意度。

⑤召开座谈会。随机抽取不少于本院30%的职工和若干名患者召开座谈会征求意见。

（2）考核程序

县卫生局绩效考核办公室于每年6月中旬、12月中旬对基层医疗卫生机构进行2次集中考核，绩效考核监督小组同时开展监督检查并复核不少于5%的机构，考核结果经监督小组成员同意后报市卫生局及相关部门，并接受省市级复核检查。

4. 绩效考核结果运用

（1）考核结果

考核实行百分制，基层医疗卫生机构考核结果分为四个等次：分值85分以上为优秀，70~84分为良好，60~69分为合格，60分以下为不合格。考核结果的优秀比例不超过25%。

（2）考核结果运用

①作为政府补助的依据。基层医疗卫生机构考核合格的，按照有关规定落实补助经费；不合格的，按照一定比例扣减补助经费。

②奖励先进，惩戒后进。考核不合格的基层医疗卫生机构扣减结余的政府补助和上级下达的奖补资金，应用于奖励考核合格且得分排名靠前的机构，并对机构及其负责人给予通报表扬；对得分靠后、不合格的基层医疗卫生机构通报批评，限期整改，连续两年考核不合格的，免去负责人职务。

③县财政将基层医疗卫生机构的补助经费（包括人员工资和专项补助等）的70%按月拨付，预留30%，依据卫生局半年一次的考核结果和绩效考核资金拨付方案兑现剩余资金。

5. 绩效考核工作要求

（1）加强组织领导

转变基层医疗卫生机构运行机制，推行绩效管理是医药卫生体制改革的重要内容，实行以服务质量及岗位工作量为主的综合绩效考核和岗位绩效工资制度，对于促进有序竞争机制的形成，有效调动医务人员的积极性，提高医疗卫生运行效率、服务水平和质量，保证基本医疗和基本公共卫生服务落实具有十分重要的意义。各有关部门、单位一定要高度重视，加强组织领导，做好宣传动员，克服畏难情绪，制定详细具体、操作性较强的工作方案，完善分配激励机制，保证基层医疗卫生机构绩效考核有序有效开展。

（2）认真组织实施

对绩效考核工作要做到周密安排、精心组织，要抽调责任心强、熟悉业务的人员组成考核工作小组，要以高度负责的精神，严肃认真的态度，求真务实的作风，坚持原则、严明纪律，确保绩效考核工作公开、公正、公平、透明。

（3）强化监督管理

要加强监督，严肃考核纪律，严禁编造、篡改考核资料，严禁利用考核谋取个人利益，严肃查处弄虚作假行为，确保考核客观公正。对弄虚作假、截留、挪用、套取资金的单位和个人，一经发现，将予以通报，追缴经费，并依法追究责任。

附表：＊＊县乡镇卫生院绩效考核主要指标及分值表

考核指标		考核内容	分值
院内管理与建设（15分）	院内管理	乡镇卫生院规范化、标准化建设	2
		医疗事故月分析会、医务人员不良执业记录、疾病谱排序、抗生素使用量、自费药物使用比例、青霉素使用占抗生素的比例	2
	乡村卫生服务一体化管理	乡镇卫生院依照《＊＊县乡村卫生服务一体化管理实施方案》对村卫生室实行“八统一六有”管理	4
	人事财务管理	人员配备情况	2
		财务管理、分配制度建立执行情况	2
	院内环境与管理	院容院貌、管理制度	3
基本医疗服务（32分）	服务质量	遵守临床技术操作规范，认真执行医疗质量和医疗安全的核心制度，全年未发生医疗事故	5
	服务数量	门（急）诊人次、上门服务、辅助检查总人次数、住院床日数或观察室输液病人数	5
	医疗费用	住院次均费用和门诊次均费用	5
	执行基本药物制度	基本药物配备和使用，规范药房建设。规范、合理使用基本药物。执行国家基本药物制度	7
	新型农村合作医疗	新农合政策宣传	3
		新农合监督	3
		新农合服务	4
公共卫生服务（45分）	农村居民健康档案	农村居民健康档案的建立、使用、管理	4
	健康教育	健康教育和健康咨询服务的提供情况、农民健康知识知晓率	4
	免疫规划	国家免疫规划的执行及其管理情况	5
	传染病防治	传染病疫情的报告及处理情况	4
	妇幼保健	孕产妇、儿童保健的开展情况	8
	老年人保健	老年人健康检查、健康登记管理情况	4
	慢性病管理	高血压、糖尿病等慢性非传染病的防治及管理情况	5
	重性精神疾病患者管理	重性精神病患者的随访、康复指导及登记管理情况	3
	重大公共卫生服务项目	重大公共卫生服务项目有关工作的开展情况	5
	应急处理、卫生监督等	突发公共卫生事件的应急处理、卫生监督管理等	3
中医药服务（5分）		中医科室设置、中医适宜技术适用、使用地产中药治疗常见病、多发病，中医药利用效率	5
群众评价与监督（3分）		医患沟通情况，群众满意率	3

2. 点评

《＊＊县乡镇卫生院绩效考核方案》，从考核内容、考核组织、方法和程序、结果运用与工作要求等方面看，包含了乡镇卫生院（机构）绩效考核的基本内容，突出了卫生服务质量改善这一核心，方案简便易行，也有利于转变基层医疗卫生机构运行机制，对于促进乡镇卫生院内部有序竞争机制的形成、调动医务人员的积极性、提高医疗卫生运行效率、水平和质量方面，具有较强的导向意义，是一份开展乡镇卫生院（机构）绩效考核的较好范例。

就该方案而言，具有以下几个特点：

（1）方案涵盖了乡镇卫生院（机构）绩效考核考什么、如何考、何时考、谁来考四个方面的基本内容与环节，具有较强的可操作性。

（2）方案突出了基本医疗与公共卫生服务考核内容，体现了乡镇卫生院职能定位与公益性服务价值理念，具有可适用性。

（3）方案突出了服务质量改善的核心地位，体现了农村基层卫生机构绩效改善的管理目标，对内部岗位或员工绩效考核具有导向意义。

（4）方案中考核方法多样并重视定量与定性考核的结合，考核结果的经济性与非经济性运用措施比较符合实际，对于构建内部竞争机制具有激励导向作用。

（5）该方案的绩效考核指标体系较规范，考核指标的范围较适宜，考核指标的筛选基本符合乡镇卫生院的功能与职责任务；考核指标尽可能做到了量化，并以产出和结果指标为主，简便易行，有利于体现结果导向的激励与绩效改进。

同时，该方案较粗略，存在较多可探索并需要完善改进的方面：

（1）方案没有明确绩效考核的实施原则，绩效管理思想与指导性体现不足，尚未实现按绩效管理框架设计绩效考核实施方案。

（2）方案没有明确计划期主要绩效问题，更没有明确绩效考核的目的或目标，考核的导向性受限。

（3）方案在考核实施组织建设中，领导协调组织不健全，并缺乏相关部门的协作职能发挥，也缺乏技术指导组织的考核辅导与绩效改进指导，考核组织与职责划分不清晰。

（4）方案在绩效考核的动员与沟通，特别是绩效问题的发现、考核技术指导和培训、申诉机制、公示与反馈，以及绩效问题的改进等方面缺乏相应的实施措施或环节；激励措施比较局限，尤其对非经济激励关注和体现不足，激励约束机制的构建尚缺乏。

（5）方案没有考虑卫生院资源现状不同对绩效可能产生的影响，考核存在一定不公平性。

（6）方案考核指标体系需要考核细则说明，以具体体现考核主要指标筛选、考核标准及赋值情况；一些考核指标范围不适宜，考核指标的筛选以及指标赋值需要调整，也缺乏考核指标计算方法，一些考核标准不清晰；一些指标本身不具有敏感性和可靠性，指标的定义不够具体、独立、全面、通俗；方案考核指标对卫生服务质量考评的突出不足。

四、乡镇卫生院岗位绩效管理方案制定

岗位绩效管理是机构绩效管理的基础，制定科学公平、体现绩效持续改善的岗位绩效管理方案，是整合资源，凝聚力量，充分调动人员积极性，实现绩效管理既定目标的重要措施。按照绩效管理的一般规则，乡镇卫生院岗位绩效管理方案的制定需要做好如下工作。

（一）绩效管理基本要求

1. 围绕目标制定方案

方案制定前要厘清当前岗位绩效管理中存在的突出问题，围绕突出问题设定绩效管理总体目标，在广泛征求意见的基础上，将目标层层分解，责任到人，对偏离绩效管理目标的行为要给予纠正，确保目标顺利实现。

2. 依据绩效实施激励

坚持合作共赢、风险共担、多劳多得、优绩多酬的绩效管理理念。综合考虑技术难度、风险程度、劳动强度、管理责任等因素，合理配置绩效指标及其权重，落实绩效分配政策和激励措施，确保公平公正，以能充分

调动员工积极性，发挥员工潜力，促进卫生院良性和谐发展。

3. 持续优化改善绩效

岗位绩效管理方案要围绕改善绩效做文章。方案的制定要立足本院实际，围绕目标的达成；设定和分解目标要体现持续改进、逐步提高的思想，而不是简单的确定一个固定的目标值。方案实施过程中也要坚持动态调整、持续优化原则，随着卫生院发展重点和岗位目标、责任、任务和风险的变动，动态调整管理方案，确保方案的科学、合理、有效和可行。

（二）绩效管理方案基本框架

1. 明确主要问题

以上级政府、部门对机构的绩效目标要求为导向，立足本院发展实际，全方位查找存在的所有问题，分析问题产生的原因，确定影响因素，根据影响因素的重要程度对问题进行重要性排序，并根据当前乡镇卫生院所占有资源的多少和问题的性质，把问题分成要解决、能解决和待解决等几类，分步骤、分阶段、分岗位逐一研究对策，最终厘清影响卫生院发展的主要问题。把解决主要问题作为推动卫生院良性发展的“发动机”和“加速器”加以实施。

2. 制定绩效目标

绩效管理是在乡镇卫生院既定战略目标下，针对存在的问题，通过设定科学合理的绩效考核标准和指标体系，评估员工过去的工作行为和工作业绩，运用绩效考核结果影响员工未来的工作行为和工作绩效，最终达到持续改善绩效的过程和方法。其目的：

一是响应辖区居民健康需求，引导居民改善行为，提高健康水平；

二是合理分工、凝聚力量，提高乡镇卫生院整体绩效水平；

三是为评估员工提供客观、公正的标准和证据；

四是改善员工执业能力、诊疗行为和工作绩效，促进职业发展。

依据以上目的，确定乡镇卫生院的战略规划、年度目标和/或专项阶段性目标，并将目标按照已有组织管理体制（必要时建立临时协调、咨询、监督等兼管组织，常态运行时将其职能并入乡镇卫生院已有组织机构中完成）和岗位职责逐级分解到科室和个人，形成职责明确，目标清楚，管理有序，协调互助的内部岗位绩效管理指标体系。为便于考核监测，还可将指标逐层分解成一、二、三级指标，确保落实到位、责任到人。此外，在制定岗位目标（指标）和目标值时应充分考虑科学性、先进性、有效性、可行性和可调整性等，保证考核目标的发展性和持续改进。

3. 考核内容

按照乡镇卫生院的职能和岗位设置状况进行岗位分类，一般按临床医疗、公共卫生、护理、医技、工勤及管理等岗位分别考核。每个（类）岗位的具体考核内容（考核指标）可根据岗位工作内容的不同而有所区别，考核维度一般可分为：数量、质量、效率、行为、作风、成本控制等，也有分为：行为品质（态度）、岗位表现（过程）、工作实效（结果）等，并以此确定考核指标。同时，依据本岗位年度目标、历年状况和现实可能确定其指标值，一般以数值或比率表示。例如，内科医师岗位的绩效考核指标之一为：住院病历书写甲级率，其指标值为：≥90%等。乡镇卫生院绩效考核各类岗位指标通常为：

1）服务数量

主要考核门诊诊疗人次、住院人次、收治病人数、出院病人数、手术台次、医技检查与治疗人次、药剂调配处方数、基本药物使用情况及行政后勤科室完成相关任务情况等；健康档案建档、更新、电子化数；健康教育数；免疫规划接种人（剂）次；传染病报告处理数；孕产妇、儿童保健数；老年人体检数；慢性病管理数；重性精神病人管理数、乡村卫生一体化管理执行情况等。不同的岗位，考核的具体指标有所不同。

2）服务质量

主要考核医疗文书（包括门诊病历、门诊登记、传染病报告、住院病历等）合格率、出入院诊断符合率、手术前后诊断符合率、急危重病人抢救成功率、差错事故发生率、病区管理、消毒隔离管理、基础护理、级别护理、各项报表数据的准确率等；基本公共卫生服务中的建档率、覆盖率、管理率、报告率、符合率等以及各项制度规定实施情况。

3）服务行为

主要考核对卫生院规章制度的遵守、卫生院核心制度的执行、出勤情况、医疗收费与药品价格政策的执行等。

4）医德医风

主要考核遵纪守法、因病施治、廉洁行医、医患和谐、团结协作、便民惠民措施的落实情况及人际沟通、服务对象满意度等；其指标和指标值可根据不同岗位应用不同方法确定。如医患和谐的指标可以分为，患者表扬次数，批评与投诉次数等。

5）成本控制

进行科室成本核算，合理核定各考核单元收支指标，根据收支增减率评价计分。

对于赋予综合职能又与乡镇卫生院总体目标任务密切相关的人员考核，实施任期综合考核制或年薪目标挂钩制等。如，对于乡镇卫生院院长的考核，其考核内容可为县卫生局等上级部门对本乡镇卫生院的综合考核项目一致，亦可另加条款加以体现。

4. 组织实施

1）组织保证

乡镇卫生院要根据上级要求，结合本单位实际对岗位绩效管理作出统一部署和安排。譬如，院长负责制；建立绩效管理领导小组、考核评审组织、技术咨询与监管培训组织；与绩效管理有关的职责分工，制度、规范、标准、指标体系、奖惩措施等的制订、修订；考核时限、频度、范围、形式、程序、特殊情况处理以及注意事项；考核信息的收集、分析运用，日常绩效自我考核与检查抽样现场评价，对考核者的考核及其之间的关联量化处理，完成程度等提出明确要求，作出明确规定和安排，确保岗位绩效管理组织措施的有效落实。

2）方法公平

从方案制定、问题查找、绩效计划、岗位分工、绩效目标到考核指标、评价办法、数据收集、结果应用等都要有科学完整的程序安排，并公布于众，让大家广泛参与，做到在标准面前人人平等，尤其是对被考核对象尤为重要，直接领导的充分沟通，共担责任，共享成果，公开透明。把绩效考核结果直接应用于工资发放、劳务评判、团队奖励时，尤应注意公平与公正。

有的为方便乡镇卫生院各岗位绩效考核的量化比较，根据该岗位所承担的职责、任务、风险、贡献和能级等对岗位进行区分定位，设定岗位系数、分值权重、加减方法等，使考核类别划一，简化结果计算的复杂程度，并随考核情况、任务环境等变化进行调整和完善，使考核简明扼要，效率提高。

也有设定一个固定参照值（如，设定一个门诊人次为一个标准工作量1.0），将各岗位按照技术高低、操作难易、风险大小、耗时多少、劳动强度、能级效果等因素将各岗位工作量予以转换标化，结合核实后的岗位实际工作量直接换算成标准工作量，再使用质量、效率等考核结果进行加权，将标准工作量调整为有效工作量，即绩效，使岗位考核更直观和透明。

以上两种方法是把复杂繁琐的考核过程进行简化，有其显著优点，但都有一定人为倾向，使绩效改善效应弱化。实施前要充分酝酿讨论，在一定时期和一定条件下使用，还有较显著的作用和积极意义。

3）频次适度

考核频次依据本单位资源条件和考核经验适度确定，一般每月或每季度一次；单位信息化程度较高，频次可以减少；基本管理习惯尚未形成，数据缺失较多，频次应该增加；为提高考评效果，常设定不打招呼的不定期抽查；出现突出异常情况增加考核频次或进行专项检查；对于重大事项设置特殊程序，实施重奖或一票否决。

4）信息可靠

岗位绩效考核信息通常来源于乡镇卫生院的各种工作记录（如门诊记录、手术记录、病历、处方、检验检查登记、病人意见记录、信访记录等），自查报告，岗位工作总结，考核评价报告，监测异常通知，患者满意度调查，患者体验调查等。如电子信息化程度较高的乡镇卫生院，可依据计算机网络提取相应绩效管理监测数据。或根据绩效管理要求设计专门的绩效管理表格，形成有据可查的考核证据记录或证据链等。不管通过何种途径获取的信息都要进行甄别分析核实，保证其客观、真实、公正、可靠和有效。

5）质量控制

重点从四个方面加强考核工作的质量控制。

首先，建立院内考核工作规范。比如，建立个人工作绩效报告制度，信息跟踪收集制度、绩效档案管理制度等，全面完整地收集被考核者工作信息，实施考评回避制度，核查与考核监督制度等。

其次，提高考评人员素质。选择具有考核评价特质者（公平、敏感、擅长、热心）担任考评人员，并对其进行相关法律、法规、规章，诊疗护理规范、常规、技术，评价操守、评价技能、考评工具等基本知识的培训与学习，建立考评人员考评档案，实施对考评者的考评等，使考评公平、可信、有效。

第三，设立意见箱、意见簿、监督电话、投诉平台等，畅通沟通反馈渠道。院长全程参与员工的绩效考核，及时纠正考评偏差，对有争议的考评结果，及时组织核查，并作出相应处理。当内部绩效考核与外部考评结果相差较大时，应专项分析原因，进行相应整改。

第四，考核前要对本考核方法实施预考核，即模拟验证，了解其结果是否客观公正，符合本单位实际情况，并合理拉开档次，保持绩效考核的公平、适宜、有效与激励特性。

5. 有效沟通

（1）方案制定前。开展相关法律法规、改革理念以及具体管理技能等的宣传培训，提高员工的认知能力和认同感，为绩效管理方案制定提供人力、环境、技术等支撑准备。

（2）方案制定时。根据本院实际，完善组织（原则上保持乡镇卫生院现有组织系统），制定目标（标准、指标），落实责任，分解任务，确定时限等。此外，要保持领导层、中间管理层和员工的全方位沟通协商，达成实现战略目标或解决突出问题的共识，营造全员主动参与绩效管理改革的氛围。

（3）方案制定后。以乡镇卫生院文件和（或）全体员工大会宣讲形式郑重推出，权威发布，并备案县卫生局。院长带头对《方案》进行评述，提出贯彻要求，发动全体员工对《方案》进行再次学习、理解、沟通、培训，提高执行力。

6. 绩效改善

绩效改善是岗位绩效管理的根本，包括个人绩效改善和团队绩效改善。这里所说的绩效改善就是有计划有目的地对绩效考核中发现的可以改变的问题（成绩和错误），应用激励或奖励机制，落实整改措施，开发个人的潜能，不断追求卓越的过程。

（1）整改

一个阶段或一个绩效管理周期结束后，对考核中发现的问题要进行原因分析，按照引发问题的性质通常分：直接原因、间接原因，显性原因、潜在原因，主观原因、客观原因、混合原因；按问题发生的时间分：已发、正发、将发与相关等，分别采取纠正（针对直接、相关、过去和现在）或/和预防措施（针对间接、潜在、未来和相关），进行相应的改进和完善，并验证其结果，避免同类问题的多次重复发生，巩固绩效改善的成果，同时为下一个绩效考核周期提供支持。

也有将发生问题的原因简单的归结为：不会干、不愿干和干不好（基于过程、资源、条件、方法等）三种，分别采取人员准入、学习培训、提高素质，兑现奖惩、纪律约束、制定规范，调整过程、提供条件、逐步发展等予以改进。按照以上方法，针对乡镇卫生院岗位绩效管理考核中发现的问题归类排队，对号入座，按照轻重缓急彻底纠正、持续改进，提高绩效。

此外，单位、科室负有一定责任的领导应按照目标要求和日常监测责任对发现的问题随时与上级及下属沟通、协商，识别问题性质，寻求和采取改进措施，主动增进能力、减少损失、改善绩效。

（2）激励

激励分经济激励和非经济激励，正向激励和负向激励（或惩罚），单项激励与综合（混合）激励等，常见的多为经济激励和非经济激励。

1）经济激励

这是目前大家谈得最多的激励方式。本周期绩效考核结束后，依据考核前制定的岗位绩效工资（基础性，奖励性，补助性等）方案、奖惩升降、劳务补贴等奖惩办法予以经济兑现，使绩效优异者得到更多的奖励和肯定，以激励员工的绩效改善行为，构建个人、团队绩效提升、潜能的长效促进机制。

就奖励与激励的本质而言，经济激励所表现出的影响是一种短期激励。

2）非经济激励

非经济激励的分类方式很多，通常包括：

岗位调整：职务、职称、岗位、称号、称谓的升降、交换、变化，甚或临时组织、活动的负责者、召集者的担当，指派其本人想干能干的工作，只要运用得当都会成激励因素，结合绩效考核结果恰当调整部分岗位，有利于整合资源、组建高效团队。

给予荣誉：通报表彰，肯定成绩，举办一定规模和形式的活动——佩红挂花、当众展示，对绩效考核卓越者予以充分鼓励，同时也是对绩效平庸者的鞭策。

高端培训：对绩效考核成绩优异者给予进修、观光、高等学府深造、新领域组织等的培训辅导；对绩效不良者予以有针对性的绩效辅导、绩效帮助，提供环境和工具，改善绩效。

领导关注：依据绩效考核结果分类排队、张榜公布，领导面谈，有效沟通，由大家心目中公认的权威、榜样、偶像等约谈、合影、家访、题词等。有时，对做出成绩但由于种种原因未能及时得到奖励的职工，领导的肯定行为也会成为员工激励的有效手段。

脱颖而出：对能力、素质、考核结果俱佳者，根据其专业和可能组建新的专业、专科、专病团队，确定具有挑战性的绩效目标，提供必要条件，带动团队提升，持续改善绩效。

奖惩兑现：对不良行为引发不良后果者予以惩罚是绩效考核所必需的，俗话说没有规矩不能成方圆，对问题引发者的惩戒就是对正向激励的强化，也是对绩效优异者的奖赏，正负激励之间的差距越大，激励的强度越高，但反作用力也会越大，这就需要领导者们的因势利导，适度选择。

岗位激励对于整体而言都是双向的，只要能够达到引发激励的强度就一定会产生后果，这种后果的方向和大小随激励措施发挥作用的时间、地点、人物、环境的不同而不同。因此，用心设计好岗位绩效管理方案，化不利因素为有利，创造一个让不同员工都受到鼓励而努力工作的环境，是岗位绩效管理的核心，也是绩效管理成败的重点和难点。

乡镇卫生院日常管理中，非经济激励措施的应用并不少见。但真正应用的恰当还需要很多的历炼过程，尤其是处于绩效管理主导地位的院级领导班子更是如此。正确理解绩效管理的目的、意义、原则、方法很重要；认真学习掌握医疗卫生管理思想和技巧，营造干事创业、互帮互学的良好人际氛围也很重要；有效识别绩效问题，正确选择改进方略措施，适度应用考核结果，经济和非经济激励互为补充，促进绩效持续改善更重要。用好绩效考核结果需要一个持续不断努力和改进的过程，这是一个没有最好只有更好的工程。

考核结果的“公示”、“排队”、对话沟通都有激励作用和双重效应，其激励的程度也会随时间、地点、范围和方式的不同而不同，乡镇卫生院应根据自己的实际和绩效考核结果及预期反应采用相应的途径，不可简单草率。较好的结果通知方式是对话和沟通。

对于其他特殊条件下的绩效考核，建立特殊考核规定，设定特殊内容。如违法违纪、医疗事故责任者等的一票否决；减灾救灾、紧急救援等有突出贡献人员的激励办法等。

对于绩效考核中的异议或申诉，要按照申诉处理程序予以处理，并建立层级沟通措施，调动各方积极性，不断改善绩效。或调整完善绩效管理方案，优化措施，使下一个绩效考核周期更完美。

（三）案例与点评

1. 案例

＊＊县＊＊乡镇卫生院岗位绩效考核方案

按照《＊＊省（市）公共卫生与基层医疗卫生事业单位绩效考核实施办法》和《＊＊县乡镇卫生院绩效考核管理办法（试行）》的要求，为做好院内绩效考核工作，特制定本方案。

一、指导思想

以“三个代表”重要思想和科学发展观为指导，按照“绩效优先，分类考核，科学公平，有效激励”的原则，建立以基本医疗卫生服务为主，以工作数量、质量、效率和服务对象满意度为核心的绩效考核制度，维护本卫生院公益性，为居民提供安全、有效、便捷、价廉的基本卫生服务，不断提高本辖区居民群众健康水平。

二、考核原则

（一）坚持公平、公正、公开原则；

（二）坚持多劳多得，优绩优酬原则；

（三）坚持向一线岗位倾斜，适当拉开差距的原则。

三、考核组织机构

（一）绩效考核领导小组

成立卫生院绩效考核领导小组，院长任组长，副院长任副组长，成员由各科室负责人组成，负责绩效考核方案的制定及考核的组织、协调、宣传、解释等工作。领导小组下设绩效考核办公室（设在人事科），牵头负责做好卫生院绩效考核的资料收集、整理、复核、公示、核算等日常工作。

（二）绩效考核工作小组

成立三个考核工作小组（基本医疗服务考核小组，公共卫生服务考核小组，综合管理服务考核小组），分别由院内各职能科室负责人和相关工作干事组成，负责按各类岗位要求及考核标准开展具体考核工作。

（三）绩效考核监督小组

成立绩效考核监督小组，工会主席任组长，妇委会、团支部负责人及部分员工代表为成员，负责绩效考核的纪律监督、员工申诉等工作。

四、考核对象

以服务团队或业务（职能）科室及人员为考核对象，按类别分为公共卫生服务、基本医疗服务、综合管理服务三类岗位进行绩效考核。其中：

纳入公共卫生服务类别考核的有：社区卫生服务团队和公共卫生管理组织、预防接种科、妇幼保健科及人员。

纳入基本医疗服务类别考核的有：基本医疗服务科室及人员。

纳入综合管理服务类别考核的有：综合管理服务科室及人员。

五、考核内容

绩效考核主要包括基础性绩效考核和奖励性绩效考核两个方面。

（一）基础性绩效考核内容

主要体现岗位职责和社会公益目标任务完成情况、劳动纪律、医德医风及有关履职情况。（具体见附件：略）

（二）奖励性绩效考核内容

主要体现基本卫生服务的工作数量、工作质量和效率及实际贡献大小等有关情况。各团队（科室）及人员考核内容分别为：

1. 团队（科室）考核内容

公共卫生服务团队（科室）。主要考核职能管理（一体化管理）、信息管理及公共卫生服务的数量、质量、满意度、否决性指标等。

基本医疗服务科室（含村卫生室）。主要考核职能管理、信息管理及基本医疗服务的数量、质量、满意度、否决性指标等。

综合管理服务科室。主要考核财务管理、总务管理、物资供应、设备维护、信息管理、卫生院办公室日常事务的数量、质量、满意度、否决性指标等。

（具体考核内容见附件：略）

2. 岗位人员考核内容

副院级领导。主要包括其履职情况、职业道德、管理水平与能力、工作成效、服务对象满意度及机构发展情况等。

中层干部。主要包括其履职情况、职业道德、管理水平与能力、工作成效、服务对象满意度、否决性指标等。

一般工作人员。主要考核工作数量、工作质量和效率、服务满意度、否决性指标等。

（具体考核内容见附件：略）

六、考核等次

绩效考核结果分为四个等次：考核 90 分以上为优秀，70~89 分为合格，60~69 分为基本合格，60 分以下为不合格。优秀等次控制在 20%之内（90 分以上大于 20%时，按得分高低确定）。

七、考核方法和程序

（一）考核周期

按每自然月进行考核。

（二）考核方法

1. 基础性绩效考核方法：由绩效考核工作小组通过查阅资料（考勤表、投诉记录、医德医风记录）现场查看、日常巡视检查等方式对岗位人员进行考核。

2. 奖励性绩效考核方法：由绩效考核工作小组按类别对各服务团队（科室）、人员进行考核。

（1）团队（科室）考核方法

收集工作量。通过查阅卫生服务信息系统、各类统计表、工作记录等收集工作量，同时把工作量进行分值比对。（比对方法见附件：略）

考核工作质量和效率。通过查阅工作资料、现场检查，结合信访投诉管理、日常巡视检查、服务对象满意度调查及上级检查反馈情况等考核工作质量和效率。

（2）岗位人员考核方法

副院级领导。副院级领导的考核由单位绩效考核（70%）和个人绩效考核（30%）两部分组成。其中单位绩效考核由卫生局执行；个人绩效考核通过查阅相关资料、服务对象满意度调查等方式进行考核。

中层干部。通过查阅相关资料、服务对象满意度调查、日常巡视等方式进行考核。

一般工作人员。通过查阅卫生服务信息系统、各类统计表、工作记录等收集工作量。通过查阅工作资料、现场检查，结合信访投诉管理、日常巡视检查、服务对象满意度调查及上级检查反馈情况等考核工作质量和效率。

（三）考核程序

1. 收集各类资料。收集考勤表、投诉记录、日常巡视记录、工作量、工作质量和效率等相关资料。

2. 开展质量考评。按照各类质量评价标准对团队（科室）及人员工作质量和效率进行考评。

3. 汇总考核情况。将各类考核情况分别汇总。

4. 公示考核结果。每月考核结果公示 3 天，对考核结果有异议的，在公示期满后 1 天内及时准确地提供相关佐证材料，按照申述程序进行申述。

5. 核算绩效工资。根据每月考核结果按照绩效工资核算方案进行核算。

6. 发放绩效工资。

八、结果应用

（一）基础性绩效考核结果的应用

考核结果为合格及以上等次的，基础性绩效工资全额兑现；考核结果为基本合格等次的，体现经济发展水平和物价水平的部分全额兑现，体现岗位职责和社会公益目标任务完成情况的部分按50%扣减，考核结果为不合格等次，体现经济发展水平和物价水平的部分全额兑现，体现岗位职责和社会公益目标任务完成情况的部分全部扣减。所扣减的部分全部列入奖励性绩效工资。

（二）奖励性绩效考核结果的应用

考核结果用于核算团队（科室）奖励性绩效工资总量及每月员工奖励性绩效工资的发放。具体计算方法为：

奖励性绩效工资总量由县卫生局核定。总量分配按服务类别设置权重：公共卫生服务类别占40%，基本医疗服务类别占35%，综合管理服务类别占15%，其他（用于各类奖励）占10%。

1. 团队（科室）的奖励性绩效工资计算

各团队（科室）的奖励性绩效工资分别按各服务类别设置的权重及核定的总量进行计算。

团队（科室）的奖励绩效工资=单位服务量绩效工资×团队（科室）工作量×团队（科室）质量考核百分比

单位服务量绩效工资=各类别奖励性绩效工资总量/各团队（科室）工作量得分总和

质量考核百分比=质量考核得分/100×100%

2. 岗位人员的奖励性绩效工资计算

岗位人员的奖励性绩效工资分别在各团队（科室）的奖励性绩效工资总量中予以再分配。

岗位人员的奖励性绩效工资=单位服务量绩效工资×岗位人员工作量×团队（科室）质量考核百分比

单位服务量绩效工资=团队（科室）奖励性绩效工资总量/岗位人员工作量得分总和

质量考核百分比=质量考核得分/100×100%

九、考核管理及组织保障

（一）考核沟通与申诉

原则上考核工作小组对被考核科室所有考核指标和考核结果按月在一定范围内予以公示和通报，各科室和个人对于考核结果应在公示后3日内向考核办公室提出书面复核申请意见，考核工作小组必须在3日内完成复核工作并给予书面答复。考核工作小组根据复核结果和无异议初评结果最终确定各科室考核得分。被考核科室必须及时、完整、准确提供服务的相关佐证材料。考核工作小组必须及时、准确提供考评结果。

（二）考核存档与监督

考核工作小组对考核工作必须严格执行考核内容与方法，遵守考核原则。考核人员必须客观公正，秉公办事，实事求是，对自己承担的考核结果负责。考核监督小组对考核结果进行抽查复核，确保监督到位、结果公正。

（三）经费保障及管理

绩效工资所需经费纳入本地财政预算全额安排，专款专用。按照《财政部关于印发〈行政事业单位工资和津贴补贴有关会计核算办法〉的通知》（财库［2006］48号）规定，绩效工资以银行卡的形式发放，原则上不得发放现金。

十、本办法经院委会研究、职代会讨论通过，并报上级卫生局审批后实施。

附件 1　医疗岗位基础性绩效考核指标及权重

＊＊＊乡镇中心卫生院医疗岗位基础性绩效考核指标及权重

一级指标及权重	二级指标及权重	三级指标及标准
一、工作纪律（30 分）	1. 劳动纪律	遵守医院各项规章制度，遵守作息时间，不迟到、早退，不旷工、误工，不串岗、脱岗，在工作时间不做与工作无关的事情
	2. 工作执行力	按科室排班按时上班，服从统一安排和调配，认真履行岗位职责任务，认真完成安排的其他工作任务
二、行业作风（10 分）	1. 仪表礼仪	仪表端庄，举止文明 着装整齐，挂牌上岗
	2. 服务态度	态度热情、和蔼，语言亲切、文明 服务规范：杜绝生、冷、硬、顶和推现象
	3. 尊重权益，平等相待	尊重病人，关爱生命。对待病人一视同仁。尊重和维护病人的医疗享有权，疾病知情权和知情同意权 尊重同事，平等相处，顾全大局，互相配合，取长补短，团结协作
三、职业道德（20 分）	1. 遵纪守法、爱岗敬业	爱岗敬业，坚持依法行医，在职业范围内行医，以“救死扶伤，治病救人为己任”，把维护生命，增进健康作为职责，坚持首诊负责制，认真负责处理病情，兢兢业业从医
	2. 因病施治，合理诊疗	刻苦钻研，不断提高技术水平，合理用药，维护病人的各种利益
	3. 廉洁行医、作风正派	1. 杜绝各种收受红包，开单提成行为 2. 禁止向病人私自索要钱财、吃、拿、卡、要等行为 3. 严禁收取药品、器械回扣等商业受贿行为 4. 严禁开搭车药、乱收费、私自收费 5. 严禁各种手段套取医保资金
四、履职情况（40 分）	1. 能胜任岗位职责	能独立开展相应岗位技能服务，在岗位上较好地履行技能服务和岗位管理服务，运用岗位专业知识开展创先争优活动、病人健康教育、人员指导等
	2. 完成岗位职责相应任务	按照岗位职责和科室任务分工，保质保量地完成相应的每项工作任务
	3. 完成医院规定公共卫生服务任务	能独立开展基本公共卫生服务六位一体职能的每个环节服务操作技能，在基本公共卫生服务中较好地完成相应工作任务等
	4. 完成医院及科室安排的其他工作情况	认真完成医院及科室安排的其他任务

附件2　预防保健科质量评价指标及权重

＊＊＊乡镇中心卫生院公共卫生服务质量评价指标及权重（预防保健科）

一级指标及权重	二级指标及权重	三级指标及权重
一、科室职能管理（25分）	1. 科室人员基本情况、人员资质管理（1分）	科室人员花名册及人员资质（学历、职称、职业资格）（1分）
	2. 科室人员分工管理（2分）	科室人员按职称、职务、岗位职责明确分工，合理排班、严格考勤、请假制度（2分）
	3. 工作计划、活动方案和记录（2分）	年初有计划、年终有总结、活动有方案、记录和总结（2分）
	4. 环境管理（2分）	科室环境（办公室）卫生整洁、各种标识清晰、物品摆放整齐（2分）
	5. 信息管理（4分）	规范各种文件及信息管理，并认真学习，按要求报送相关信息。（4分）
	6. 物资管理（5分）	1. 固定资产管理（2.5分） 2. 易耗物资管理（2.5分）
	7. 安全生产管理（6分）	1. “四防”管理（2分） 2. 医疗安全管理（4分）
	8. 服务范围基本情况（5分）	1. 掌握村、居人口（总人口数、0~7岁儿童数、出生人口数、7岁死亡人口数、流动儿童数）的数量和分布（3分）； 2. 建立0~7岁儿童花名册（2分）
二、传染病管理（20分）	1. 传染病管理质量（12分）	1. 严格执行传染病相关制度（1分） 2. 报告法定传染病及时、准确、完整，报告率100%（3分） 3. 传染病报告卡符合率100%（3分） 4. 建立督导登记本，每周定期巡查和督导门诊日志登记并有记录（2分） 5. 每月开展1次传染病报告自查并有记录（1分） 6. 每月对传染病发病情况进行分析（2分）
	2. 门诊日志管理（4分）	规范管理每月门诊日志（4分）
	3. 重点单位传染病防控（2分）	每月1次到托幼机构、学校及相关社会团体进行传染病督导（2分）
	4. 传染病知识培训(2分)	按要求对临床医务人员进行传染病知识培训（2分）

续　表

一级指标及权重	二级指标及权重	三级指标及权重
三、免疫规范（30分）	1. 预防接种（16分）	1. 及时为辖区内所有居住满3个月的0~6岁儿童建立预防接种证和预防接种卡等儿童预防接种档案。建证率100%（2.5分） 2. 一类疫苗接种：麻疹疫苗、脊髓灰质炎疫苗、百白破三联疫苗、卡介苗接种率≥98%（各1分）。乙肝疫苗、流脑疫苗、乙脑疫苗接种率≥95%（各1分）；24小时内及时为婴儿接种首针乙肝疫苗。及时率≥95%（1分）（总分8分） 3. 积极推广二类疫苗使用（3分） 4. 卡证符合率100%（2.5分）
	2. 预防接种证验证（5分）	1. 每年1次到托幼机构和学校进行儿童预防接种证查验，查验率90%（2.5分） 2. 补种率达90%（2.5分）（每年考核1次）
	3. 疾病监测（4分）	按照要求开展AFP、麻疹、新破等监测，有自查记录。（4分）
	4. 疫苗和冷链设备管理（5分）	1. 按要求规范管理疫苗及冷链设备。专人管理：疫苗数目是否相符；冰箱管理、设备是否正常 2. 冰箱温度每日记录2次 3. 疫苗领取途中温度登记 4. 疫苗存放位置正确 5. 无过期变质疫苗（5分）
四、健康教育（15分）	对重点人群开展健康教育（15分）	按要求对重点人群开展健康教育。健康教育内容包括：免疫规划知识、传染病防治知识等（15分）
五、满意度测评（10分）	1. 定期调查（5分）	定期病员满意度测评和职工内部满意度测评，满意度≥90%（5分）
	2. 不定期抽查（5分）	绩效考核小组或院领导不定期抽查（5分）

附件 3 内科质量评价指标及权重

一级指标及权重	二级指标及权重	三级指标及权重
一、科室职能管理（20 分）	1. 科室人员基本情况、人员管理（3 分）占比 3%	1. 科室人员基本情况、人员资质管理（1 分） 2. 人员分工管理（2 分）
	2. 工作计划、活动方案和记录（2 分）占比 2%	
	3. 环境管理（2 分）占比 2%	
	4. 信息管理（2 分）占比 2%	
	5. 物资管理（5 分）占比 5%	1. 固定资产管理（2.5 分） 2. 易耗物资管理（2.5 分）
	6. 安全生产管理（6 分）占比 6%	1. “四防”管理（2 分） 2. 医疗安全管理（4 分）
二、基本医疗质量（70 分）	1. 医疗质量管理（18 分）	1. 建立科室质控小组，开展质控活动（3 分） 2. 建立各种记录本并有活动记录（4 分） 3. 三合理治疗（4 分） 4. 核心制度的执行（3 分） 5. 基药使用情况（2 分） 6. 药占比（2 分）
	2. 操作 规范（5 分）	操作规范（5 分）
	3. 院感管理（6 分）	1. 掌握医院感染报告时间和程序（2 分） 2. 严格执行无菌操作和无菌制度（2 分） 3. 掌握正确洗手方法和步骤（1 分） 4. 医院感染率（1 分）
	4. 门诊质量（15 分）	1. 门诊处方书写（3 分） 2. 门诊抗生素 2 联及 2 联以上联用处方百分比（2 分） 3. 门诊激素处方百分比（2 分） 4. 门诊静脉输液处方百分比（2 分） 5. 次均门诊费用（2 分） 6. 门诊日志登记（1 分） 7. 门诊日志登记书写合格率（1 分） 8. 门诊日志漏登率（1 分） 9. 35 岁以上患者首诊测血压率（1 分）
	5. 住院质量（24 分）	1. 出入院诊断符合率（3 分） 2. 住院患者治愈好转率（3 分） 3. 病历书写（5 分），住院病历书写及时率 100%（2 分） 4. 住院病历书写甲级率（2 分） 5. 平均住院床日（天）（3 分） 6. 住院次均费用（3 分） 7. 医技检查申请单书写（3 分）
	6. 传染病报告（2 分）	
三、满意度测评（10 分）	1. 定期调查（5 分）	
	2. 不定期抽查（5 分）	

2. 点评

本《＊＊乡镇卫生院绩效考核方案》（以下简称《考核方案》）思路清晰，考虑周到，依据充分，内容全面，细致系统，对乡镇卫生院岗位绩效考核提出了一整套可操作的方法和测评工具，尤其是岗位质量评价标准，从岗位职责、考核内容、考核标准、数据来源、控制标准到奖惩措施；从医疗人员、护理人员、公卫人员、后勤人员到管理人员，全程全员、详尽完善，是目前乡镇卫生院层面开展绩效考核的范例。本《考核方案》：

（1）建立了较为完善的绩效考核组织机构，体现了同行评议和监管，考核组织与现有机构紧密结合，使考核效率提高，可行性增加。

（2）考核内容分为基础性、奖励性两类，分别制定了考核范围、定义了标准、评价标准和岗位间工作量化办法，实现了全程全员全覆盖、详尽完善的量化考核。

（3）对考核指标按照职能定位、系统考虑、重要程度、风险及劳动强度等分三级分别赋予相应权重，体现指标导向作用；同时，根据本地乡村一体化管理，又制定了村卫生所岗位考核标准，并实施了相应的考核和管理。

（4）考核办法、程序、工资发放、信息收集、考核依据方便易获、清楚明确。同时设置了沟通申诉程序解疑释惑，使绩效考核更加公平公正和透明。

（5）较适宜于规模较大、矛盾较多、需要精细化管理，处于绩效管理前期阶段的中心乡镇卫生院；一般乡镇卫生院也可依据自己实际，从中选取部分内容和方法加以借鉴优化，达到事半功倍的效果。

但我国地域辽阔，情况复杂，乡镇卫生院间存在着较大差异，管理的本身就是科学与艺术的结合。所以，本《考核方案》也还存在可探索和完善的空间：

（1）该《考核方案》限于绩效考核层面，着眼于持续改善的绩效管理思想体现不足。

（2）缺少明确的主要绩效问题和具体的绩效管理目标，侧重于工资和奖金的公平发放，绩效改善、创新发展等重点不够突出，考核指导性不强。

（3）考核周期安排还需要进一步考虑，按自然月考核，尽管便于发工资，但就绩效改善的时间和起效测量，一个月可能显得偏短。

（4）注重了经济激励，而对非经济激励的关注和体现不足。

（5）关注了考核的外部客观性，但对科室或个人自评和自评系统的建立和监管关注不多。

（6）重视了公开、分级等考核细节，但对他们的激励及激励双重效应关注不足等。

所以，在制定内部岗位绩效考核方案时，需要各乡镇卫生院充分关注自己的实际，这样才能使绩效改善更快更有效。

五、村卫生室绩效管理方案制定

乡镇卫生院对辖区内村卫生室进行绩效管理，绩效管理方案由卫生院依据上级部门对村卫生室的职能定位和任务要求，结合村卫生室存在的主要绩效问题而制定。由于村卫生室的特殊性，人员普遍较少，对村卫生室的绩效管理，实际上应坚持机构绩效和岗位绩效管理相结合，既要考虑村卫生室作为一级组织应该履行的职能，也要考察每个乡村医生的个人绩效。在绩效考核指标制定、考核程序上都要体现这一特点。

（一）绩效管理基本要求

在制定村卫生室绩效管理方案时，应始终贯穿绩效管理重在绩效改进的理念，注意框架的完整性，还应满足以下的基本要求。

1. 基于村卫生室职能定位

管理方案制定前要明确村卫生室的职能定位和工作职责，认真研究村卫生室的绩效现状，找出差距，按照问题大小进行排序，筛选出绩效突出问题，在广泛征求意见的基础上确定绩效管理目标。

2. 以服务质量考核为重点

村卫生室主要提供基本医疗和基本公共卫生服务，公共卫生服务是其工作重点，因此，绩效管理应重点关注公共卫生服务，以服务质量为核心，合理分配各考核指标的权重，落实绩效分配政策，调动乡村医生积极性，促进其规范服务行为，提升服务能力。

3. 促进绩效持续改进

村卫生室及其人员绩效管理目标的设定应根据当前卫生工作重点和主要绩效问题的动态变化，相应调整绩效考核内容和指标，确保绩效管理方案科学合理，重点突出，便于操作，并采取适宜措施引导、帮助村卫生室持续改进绩效。

（二）绩效管理方案基本框架

村卫生室绩效管理方案一般应该由乡镇卫生院负责制定，并对辖区内的村卫生室实行绩效管理。县级卫生行政机构应该制定村卫生室绩效管理指导意见，为乡镇卫生院制定本乡镇村卫生室绩效管理方案提供参考和规范。

1. 绩效问题

明确绩效问题是绩效管理的关键所在，可以通过既往对村卫生室的考核、检查或管理经验发现，也可以开展有针对性的定量与定性基线调查来发现。对照各级政府对村卫生室的职能界定和工作要求与标准，结合本地区的实际，考察绩效现状，将发现的绩效问题进行排序，找出村卫生室存在的重点绩效问题，并分析其产生的原因。应将村卫生人员通过努力可以改进的村卫生室绩效问题，作为绩效管理的重点。

2. 绩效目标

根据上级部门要求、卫生院分解到村卫生室的工作任务，结合主要绩效问题，制定阶段性的绩效管理目标，目标的制定一方面要考虑村级医疗卫生服务在质量、数量等方面的基本要求，另一方面也要考虑村卫生室的服务能力现状，确定的目标值以通过努力可以实现为宜，以达到充分调动和提高村级卫生人员工作的积极性、持续改进绩效的目的。

3. 考核内容

鉴于村卫生室规模较小、人员较少等特点，在进行考核时可以不分机构考核和人员考核。若一个村卫生室有多个人员组成，考核结果可以作为该卫生室的集体绩效，即每个人员的个人绩效基本值。村卫生室内部不同人员的个人绩效分配，可以根据其职责、岗位、资质、职称等客观条件，事先进行合理的等级划分，作为绩效分配的依据。

根据村卫生室应承担的职责任务和工作能力，可从组织管理、公共卫生服务、基本医疗服务、居民满意度四个维度来考核村卫生室绩效。根据村卫生室不同类别与特点，共性和个性绩效问题，地理位置，周围是否有其他卫生机构，制定差异化的、阶段性的、动态可调整的考核标准和评分细则。将村卫生室一些绩效很好且通过努力难以进一步提高的工作，例如免费的计划免疫接种率均已达到或接近100%等，纳入一般性考核范围。将阶段性重点工作和存在主要绩效问题的工作，如慢性病管理等，纳入重点考核范围，给予更大的权重和分值，引导村卫生室和村医更好地履行职能。

（1）组织管理

考核内容主要包括上级各条线上的工作组织、协调、落实情况，用水、用电、防盗等安全情况，服务、财务等台账登记，工作日志，资料信息化，医用废弃物处理、劳动纪律等。

（2）公共卫生服务

按照县级规定和卫生院任务分解，结合服务人口数量，设计村卫生室公共卫生服务的数量、质量、效率和效果等的考核指标和标准。

（3）基本医疗服务

考核内容主要涉及门诊工作量、门诊处方质量、规范用药、费用控制等。指标可包括门诊人次数、门诊处方书写合格率、门诊静脉滴注人数百分比、抗生素2联及以上使用百分比、门诊登记合格率、次均费用等。

（4）居民满意度

考核内容主要涉及居民对村卫生室的组织管理、公共卫生服务、医疗服务的服务态度、诊疗环境、服务水平、服务能力等的满意度。

4. 组织实施

（1）成立村卫生室绩效管理小组

一般由卫生院领导、财务科、医务科、防保科等卫生院人员组成，负责村卫生室及其人员的绩效考核。还应根据不同的考核类型和考核目的，如是专项考核还是综合考核，适时调整考核小组成员。

（2）制定村卫生室机构和人员绩效考核指标体系

由考核小组和村卫生室人员共同完成。根据上年发现的主要绩效问题，当年卫生院的工作要求，动态调整考核内容和标准，筛选考核指标，逐步探索出关键指标，降低绩效管理成本。以百分制为宜，制定评分细则，确定每个指标的权重，对照绩效管理目标，提高期望改进指标的权重赋值。

（3）考核方式

外部考核与自我考核相结合，卫生院对村卫生室的外部评价，可采取综合考核与专项考核、日常考核与定期考核。自我评价是村卫生室和人员对自身的绩效按照考核标准进行自我评判。外部考核是对照考核内容和指标，收集相关信息资料，进行测算和打分。具体方式主要包括：查阅统计报表、门诊工作记录、抽查门诊处方等资料，现场检查环境卫生、服务流程等，专项调查门诊病人和居民的满意度，召开座谈会，听取村卫生室负责人汇报等形式。

（4）考核等级划分

根据考核得分，村卫生室绩效一般分为优秀、合格和不合格三个等级，优秀、不合格者应为少数。譬如，可以把 90 分以上定为优秀，60 分以下为不合格，其余均为合格。并将考核结果进行公示，一般不少于 5 个工作日，对结果有异议者，由考核小组负责解释和复核。

（5）考核频次

村卫生室系统性绩效考核以每季度或半年一次为宜，不宜过于频繁，否则既增加了考核工作量，也会影响村卫生室的工作。但除了阶段性系统考核外，乡镇卫生院有责任对村卫生室进行经常性检查督导，如现在很多地方都在开展的“3+X 团队服务模式”，通过日常督导，既可检查、发现工作中的问题，也便于帮助村卫生室改正考核发现的问题，改善服务质量，提高服务绩效。

5. 沟通与反馈

村卫生室绩效考核的宣传与沟通，贯穿绩效管理的整个过程。从方案制定的指导思想和原则，到绩效管理问题的发现、绩效管理目标的确定、考核内容和标准的制定、实施考核、结果公示与应用、激励与整改等各个环节，都需要与村卫生室及其人员进行广泛的交流，开展绩效管理知识培训，多次解释说明和反复征求意见，做到及时沟通与反馈，统一思想，达成共识，形成书面资料，知情同意决定后认真执行，达到每人都能全面理解和掌握村卫生室绩效管理的内容，促使人人积极地改进绩效。每次考核结束，都应当将考核结果进行整理，归纳出每个村卫生室考核发现的主要问题，告知每个村卫生室，以便于有目的地改进绩效。

当年考核结束，是下年度考核的开始，每个考核周期的各环节都应进行充分的动员和沟通，特别是有变化的地方。例如，在考核结果上，考核小组坚持以客观事实为依据，明确说明扣分原因、加分原因，考核等级公示前，由被考核的村卫生室或人员签字同意，还应说明对考核结果有异议的村卫生室可以申诉的步骤、途径和方法。

6. 激励与整改

当前村卫生室及其人员的收入主要来源于公共卫生服务经费、一般诊疗费用、新农合补偿、配备国家基本药物后政府财政补助的部分人员和运行经费。村卫生室的服务工作被纳入乡镇卫生院工作进行绩效考核，乡镇卫生院对村卫生室及其人员进行考核，根据绩效的高低，划拨相关经费，保障机构运行。

（1）激励措施

通常包括经济激励和非经济激励。经济激励是将绩效考核得分与村卫生室人员收入挂钩，有的地方把村卫生室人员收入分成基础性工资和绩效工资，两者构成是 60% 和 40%，绩效工资按绩效考核结果进行发放兑现，体现多劳多得，奖勤罚懒，避免养懒人、吃“大锅饭”，考核合格者获得全部工资，优秀者奖励，不合格者少得甚至不得。适当拉开收入差距，以上下 15%～30% 为宜，差距过大会影响绩效低者的工作积极性和乡村医生队伍的稳定性。村卫生室负责人除按一般人员考核获得收入外，还应根据机构考核得分多少，兑现补助收入。譬如，所有负责人绩效考核补助平均为 5000 元，而机构考核得分 80 分，占满分的 80%，该机构负责人可以得到 4000 元的补助。要重视非物质激励的作用，对于村卫生室，非物质激励主要与职称晋升、进修培训机会安排、荣誉称号、新农合定点机构资质认定等挂钩，有些地方建议将其与乡村医生资质挂钩。

（2）村卫生室绩效管理的目的是改进绩效

卫生院对村卫生室绩效考核，既要肯定成绩，更重要的是发现绩效问题，与被考核的村卫生室及其人员，及时进行沟通交流，指导和帮助其改进绩效。卫生院需要根据村卫生室存在的绩效问题的特点和原因，采取有针对性的措施，帮助村卫生室进行完善和提高。对村卫生室存在的共性绩效问题，可以通过召开村卫生室例会、考核专题会等形式，告知每个村卫生室。村卫生室存在的个性绩效问题，可以通过个别面谈等形式而告知。卫生院应与村卫生室人员一起分析村卫生室绩效问题存在的原因，并共同提出针对性的整改措施和期望目标，作为下一阶段绩效管理的重点监测对象，并开展绩效辅导，以帮助改进。对于共性的问题，可通过专题培训等方式进行集中指导，对于个别问题，则可以重点个别指导。并根据问题的不同，采取相应的针对性措施。例如，乡村医生存在年龄结构老化，年龄大的不会使用计算机和新农合等管理信息系统，居民健康档案等资料也无法录入，这就需要有针对性的培训或进行一定调整。有的乡村医生无法完成公共卫生服务，如果是服务人口过多，这就需要卫生院成立服务团队，帮助其完成。

（三）案例与点评

1. 案例

＊＊县村卫生室绩效考核方案

为切实加强和完善医疗卫生机构内部管理，建立以服务质量为核心、以岗位责任与绩效为基础的考核和激励制度；强化医疗卫生服务行为和质量监管，完善医疗卫生服务标准和质量评价体系，规范管理制度和工作流程，科学、合理地评价村卫生室的卫生服务质量（包括医疗服务质量和公共卫生服务质量）。特制定＊县村卫生室卫生服务质量评价与绩效考核实施方案：

一、目的

通过评价与绩效考核发现卫生服务质量问题差异，制定个体化改进措施。强化其卫生服务质量管理意识，改进卫生服务质量管理手段，有效实施质量控制与质量保证，不断提高完善卫生服务质量；有效提升质量管理的水平和效率。为提高广大农村居民健康水平的目标服务。

二、原则

（一）客观真实原则

质量评价结果是否客观真实，直接关系到质量改进最终着力点的确定与针对性措施的制定。因此，考核应以事实为依据，以标准为准绳，以相关数据资料收集的规范性和原始资料的存储及管理，注意资料的可追溯性，以确保资料收集和考核结果客观真实。

（二）系统全面原则

从纵向来看，质量评价贯穿卫生服务的结构、过程和结果各个环节；从横向来看，卫生服务的质量评价既要重视服务的安全性、有效性和及时性，也要关注服务的可及性、公平性、适宜性和需方的满意度等。

（三）持续改善原则

卫生服务质量评价考核过程实际是一个确定质量评价指标，实施评价并发现质量问题，提出质量策略措施与实施，获得质量渐进提高，再修订完善评价指标的工作循环过程。质量改进涉及因素较多，是一个渐进的过程。因此质量评价考核应坚持常态化，制度化，并形成长效机制，坚持周期性评价，才能收到实效。

（四）公开透明原则

质量评价考核是促进质量改进的一种手段。广大医务工作者能否理解评价的目的并全身心投入到评价活动中来，原动力作用是否得到有效发挥，是质量改进的关键。如何使他们融入其中，并成为质量改进的主人，首先应坚持公开透明的原则。应将评价指标、评价方法和评价过程事先公开，评价结果要向被评价医疗卫生机构及其服务人员，甚至面向社会公开发布，并听取各方的反馈。

（五）效用优先原则

评价考核的最终目的是为了改进质量。评价结果的恰当运用会使质量管理步入良性循环状态。建立必要经济奖惩政策，实行优者受奖，劣者受罚。

三、内容

（一）评价考核指标

评价考核指标的选定是开展质量评价工作的重中之重。根据＊＊省卫生厅卫十一项目办《农村卫生服务质量评价应用指南》（农村基层版）、《＊＊省一级医院评审标准》，结合县域村卫生室实际，评价考核村卫生室卫生服务质量评价指标分为医疗服务和公共卫生服务指标两大类。

表 1　村卫生室卫生服务质量评价指标

分类	质量指标	评价目的	指标定义
门诊质量	门诊抗菌药 2 联及以上联用处方百分比	反映门诊药品使用质量	门诊处方中抗菌药 2 联及以上联用的门诊处方数/门诊处方总数×100%
	门诊静脉输液处方百分比	反映门诊静脉输液使用情况	门诊处方中含静脉输液的门诊处方数/门诊处方总数×100%
	门诊处方书写合格率	反映门诊处方书写质量	门诊处方中书写合格的处方数/门诊处方数×100%
	门诊登记书写合格率	反映门诊文书书写质量	门诊登记中书写合格的例数/门诊登记总例数×100%
护理质量	无菌技术操作规范性	反映门诊护理服务质量	参阅相关护理技术操作规范，依据问答结果或现场观察结果判断
基础条件	医疗废弃物处理规范性	反映医疗安全执行情况	参阅相关医疗废物处置规范，依据村卫生室医疗废物处置评分标准判断
效率	门诊次均费用	反映患者就医费用负担	门诊医药费收入总额/门诊人次数（或门诊处方数）
健康教育	健康教育计划任务完成率	反映健康教育开展完成情况	按要求年内健康教育计划任务完成数/年计划健康教育任务总数×100%
传染病防治	儿童预防接种建证率	反映计划免疫对象和范围的掌握情况	年度辖区内建立预防接种证人数/年度辖区内应建立预防接种证人数×100%
	计划免疫全程合格接种率	反映计划免疫方面的工作质量	按免疫规划各疫苗均合格接种的儿童数/计划免疫应接种的儿童数×100%
	结核病人规范化管理率	反映结核病患者的防治工作质量	结核病人规范化管理人数/应管理结核病人数×100%

续 表

分类	质量指标	评价目的	指标定义
儿童保健	0~36月龄儿童健康管理率	反映3岁以下儿童健康管理覆盖率	辖区内0~36月龄儿童接受健康管理的人数/该地该时间段内应实行健康管理的儿童数×100%
	目标人群叶酸增补率	反映目标人群接受叶酸增补情况	辖区内目标人群叶酸增补完成人数/该地该时间段内应增补叶酸人数×100%
	孕产妇建卡率	反映孕产妇接受保健的情况	辖区内产妇建卡的人数/该地该时间段内活产数×100%
	产后访视率	反映孕产妇接受保健的情况	辖区内接受产后访视的人数/该地该时间段内活产数×100%
慢病防制	高血压患者健康管理率	反映慢病管理工作质量	年内已管理高血压人数/年内辖区内高血压患病总人数×100%
	2型糖尿病患者健康管理率	反映慢病管理工作质量	年内已管理2型糖尿病人数/年内辖区内2型糖尿病患病总人数×100%
满意度	居民满意率	反映需方对村卫生室医疗服务与公共卫生服务质量的评价情况	表示“很满意”和“满意”加和人数/总调查人数×100%

（二）评价标准

包括各种卫生服务质量的详细评价标准、满意度问卷、打分和扣分标准等。具体内容和表格，略。

（三）辅助工具

包括各种考核记录、评分、统计表，略。

四、评价方法

卫生服务质量评价是农村卫生服务质量保证的有效手段，它涉及监控服务过程和结果的表现，并发现问题的实质，为采取质量改善行动和系统调整提供证据支持。评价的重点是采集质量相关信息，通过比对分析，如实际卫生服务与标准、目标或期望之间的分析，发现质量的差异，提出质量改善的措施。

（一）评价体系

成立以县医学会、县级医院、卫生监督所、疾病预防控制中心和妇幼保健院等单位高年资医师等专业技术人员为成员的绩效考核领导小组，乡镇卫生院成立相应的绩效考核领导小组负责对村卫生室进行外部评价，并接受县级评价组织的核查。

（二）评价方法

1. 自我评价（自评）

各村卫生室应根据机构的实际情况确定评价频次，坚持日常自我评价，发现问题，及时改进。

2. 外部评价（外评）

县卫生局、卫生监督所、疾病预防控制中心和妇幼保健院等对乡镇卫生院所承担的公共卫生服务的质量进行评价管理，乡镇卫生院每季度对所辖村卫生室的医疗和公共卫生服务的质量进行评价管理。县绩效领导小组对乡镇卫生院的考核评价情况年底进行复核。

（三）评价数据获取方法

评价可采取：实地对卫生室的医疗、公共卫生活动进行现场检查，观察医务人员服务提供的过程或环节，处方、记录资料和治疗方案等，评价医疗、卫生服务的及时性、有效性、安全性、适宜性和服务态度等，对医疗、卫生服务质量进行综合评判。主要方法包括：

1. 查阅有关文件：在评价中，部分指标的计算涉及乡村两级医疗卫生机构的基础信息，此类指标的数据可通过查阅机构的有关文件、统计报表、财务报表和年终总结等获取。卫生局、卫生监督所、疾病预防控制中心和妇幼保健院等日常开展的专项检查和评审材料均可用作质量评价。

2. 抽查医疗卫生文书：在评价时，需要抽取相关医疗卫生文书进行评价指标的计算，核算登记、上报记录例数等。涉及医疗文书主要包括：处方、门诊登记、住院病历、医疗纠纷和医疗事故记录等；涉及公共卫生相关文书包括：预防接种卡、传染病报告登记卡、孕产妇系统保健管理卡、儿童系统管理卡和居民健康档案等。

3. 现场观察：在评价中，需要通过现场观察获得客观的评价信息，如医务人员基本技能的操作、一次性注射器的处理和设备设施的运行等。现场观察的评价效果在某种程度上胜过询问调查等方式。

4. 个人访谈：访谈的主要目的是为了解在卫生服务过程中对相关规章制度的掌握程度、落实程度以及相关细节等。

5. 专项调查：专项调查主要是针对无法直接获得数据信息的指标，如病人和居民满意度调查等。此时评价人员须借助一些专门设计的调查工具（如满意度调查问卷等）开展专项调查。

6. 多重复核：在评价中，可以采取不同的策略获取质量相关信息，如抽查医疗文书、个人访谈和现场调查，发现质量指标结果是否具有相似性，以便客观评价质量水平。

以上不同方法涉及的评价人员都必须经过严格的质量评价培训。评价者必须拥有适当的教育、能力、技能和经验以开展评价工作，并表现出胜任其职。评价者应当不断地充实、提高，以维持和提高自身的能力，保证评价的高质量和高水平。

五、结果运用

卫生服务质量评价的最终目的在于机构自身的持续质量改进，因此，一定要坚持机构自我质量评价为主，从机构管理者到医生、护士、医技人员都要培养质量管理的主观能动性，实事求是开展评价活动。质量评价考核结果用于卫生室工作人员基本公共卫生服务经费和乡医补助的发放。

六、要求

1. 各乡镇卫生院要据此方案，制定本乡镇村卫生室评价与考核细则，制定奖罚标准或措施，达到持续改进和提高卫生服务质量与水平的目的，更好地服务于群众。

2. 自＊＊＊＊年＊＊月＊＊日起，本方案正式实施。

3. 在外评过程中，各单位要注意保存并收集评价资料，以备复验。

4. 各乡镇的实施细则，请于＊＊月＊＊日前报局医政股。

2. 点评

本《＊＊县村卫生室绩效考核方案》（以下简称《方案》）以促进村卫生室服务质量改进为重点，对村卫生室绩效考核提出了一套工作方法，是一套较为完整的村卫生室绩效考核方案。仅就绩效考核方案而言，该《方案》具有以下特点：

（1）最突出的特点是突出卫生服务质量评价。不管是考核目的、考核原则，还是医疗服务、公共卫生服务、社会评价的考核内容，都围绕着卫生服务质量而展开。

（2）质量评价标准操作性强。针对医疗服务、公共卫生服务制定了不同的评价标准，并对评价指标、计算公式、标准值、评价样本选取、判断标准、指标实现值、扣分标准、扣分原因、得分进行了说明。还开发了村卫生室门诊处方质量、废物管理质量、静脉门诊登记表、居民卫生服务质量评价问卷等考核辅助工具。在门诊处方、废物管理质量评价指标里，还设计了一票否决项目。

（3）评价方法较为具体。村卫生室评价由自我评价和外部评价组成。该绩效考核方案对评价数据的获取方法有较为明确的说明，包括查阅有关文件、抽查医疗文书、现场观摩、个人访谈、专项调查、多重考核等方法，增强了操作性。

但该《方案》也还有可探索和完善改进的空间：

（1）仅突出考核重点环节，没有较好地引入绩效管理的理念，结果应用缺乏具体的措施，可操作性不强，激励与约束机制不明确，可能很难起到促进质量改进的目标。

（2）考核内容和指标对质量考核给予了高度关注，但对工作数量考核指标只有公共卫生服务的完成率。所选的公共卫生并未很好地体现当前该县公共卫生服务的重点或薄弱环节。

（3）考核指标的一级指标分类比较凌乱，几大类指标也不在同一层面，效率指标仅次均费用是不全面的，尽管次均费用指标很重要但不具备代表性。

（4）这是某县卫生局制定的用于全县所有村卫生室考核的方案，虽然部分解决了乡镇卫生院制定考核方案的不完整性，但缺乏对具体问题的针对性，未能更好地体现绩效管理的问题针对性和解决问题的导向性目的。

六、绩效管理应注意的问题

（一）要明确绩效管理目的和目标

开展基层卫生机构绩效管理，首先必须明确管理目的。不同的目的，既反映了评价主体（各级政府）的卫生发展价值取向，也将直接影响评价内容和评价指标体系的构建，进而影响卫生机构的发展方向。开展基层卫生机构绩效管理，其目的应该是：改善卫生服务质量，提高卫生服务效率，规范卫生服务行为，促进基层卫生机构的健康运行，保障城乡居民基本卫生保健服务的有效提供。通过机构绩效管理活动的开展，对机构内部岗位绩效管理的开展，将起到引导和规范的作用。

绩效管理目标的确定，应该是动态发展的，要根据绩效的改善状况和存在的主要问题的变化，制定每个周期的绩效目标，并以此指导绩效管理计划的制定，促进绩效问题的解决。最核心目标就是持续改进。

根据考核结果，进行适时、适度的调整，使绩效目标既是可以实现的，也需要投入一定的努力。

（二）合理选择绩效评价的指标及其权重分配

绩效评价指标体系的构建，是绩效评价的基础。指标体系反映了评价者对评价对象绩效的基本要求，结合激励机制的建立，评价指标将对服务行为产生直接的导向作用。

无论是卫生机构还是岗位绩效评价，都应以卫生服务质量为核心，综合评价其服务过程和服务产出。一般来说，基层卫生机构的绩效可以包括：资源状况、综合管理、公共卫生服务、基本医疗服务和社会评价等几个方面的内容。对医疗卫生服务考核的具体指标则应该包括服务数量、质量、效率、效果等几个方面，在具体指标的确定时，应该既包含过程指标，如服务操作质量等，也应该包括结果指标，如服务结局的发生情况等。

需要注意的是，资源状况是完成任务的基础，拥有不同的资源数量和品质，其完成任务的能力也会不同。因此，在进行绩效评价时，可将资源状况作为衡量卫生服务机构应实现绩效的依据，也就是说，资源状况可以作为绩效评价体系的一组加权指标，以平衡不同机构间的资源差别所致的绩效结果的差别，而不应该作为衡量机构绩效的一部分。

指标的设定，应该体现基层卫生机构的职能定位，即指标要涵盖基本医疗服务和公共卫生服务二方面的内容。对于乡镇卫生院，由于其还承担着对村卫生室的管理和技术指导、新农合的管理等，因此，应该将村卫生室（站）管理纳入乡镇卫生院的绩效评价内容。

绩效指标应该根据工作重点、绩效改善情况、考核中发现的主要问题等，每年进行适当的调整，其目的就是要促进重点工作的完成，有目的地解决突出的问题，以实现绩效的不断改进。

指标权重的设定要体现考核者对绩效改善的期望，一般会将重点工作、需要解决的主要问题等相关的指标权重加大，以促进重点工作的完成和主要问题的解决。

（三）明确绩效管理的主体责任

对乡镇卫生院绩效管理，区（县、市）卫生局应该是责任主体，负责组织绩效管理的实施。而对村卫生室的绩效管理，责任主体则应该是乡镇卫生院，卫生行政部门则主要负责监督评价的规范性和合理性，可以为村卫生室绩效管理提供指导意见。

乡镇卫生院内部职工岗位绩效的评价，责任主体应该是乡镇卫生院。卫生行政主管部门应该制定基层卫生机构内部职工绩效管理指导意见，以指导和规范卫生机构的岗位绩效管理工作。

目前，在各地开展绩效管理或绩效考核活动中，最常见的问题即是主体责任不明确。而实际上，虽然我们的绩效目标是一致的，但不同区域农村卫生机构（乡镇卫生院和村卫生室）存在的影响绩效的问题是不同的，不同机构内部存在的问题也是不同的，很难用一套管理办法适用于全县、全省甚至全国。

（四）合理运用激励措施促进绩效改进

绩效管理的重点不是评价，而是评价结果在促进绩效改善方面能否发挥积极作用。因此，建立有利于改善绩效的激励机制非常重要。建立激励机制时，应根据当地的实际，充分发挥政府加大财政卫生投入的杠杆作用，将经济激励、非经济激励等手段有机结合，调动基层卫生机构开展改善质量、提高绩效的积极性和主动性。

经济激励的方式有加法和减法两种方式。所谓减法，即对于绩效较差的机构，按实际绩效水平扣减应支付的相关经费。而所谓的加法，则是由政府根据财政支付能力，建立一定数额的奖励基金，财政无力建立额外的奖励基金时，也可以从卫生机构的收支结余中拿出一定比例，建立奖励基金，对绩效优良的单位进行奖励。这两种方法各有优点，也存在各自的缺点，如奖励水平不够高，可能无法调动卫生机构和人员去争取奖励的积极性。建议将两种方法结合使用，拉开不同绩效单位（个人）间经费分配的差距，以起到激励的作用。

激励是促进绩效改善的重要动力。在制定绩效管理方案时，必须设计有效的激励机制。首先必须明确，考核的目的不是为了惩罚被管理者，而是为了让基层卫生机构和人员明确努力目标。也就是说，评价指标和标准，不应该仅仅是惩罚未达标者的依据，更应该具有标杆作用，让卫生机构和人员知道目前的差距和努力的方向。绩效管理应该起到促进卫生机构和人员改善绩效的作用，而且是以积极的方式达成这一目标。

激励机制，应该是以激励为主、惩罚为辅，也就是说，通过激励，应该促进基层卫生机构和人员的绩效提高，并对高绩效者给予奖励，提高优良绩效带给机构和个人的荣誉感，而不是以惩罚低绩效者为主要手段。当然，惩戒低绩效者有时也是必要的，但必须明确，惩罚不是首选的手段，在发现绩效问题后，要通过绩效辅导，来帮助低绩效者解决问题，提高服务质量，改善绩效。

（五）探索高效的评价信息收集方法

信息的收集是开展绩效考核的基础。在开展绩效评价时，为了简化评价过程，可以尽可能地将定期考核和日常监管相结合，将部分内容尤其是过程评价的内容，与日常监管相结合，如妇幼保健服务考核可以与上级妇幼保健部门对基层的日常管理和指导结合起来，计划免疫工作评价可与疾控部门的日常检查指导相结合，将这些日常督导信息进行规范的收集和汇总，作为绩效管理的重要信息来源。

在做到将部分信息的收集与日常监管相结合后，在定期评价时，只要关注结果信息即可，这将会在很大程度上简化评价过程，降低评价成本，同时，由于简化了定期评价的内容，对服务工作的不利影响也会大幅度下降。

提高信息化程度，将绩效考核的相关指标嵌入到区域卫生信息系统和卫生院内管理信息系统，对绩效评价信息进行实时收集，既可以保证信息的真实可信，也可以有效减少阶段性考核的工作量，对提高绩效管理的可持续性、绩效结果的权威性和公正性，都具有非常重要的意义。

（六）绩效管理应体现绩效持续改进的管理理念

改进绩效是绩效管理的终极目标，这一点每个开展绩效管理的单位和个人必须非常清楚，并始终贯彻在绩效管理全过程。要促进绩效持续改进，除了合理使用激励措施外，指导、帮助管理对象改进工作、提高服务质量与效率是关键。很多地方每次考核发现的问题都是相同或相似的，绩效考核仅仅变成奖励性绩效工资的发放依据，就是因为绩效考核者只关注考核结果，而没有考虑如何帮助考核对象解决考核中发现的问题。因此，在开展基层卫生服务绩效管理过程中，应该将重点放在如何改善绩效，要对考核结果进行分析与归纳，明确管理对象存在的主要绩效问题以及产生这些问题的原因，帮助管理对象制定切实可行的绩效改进措施，才能真正实现绩效的持续改进。

（七）开展绩效管理的基础条件

农村基层卫生服务绩效管理必须具备一定的基础条件，否则绩效管理可能很难取得预期成效。

1. 政府相关部门的重视和支持

政府部门和上级领导的理解和支持是实施绩效管理的前提条件，政府相关部门的重视和支持可以为农村基层卫生机构实施绩效管理提供良好的政策空间和环境。绩效管理鲜明的系统性特点，必然涉及到政府相关部门，需要多部门间政策的相互协调与配合，如奖励性绩效工资的分配，如果没有人事部门的政策支持，卫生行政部门和基层卫生机构将无法通过绩效分配改革起到激励绩效改进的作用。

2. 利益相关者对绩效管理的正确理解

卫生行政部门和基层医疗卫生机构负责人必须对绩效管理的目的与目标有一个正确的理解。绩效管理的目的是为了提高绩效而不是奖金分配。因此，在开展绩效管理时必须遵循正确的政策导向，通过绩效管理引导、促进农村基层卫生服务的质量和效率的改善，更好地满足农村居民基本医疗和公共卫生服务需求，实现人人享有基本医疗卫生服务。同时，还应该加强绩效管理的宣传动员，提高管理对象对绩效管理正确理解和认识，这将会有效降低绩效管理阻力。

3. 正确理解绩效管理与绩效考核方案的关系

由前面的叙述可以知道，在绩效管理活动中，有两个概念，即绩效管理与绩效考核。绩效管理与绩效考核的关系在本手册第一部分已经作了对比。实际上，二者最根本的区别在于理念而不是名称。绩效管理是将持续改进的思想引入到绩效考核中，即考核的目的不是简单地测量绩效、兑现奖惩，而是以改进绩效为目的，对卫生服务活动的全过程进行系统的管理，帮助管理对象解决问题、不断改善服务。

所以在制定绩效考核方案时，只要能将绩效管理的思想和理念引入其中，方案的名称是绩效管理还是绩效考核，则无关紧要，更不需要制定一套绩效管理方案后，再制定一套绩效考核方案。但每次开展绩效考核时，制定考核计划，以提高考核工作的规范性和结果的权威性，是必须的。

4. 健全的绩效管理组织架构

绩效管理有效实施要有一个健全的绩效管理组织架构，包括谁领导和设计绩效管理、谁负责考核以及如何考核等。有了健全的绩效管理组织架构，绩效管理才有可能顺利实施。绩效管理组织框架的设计，以满足绩效管理工作的开展为准，管理组织与执行组织必须责任明确、分工清楚。这些组织不一定是常设机构或有编制的机构，但必须有专人负责，工作任务具体明确，才能保证绩效管理工作的顺利开展。同时，还应该尽可能将绩效管理提高到县级政府管理层面，实现多部门的参与，以更好协调部门间的政策，保证激励政策的制定和落实。

5. 运行良好的卫生信息系统

运行良好的卫生信息系统有助于实施绩效管理。由于乡村卫生机构数量众多，因此政府相关部门难以做到绩效考核的常态化，而绩效管理则要求对管理对象实行全过程、持续性的指导与监督，即需要收集连续、实时的绩效考核信息。因此，无论是否建立了计算机信息系统，都需要设计一套完整的绩效考核信息收集系统，保证信息准确、及时的收集、上报。如果能建立基于计算机网络的绩效信息收集系统，对提高绩效考核的客观、准确、高效，将会具有重要的促进作用。

6. 改革和完善配套政策

通过绩效管理提高基层卫生服务绩效，是推进医改的重要手段。为了提高绩效管理的效果，有必要改革、完善与绩效管理和激励机制相关的配套政策，主要包括：

（1）人事分配政策

在开展绩效管理试点地区，在人事分配政策上可以允许其适当突破现有的政策规定。首先，在人事任免政策方面，最好能开展卫生院院长竞聘上岗，职工全员聘用、竞聘上岗，并明确岗位责任，为绩效管理相关激励政策的落实创造条件；其次，在分配制度方面，对参与绩效分配的奖励性绩效工资的比例可适当提高，如将奖励性绩效和基础绩效的比例由目前的3∶7改为7∶3，甚至将绩效工资部分全部纳入绩效分配。在开展收支两条线管理的地区，可以从卫生院的收支结余中适当提取一定的比例用于奖励绩效优秀的单位。这样，将有利于更好调动单位和职工提高绩效的积极性。

（2）财政保障和投入机制改革

目前全国各地财政对卫生院投入都有了明显增加，但如何使财政资金起到更好地调动基层卫生机构和人员积极性的作用，而不是养懒汉、“大锅饭”，财政经费的投入机制需要进行必要的调整，应将财政投入（包括公共卫生经费、基本药物制度补助、人员经费补助等）纳入绩效考核兑现。对于目前尚未按绩效考核支付机构经费的地区，应该对财政投入政策进行适当的调整，以调动基层卫生机构和人员提高卫生服务质量和效率的积极性。

（3）乡村卫生服务一体化管理

根据我国农村卫生服务体系职能定位，无论是否开展乡村卫生服务一体化管理，乡镇卫生院对村卫生室都有业务指导和管理职责。开展绩效管理后，要保证乡镇卫生院对村卫生室的管理有力，必须实行一体化管理，至少要让乡镇卫生院对村卫生室的考核能决定村卫生室经费支付和发展。

第三篇　基本公共卫生服务管理和提供操作指南

编写人员（以姓氏笔画为序）：

苟廷鹏　汪新丽　吴　健　严玉洁

赵根明

统稿：赵根明

审核：池延花　王晓华　潘　伟

审定：张朝阳　刘志贵

缩略语

卫十一项目	世界银行贷款/英国赠款中国农村卫生发展项目
项目办	卫十一项目管理办公室
意见	《关于深化医药卫生体制改革的意见》
规范	《国家基本公共卫生服务规范（2011 年版）》
卫生部项目监管中心	卫生部项目资金监管服务中心
标化工作量	标准化基本公共卫生服务数量
CDC	疾病预防控制中心
省	省、自治区、直辖市
地	地（市）
县	县（区）

前 言

2009年3月中共中央、国务院颁布的《关于深化医药卫生体制改革的意见》（简称《意见》）指出，“2011年基本公共卫生服务得到普及”和“2020年建立比较完善的公共卫生服务体系”是深化医药卫生体制改革的总体目标之一，“促进基本公共卫生服务逐步均等化”是近期着力抓好并力争在近期取得明显成效的五项重点改革之一，并提出了促进基本公共卫生服务逐步均等化的工作目标和任务、基本公共卫生服务内容以及完善公共卫生服务提供体系、完善经费保障机制、提高服务能力、规范项目管理、强化绩效考核等在内的保障措施。

基本公共卫生服务均等化是新时期中国共产党执政理念下，贯彻科学发展观、建立社会主义公共财政的体现，是落实“预防为主”卫生工作方针的制度创新，对卫生部门长期形成的工作方式、方法等提出一些新的挑战。

作为国家医改的试验田，“世界银行贷款/英国政府赠款中国农村卫生发展项目”（简称卫十一项目）围绕国家医改的实施方案，在加强农村公共卫生服务提供能力等方面开展了一系列的创新探索，取得了初步的成效。

为了更好地促进基本公共卫生服务的均等化，本指南主要根据卫十一项目地区基本公共卫生服务项目的实施，从基本公共卫生服务均等化的实施原则、实施内容和方法、实施步骤、绩效考核、监督和评价、信息化等方面进行了具体的介绍，并在附件中列举了相关的操作案例，供全国同类地区根据本地区的具体情况做出符合当地特点的选择和参考。

原卫生部项目资金监管服务中心主任于德志对本指南的框架提出了指导性意见，卫十一项目国家级专家吴明、刘钟明等为本指南的编写提出了修改建议，在此致以衷心的感谢！

第一章　实施方案的制订

落实基本公共卫生服务项目要制订可行的实施方案，以做到统筹协调，目标与分工明确，操作规范，有序推进。

一、制订原则

基本公共卫生服务均等化实施方案的制订，一般应遵循以下原则：

1. 公平性原则。实施方案要确保本地区全体人群能公平地享受国家规定的基本公共卫生服务项目，对《规范》中规定的特殊人群应作为享受基本卫生服务项目的首选目标。

2. 可及性原则。实施方案要因地制宜根据本地区卫生服务能力的可及性确定公共卫生服务项目，将基本公共卫生服务项目与本地区社会经济发展水平以及居民的主要基本公共卫生问题相结合，将基本公共卫生服务与基本医疗相结合，做到预防与临床医疗的有机统一。

3. 可操作性原则。实施方案要做到总体规划，逐步推进。要在现有服务提供能力的情况下，采取各种有效措施，保证服务的数量、质量和满意度逐步提高。

其中公平性是实现均等化的前提与目标，可及性与可操作性是实现均等化的途径。实施方案必须坚持公平性、可及性与可操作性的原则，才能达到缩小差距，实现人人享有，逐步实现“均等化”的政策目标。

二、方案内容和方法

从 2011 年起，国家将人均基本公共卫生服务经费标准从 15 元提高至 25 元，新增经费主要用于扩大覆盖人群，提高服务质量，增加服务项目。

因此，需要适时调整已有的实施方案，分解任务指标，提出工作要求，全面、规范地做好基本公共卫生服务工作。基本公共卫生服务实施方案一般包括以下内容：

1. 服务项目的确定

（1）国家基本公共卫生服务项目：2009 年国家确定了基本公共卫生服务项目，包括居民健康档案、健康教育、预防接种、传染病防治、高血压、糖尿病等慢性病和重性精神疾病管理、儿童保健、孕产妇保健和老年人保健等 9 类 22 项。2011 年扩大到 11 类 41 项，增加的内容包括：儿童健康管理服务对象由 0~3 岁扩大到 0~6 岁；增加孕产妇和 65 岁以上老年人体检项目；增加健康教育服务内容和工作频次；增加基层医疗卫生机构能够承担的公共卫生事件应急处置和食品卫生信息报告、职业卫生咨询指导等卫生监督协管服务项目。

（2）地方增加的基本公共卫生服务项目：国家基本公共卫生服务项目是提供基本公共卫生的最低标准，是各地必须达到的水平。各省、市、县可以根据当地基本公共卫生服务的基础、本地区居民对基本公共卫生服务的需求、政府财力和基层卫生机构服务提供能力，在不同程度上扩大基本公共卫生服务项目的内容。如重庆九龙坡区针对当地的公共卫生问题，增加了“残疾人保健”、“社区卫生诊断、卫生信息管理”、“计划生育技术指导”、“已婚育龄妇女免费检查”等，并将 2011 年的人均公共卫生经费提高到 29 元。上海市根据本地的特点，新增了“新生儿疾病筛查”、“社区大肠癌筛查”、“老年人接种肺炎疫苗”等基本公共卫生服务项目，并确保 2011 年的人均公共卫生经费不低于 50 元。

在确定增加基本公共卫生服务项目时，应遵循以下原则：

①针对本地区主要的公共卫生问题，所选择的服务项目应是解决本地区主要的公共卫生问题。

②所选择的服务项目应是有效的干预措施，且与本地区经济社会发展水平相适应，符合成本效益原则。

③服务项目应与基层医疗卫生机构职能相匹配，且有能力实施。

2. 确定服务对象及服务内容

《国家基本公共卫生服务规范（2011 年版）》对服务对象、所需开展的工作和要求，以及应达到的目标均作了相应的规定。以高血压健康管理为例，高血压健康管理工作内容包括：

①对 35 岁以上人群实行门诊首诊测血压。

②为高血压患者建立健康管理档案。

③镇、村卫生机构建立高血压患者登记簿，实行月报告制度。

④对高血压患者实行分级管理，并定期随访。

⑤监测高血压患者合并症的发生与发展。

⑥对高血压患者定期进行健康体检。

⑦对高血压患者进行健康生活方式的指导。

高血压管理工作要求和目标包括：

①35 岁以上人群门诊首诊测血压的比例≥95%。

②高血压患者健康管理档案建档率≥90%。

③1、2、3 级高血压患者随访频次最少分别为每 3 个月、2 个月、1 个月。

④转诊、变换药物、血压波动观察期间至少每半个月随访一次。

⑤随访管理率>90%。

⑥规范管理率>70%。

⑦每半年对高血压患者进行合并症发生与发展监测。

⑧对高血压患者每年进行一次较全面的健康检查。

此外，一些有服务能力的地区还设立了高血压控制率指标。如上海市要求，社区管理高血压患者的血压控制率应在 70%以上。

3. 选择服务提供模式

选择服务提供模式时，应明确各级各类卫生服务提供机构的职责、应承担的基本公共卫生任务、服务提供能力等因素。可选择的提供模式如下：

（1）乡镇卫生院或城市社区卫生服务中心主要承担：乡镇卫生院可组建由公卫医师、临床医师等组成的服务团队，包村包户，全面做好村级基本公共卫生服务项目，确保基本公共卫生服务项目全覆盖。

（2）乡镇卫生院（村卫生室）与城市社区卫生服务中心（站）共同

承担。

（3）村卫生室或城市社区卫生服务站主要承担。

（4）部分基层医疗机构无法提供或单独实施的项目，可由乡镇卫生院或社区卫生服务中心与综合医院、专业公共卫生专业机构共同配合承担。如传染病防控、突发公共卫生事件应急处置、孕产妇系统管理、重性精神病人管理等。

4. 明确支付方式

依据基本公共卫生服务管理形式、服务能力与信息化利用水平等因素，各地可因地制宜采取券、卡、册及合同购买等方式作为提供服务、享受服务及服务管理与资金支付的依据。在卫十一项目地区，采用比较多的方式包括："券、卡+合同"、"项目+合同"等"任务+责任制"方式。

（1）公共卫生服务券、卡+合同购买：对个体化的公共卫生服务项目可采用服务券、卡支付。如计划免疫、孕产妇管理、儿童管理、慢病体检、老年人体检及产前医学检查等可用服务券支付；个体健康服务提供、预防接种、儿童和孕产妇保健等可按服务卡支付；券、卡服务的内容、数量与质量，可由服务管理机构与服务提供单位通过合同方式，实现政府购买服务。

（2）公共卫生服务项目+合同购买：对群体性的公共卫生服务项目可按项目来进行管理，如居民健康档案、健康教育、传染病管理、重性精神病人管理、健康教育、精神卫生管理、计划生育技术指导、传染病防控、突发公共卫生事件处置、社区卫生诊断和卫生信息管理等。服务项目可按服务内容、服务数量与服务质量，由服务管理机构与服务提供单位通过合同方式，实现政府购买服务。

（3）公共卫生服务卡、册+合同购买：村级提供的基本公共卫生服务，可依据完善的公共卫生服务卡、册登记服务数量，按公共卫生标准服务量折算总服务量，以绩效考核及合同购买的形式支付。

公共卫生服务券管理一般流程：制作公共卫生服务券→服务券领取和发放→服务券使用→服务券回收、统计→预付部分服务费用→绩效考核→支付服务费用→评价。

合同购买公共卫生服务管理一般流程：文书准备→发邀请书→签订合同→预付部分服务费用→提供服务、监测→绩效考核→支付服务费用→评价。

5. 资金分配

（1）服务项目间的资金分配

按照国家医改的要求，基本公共卫生服务主要由乡村和社区卫生机构提供，不同级别基层卫生机构的功能不同，提供基本公共卫生服务的能力也不同。因此，资金分配应考虑各级基层卫生机构服务提供能力、最有利于基本公共卫生服务的提供效果。在资金分配上需遵循：服务价格（成本）、服务数量、服务质量、绩效考核等分配原则来确定。以下为目前卫十一项目地区常用的资金分配方法：

①根据各项基本公共卫生服务的成本分配资金。即用各项基本公共卫生服务的成本构成乘以资金总额，即为分配到各项基本公共卫生服务的资金。该分配方法的优点为：可以减少有选择的提供服务的问题，使得各项基本公共卫生服务的提供都能够有足够的资金。采用该方法需要的条件：一是需获得比较准确的成本信息；二是政府资金总量能够覆盖基层卫生机构提供基本公共卫生服务的全部成本（附件1：国家基本公共卫生服务项目成本测算）。

②按照服务的成本效果分配资金。即成本低效果好的服务可以分配相对多的资金。

③按照服务提供能力分配资金。即有能力保质保量提供的基本公共卫生服务可以分配相对多的资金。方法2和方法3能激励服务提供者将服务重点放在成本低、效果好或者有能力保质保量提供的基本公共卫生服务上，有助于提高资金使用效率，也可以保证部分基本公共卫生服务项目的效果，但会影响其他一些服务项目的效果。

④在获得各级基层卫生机构的工作量或成本信息后，可根据两级基层卫生机构提供基本公共卫生服务的工作量或成本确定资金分配比例。

⑤在服务项目成本测算的基础上，再按照原卫生部关于基本公共卫生服务的职责划分及权重系数，确定资金分配比例。

⑥专家、基层医务工作者和群众共同评议的方法，计算有效工作量，确定权重打分。按各个项目的工作量乘以权重分值分配其相应的资金。

（2）服务机构间的资金分配

县级卫生行政部门需根据基本公共卫生的服务项目、资金到位等情况，对本地区的公共卫生总经费进行分配。分配时要考虑地区的服务人口、交通条件、服务半径、经济条件、机构提供服务能力等因素，并进行综合分析。服务经费分配时需向交通条件差、服务半径大的地区倾斜。如青海省某项目县根据当地的实施情况，制定了“不同地域差异值”，对交通等条件差地区增加“不同地域差异值”，向这些地区倾斜。以下为该县成本测算及资金分配的实例：

2011 年，该县有提供服务的乡（镇）卫生院 23 个、村卫生室 354 个，社区服务站 8 个，服务人口为 288000 人。根据 25 元/人的基本公共卫生服务经费，需支付总经费为 720 万元。该县测算和分配根据“机构实际公共卫生服务绩效金额”来进行，它由标化工作量单价、标化工作数量、服务质量系数、条件绩效值四部分组成。

①计算全县所有乡村两级标化工作总量：把一个乡镇卫生院门诊医生诊治一名病人 15 分钟的工作量设定成一个标化工作量。按 10 类 41 项基本公共卫生服务项目、工作流程、工作数量核定乡村两级标化工作量，基本公共卫生服务标化工作量依据《初级卫生保健机构绩效评价》不同类别卫生服务标准服务量的折合值进行测算。例如：接种疫苗 1 针次折合 1 个标化工作量，儿童保健 1 人次折合 0.8 个标化工作量。然后把全县所有乡、村两级标化工作总量相加，即为总标化工作量。2011 年该县基本公共卫生服务共有 2084862.8 个标化工作量。

②标化工作量单价的确定：按照《＊＊县基本公共卫生服务标化工作量测算要求》列出基本公共卫生服务工作内容，进行标化工作量测算：

步骤 1：预留 3% 作为风险金：即 216000 元（7200000 元 × 3% = 216000 元），扣除 3%的风险金后余下总额为 6984000 元。

步骤 2：测算标化工作量的单价：标化工作量的单价 = 总金额（6984000 元）÷标化工作量（2084862.8 个）= 3.349 元/个。

③计算实际工作数量：利用报表、网络直报等方式进行初步统计和分析，经乡村两级考核核实，最终确认每个基本公共卫生服务机构的实际数量。

④确定服务质量系数：服务质量系数=区域内被考核医疗机构数÷区域内被考核医疗机构绩效考核累计总分数×被考核单位实际绩效分值（注：此为绩效考核系数样正公式；通过公式将质量考核分数转换为质量考核系数，并最终将区域内考核单位平均质量系数样正为1.0）。

例：某县A乡有11个村卫生室，年终质量考核分数分别是60分、61分、64分、67分、71分、76分、77分、77分、80分、80分、81分，质量考核的中位数为76分，那么村卫生室服务质量系数=11个村卫生室÷（60+61+64+67+71+76+77+77+80+80+81）×76分=1.052904。

⑤确定条件绩效值（不同地域差异值）：对该县23个乡镇卫生院依据地理位置和五个要素条件（服务人口、交通条件、服务半径、经济条件、机构提供服务能力）划分成四个类别：条件较好，靠城市中心区为一类，条件绩效值为1.0；浅山为二类，条件绩效值为1.02；沟岔为三类，条件绩效值为1.04；最边远地方、条件较差为四类，条件绩效值为1.06。

⑥计算出机构实际公共卫生服务绩效金额：实际公共卫生服务绩效金额=标化工作量单价×实际工作数量×服务质量系数×条件绩效值。

⑦公共卫生服务经费兑现。

6. 支付程序

包括先预拨、后结算或后付两种形式，或采用两者相结合的方式。

（1）先预拨、后结算：是指在基本公共卫生服务工作提供之前，支付方按照事先规定的经费额度和时间，采取“先预拨、后结算”的方式（预拨经费原则上不低于70%），将经费先行拨付至卫生机构，保证其有钱做事；其余部分再根据绩效考核结果拨付，体现奖优罚劣原则，并保证全部经费用于基本公共卫生服务工作。基本公共卫生服务经费不得用于药品零差率销售补助或变相补助等支出，确保专款专用。

（2）后付：是指基层卫生机构提供基本公共卫生服务之后，根据事先规定的程序和数量给基层卫生机构支付资金。后付形式通常是根据对基层卫生机构提供基本公共卫生服务的绩效考核结果进行支付的，因而可以激励提供者按照支付的要求和规定提供服务。与预付资金的形式相比，后付形式具有较强的激励和约束作用，但需要基层卫生机构具有垫款能力，因此只有少数项目地区可这样实施。

（3）确定预付次数和预付资金比例

确定预付资金占支付总金额的比例、一年中预付的次数、每次预付资金占预付总资金的比例，以及后付部分资金如何支付。例如：年预付次数1~2次，预付资金占支付资金总额的70%；先预付3个月或半年的资金，然后根据阶段绩效考核结果确定下一阶段预付资金的额度，最后根据年终考核结果，确定最终支付资金的总额。

7. 绩效考核

目前在多数卫十一项目地区，县级对乡镇卫生院（社区卫生服务中心）以及乡镇卫生院对村卫生室的基本公共卫生服务绩效考核通常与基本医疗的考核结合，实行综合考核（详见第三章）。

8. 监督/评价

监督主要是对基本公共卫生服务政策落实情况、提供者的服务提供行为、服务提供结果（服务提供类型、数量、质量和效果）等，进行定期与不定期的检查与考核。监督者可以是政府部门，也可以是公共卫生管理机构、专业机构或上一级卫生机构，还可以是政府委托第三方机构或购买第三方机构进行监督（详见第四章）。

基本公共卫生服务实施流程可简化为图1。

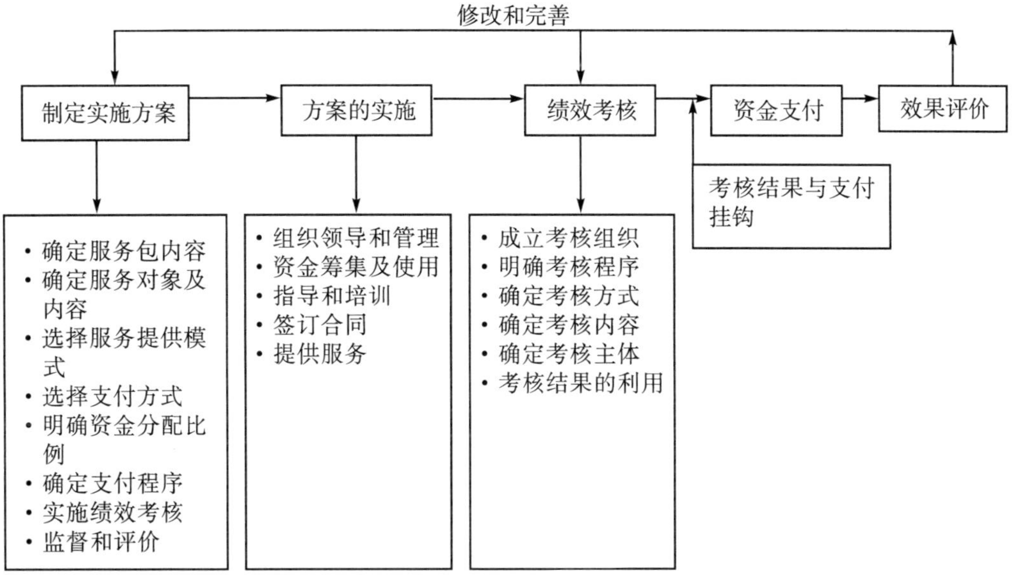

图1 基本公共卫生服务实施流程图

第二章 方案的实施

一、组织领导和管理

1. 成立组织领导小组

有效的组织领导是基本公共卫生服务均等化政策落实的基本保证。各地可以由行政主管部门直接领导推进相关工作，也可以专门成立相关组织，以强化政府的领导。基本公共卫生服务均等化工作领导小组和领导小组办公室，负责实施方案和管理办法等制度的制定，协调相关部门和机构，组织方案的实施，及时发现和推动解决工作中遇到的重点、难点问题，保证资金的合理分配及有效使用。

2. 建立部门协调机制

国家基本公共卫生服务涉及多个部门，需要卫生、财政、人社、发改委等多个部门配合，在实施过程中需要街镇、村、居委会等多层次支持。如与财政部门的协调，按照《意见》中健全公共卫生经费保障机制的要求，落实基本公共卫生服务配套经费，达到国家要求人均25元的标准；与街镇、村、居委会协调，派驻干部协助执行公共卫生服务工作。

3. 明确分工和责任

卫生行政部门的主要领导要亲自挂帅，卫生局要明确牵头处（科）室，成立项目办，主抓项目工作，其他相关科室配合和参与，在各自职责范围内开展项目工作。

4. 成立技术指导组

县级疾病预防控制中心、妇幼保健院、卫生监督所、精神卫生中心、健康教育所等公共卫生机构应承担组织、管理和督导、协调工作，并负责技术指导、技术咨询、业务培训和考核评价等工作。疾病预防控制中心负责预防接种、高血压患者健康管理、2 型糖尿病患者健康管理、传染病报告和处理的业务指导、培训、信息收集和项目监督检查工作；妇幼保健院负责 0~6 岁儿童健康管理、孕产妇健康等管理业务的指导、培训、信息收集和项目监督检查工作；卫生监督所负责卫生监督业务的指导、培训、信息收集和项目监督检查工作；精神卫生中心负责重性精神疾病管理业务的指导、培训、信息收集和项目监督检查工作；健康教育所负责健康教育项目业务的指导、培训、信息收集和项目监督检查工作。对未设立健康教育所或精神卫生中心的地区，健康教育和重性精神疾病管理可由疾病预防控制中心负责实施。

二、制定年度计划

卫生行政部门每年需对基本公共卫生的各项服务内容提出要求，明确要实现的指标，并依据国家和当地确定的基本公共卫生服务项目、辖区服务人口、服务对象、服务频次、基本公共卫生服务现状及主要问题、工作重点等制定本辖区基本公共卫生服务年度工作计划，编制基本公共卫生服务工作经费预算和分配方案，制定并完善各项基本公共卫生服务管理制度与服务规范。

基层医疗机构每年应掌握各项服务对象人数、服务的频次，完成年度项目工作所需服务人员、经费、物质等的计划。

要建立基本公共卫生服务定期报告制度，加强数据的核实。报送的数据要真实、可靠。卫生行政部门要实行定期通报制度，对于进展明显缓慢的地区，项目工作小组可采取约谈、通报等形式进行督促，确保年度计划完成。

三、资金筹集及使用

1. 基本公共卫生服务的资金筹集

基本公共卫生经费主要来源于各级财政，即中央和省级财政补助，以及地市（州）和县（市）区财政补助。各地区可根据具体情况调整筹资标准，但不能低于国家规定的25元/人标准。

2. 基本公共卫生服务经费的使用范围

补助资金用于相关的人员支出以及开展基本公共卫生服务所必要的耗材等公用经费支出。不得以任何形式截留、挤占和挪用，不得将补助资金用于基层医疗卫生机构的基础设施建设、设备配备和人员培训等其他支出；基本公共卫生服务经费也不能用于药品零差率销售补助或变相补助等支出，确保专款专用。

3. 两级基层卫生机构的经费分配比例

原卫生部办公厅关于做好农村居民基本公共卫生服务工作的通知［（卫办农卫发）2010年159号］对乡、村两级卫生机构所应承担的服务内容、服务数量，以及在乡、村两级的分配比例做了建议性的规定（附件2：乡村两级卫生机构国家基本公共卫生服务项目职责分工）。

如居民健康档案管理在10大类服务项目中的权重为0.20，在各分项权重中，居民健康档案的建立为0.3，其中乡镇卫生院为主要承担者（分配比例为60%），村卫生室为参与承担工作（分配比例40%）；居民健康档案的使用和维护0.7，乡村两级卫生机构分别开展并独立完成相应工作，分配比例各占50%。

要积极落实工作经费，实施基本公共卫生服务均等化工作需要协调和动员各方参与，要有一定的工作经费保障，确保组织协调工作落实。

四、指导和培训

1. 指导

要发挥各级专业公共卫生机构的作用，负责农村和社区居民基本公共卫生服务项目的业务指导、技术咨询。

要特别指出的是，针对农村地区缺乏精神卫生专业机构的情况，省级和地（市）级卫生行政部门要统筹协调辖区内精神卫生专业力量，加强精神卫生专业机构对乡、村两级卫生机构重性精神病患者管理工作的技术指导和相关知识的培训。

2. 培训

需结合中央补助地方公共卫生专项资金农村卫生人员培训项目，按照《国家基本公共卫生服务规范》及相关技能的要求，组织开展乡、村两级实施基本公共卫生服务项目的技能培训，提高他们的服务能力。同时还需要组织对相关管理制度、目标、工作职责、工作内容、操作程序、服务提供的相关要求和产出、考核办法、资金支付办法和标准、监督目标和方法等方面进行培训。

五、签订合同或协议，明确工作任务与要求

如果采用合同或协议管理方式，政府应与基层卫生机构签订基本公共卫生服务合同或协议。在合同中明确政府和卫生机构各自的职责、权利和义务，在合同中应对卫生机构提供基本公共卫生服务的内容、工作要求、考核方法和考核标准、支付程序和依据、支付标准等作出相应规定。合同一般由合同正本及相关的附件（包括服务包工作内容、实施方案、绩效考核标准、公共卫生服务采购、评标和合同的有关文件样本）等组成（附件3：基层医疗机构购买基本公共卫生服务合同）。

六、提供服务

国家基本公共卫生服务项目既包括了公共卫生服务，也涉及临床服务和保健服务。基本公共卫生服务提供的综合性决定了在基本公共卫生服务提供的组织实施方式上，应根据各级各类卫生机构的功能和服务提供能力，明确各级卫生机构的职责和承担的基本公共卫生任务，建立区县级专业公共卫生机构业务指导、乡镇卫生院（社区卫生服务中心）和村卫生室分别承担基本公共卫生服务的职责分工，在卫生系统内部建立起不同机构间的协调和配合机制，组成从事预防保健和临床医疗的工作团队，相互配合，各有侧重，共同开展基本公共卫生工作。

需要根据所选择的相应服务提供模式来明确各级各类卫生服务提供机构的职责和应承担的基本公共卫生任务。主要模式如下：

1. 乡村两级共同承担

根据乡镇卫生院（社区卫生服务中心）和村卫生室（社区卫生服务站）的职能以及服务提供能力进行分工，由两级卫生机构分别承担不同项目的基本公共卫生服务，或共同承担同一项目（如高血压管理），但分工不同。在分工明确的基础上，制定资金的分配方案和支付标准等，这是目前大部分地区比较常见的模式。

这种服务模式在目前村卫生室或社区卫生服务站服务提供能力低于乡镇卫生院或社区卫生服务中心的情况下，能够根据两级卫生机构的服务提供能力确定分工，可以充分发挥两级卫生机构各自的作用，弥补各自的不足。

2．乡镇卫生院主要承担

乡镇卫生院或社区卫生中心的服务提供能力强于社区卫生服务站或村卫生室，则基本公共卫生服务主要由其承担。在人力资源数量满足需要的情况下，采用这种服务提供模式，服务质量相对较高，监督成本相对较低。但如果基层卫生机构服务辖区较广，在这种服务提供模式下，由于乡镇卫生院或社区卫生中心所在地远离大部分服务对象，服务提供成本较高，服务的方便性、及时性和连续性均受到影响，并影响到服务提供效果。

3．村卫生室主要承担

村卫生室或社区卫生服务站直接面对服务对象，可以方便、及时和连续地为辖区居民提供基本公共卫生服务，服务提供成本相对较低。由于提供者与服务对象比较熟悉，在与乡镇卫生院或社区卫生服务中心同等服务提供能力的情况下，诸如健康教育、慢性病管理等基本公共卫生服务的可接受性相对较强、服务效果相对较好。如果不受服务提供能力的影响，这种服务提供模式应该是服务效果最好的一种。但在这种服务提供模式下，由于村卫生室或社区卫生服务站数量众多且分散，因而监管成本相对较高。更为重要的是，目前由于村卫生室或社区卫生服务站的人员素质与乡镇卫生院或社区卫生服务中心存在明显差异，由村卫生室或社区卫生服务站承担全部基本公共卫生服务，服务质量可能会受到影响。

4．乡镇卫生院总承包

由乡镇卫生院或社区卫生服务中心总体承担。由乡镇卫生院或社区卫生服务中心负责两级卫生机构的职能分工，将部分基本公共卫生任务交由下辖或指定的村卫生室或社区卫生服务站完成。这种服务模式在服务提供上与乡镇卫生院（社区卫生中心）与村卫生室（社区卫生服务站）共同承担模式相同，只是在服务管理上实行两级卫生机构的一体化管理。在这种模式下，责任主体比较明确，较少出现因乡村两级卫生机构分别承担基本公共卫生服务而可能出现的职能和责任不协调及合作不力的问题，管理成本也相对较低。但可能会出现乡镇卫生院或社区卫生服务中心出于经济利益的考虑，自己承担“有利可图”的服务项目，甚至不考虑服务提供能力（如人力资源不足）以及服务效果，而将“亏本”的服务或者成本比较高的服务分配给村卫生室或社区卫生服务站。

总之，上述各种服务提供模式各有利弊，应根据本地区的实际情况选择适宜的服务提供模式。但服务模式的选择需遵循以下原则：一是根据各级卫生机构的服务提供能力确定，在保证服务质量和数量的前提下尽可能“下沉”到最基层的村卫生室或社区卫生服务站；二是综合考虑服务提供成本和监督成本，使两者总和达到最小化。

附件 4 为卫十一项目某项目县的基本公共卫生均等化实施方案［附件 4：＊＊县促进基本公共卫生服务均等化实施方案（2011 年）］。

第三章 绩效考核

基本公共卫生服务绩效考核是指运用特定的标准和指标，采取相应方法，对基本公共卫生服务提供行为和工作业绩（服务的数量、质量和效果等）进行综合评价，判断是否达到了相关规定和标准。绩效考核是激励和约束提供者行为的一种手段，目的是促使基本公共卫生服务提供能达到相应的要求和规定，以推动基本公共卫生服务政策的落实。绩效考核结果要作为资金支付的前提和依据，对提供者形成有效的激励和约束，从而提高政府资金的使用效率。基本公共卫生服务绩效考核一般包括以下几个步骤：

一、考核组织

为了促进农村卫生机构基本公共卫生服务质量和服务效率的改善，县级需成立由政府分管领导牵头，发改、财政、审计、卫生、人保、计生等相关部门参加的基本公共卫生服务领导小组，统筹协调基本公共卫生服务机构的绩效管理和绩效考核评价工作。领导小组负责审议和审批以县卫生局牵头制定的基层医疗机构基本公共卫生服务绩效考核办法和考核实施细则；保障基本公共卫生服务经费的支付；接受上级财政、审计、监察等部门对公共卫生服务经费的监督；听取县卫生局有关绩效考核和考核结果的分析汇报；制定和落实绩效考核结果应用的相关政策举措；讨论绩效考核的经验和存在的问题，研究解决问题的对策措施。

县卫生局应组织成立由局主要领导牵头、相关职能部门组成的基本公共卫生服务绩效考核管理小组和技术指导组。考虑到目前中国基层卫生机构的设置及其职责，以及基本公共卫生服务的内容，考核小组可以包括由卫生局业务科室、县疾控中心、妇幼保健、精神卫生中心和卫生监督所等机构的相关人员共同组成，小组人员可在县域各职能部门的专家库进行抽调。有条件的地区，可以结合信息化的数据来实施绩效考核，也可以委托第三方进行考核。目前，多数地区实施的是县对乡镇卫生院、乡镇卫生院对村卫生室的考核评价。

二、考核程序

1. 制订绩效考核实施方案

围绕国家或当地确定的基本公共卫生服务项目，制定基本公共卫生服务项目绩效考核标准和基本公共卫生服务项目效果评价指标。基本公共卫生服务项目绩效考核标准包括考核项目、考核指标、考核内容、指标说明、考核办法、评分标准、分值等内容（附件5：＊＊县基层医疗卫生机构绩效考核实施方案）。

2. 收集绩效考核信息

根据绩效考核实施方案或管理办法的要求，定期收集绩效考核所需的相关信息。通常采用考核对象填写报表和考核人员现场调查收集信息的方法，要逐步向互联网直报收集信息的形式过渡。

3. 信息核查

按照绩效考核实施方案或管理办法的要求，可通过现场问卷调查、电话调查、查阅资料等方式，有条件的地区可通过互联网、电话调查，以核查信息的真实性。

4. 信息分析和发现问题

对收集到的各类定量和定性信息进行分析，发现存在的问题和影响绩效的主要因素。

5. 综合评判或评分

按照绩效考核实施方案或管理办法的要求，综合评判考核对象在一定时期开展基本公共卫生工作的质量和效率，或对基本公共卫生服务的提供情况进行综合评分。

6. 撰写绩效考核报告

考核报告一般可分为三个部分：一是对考核工作的描述，包括绩效考核时间、考核者、考核目的、考核对象、考核内容、资料收集和考核评分方法、考核程序和步骤；二是考核结果，包括考核资料分析结果、发现的主要问题和影响绩效的因素、分析结果、综合评价或评分结果；三是提出建议，根据考核结果提出完善实施方案、管理办法和考核办法、下一年度工作计划等的建议，对卫生机构提出整改建议。

三、考核方式

1. 考核时间

考核时间可分为定期考核和不定期考核。定期考核指根据实施方案或管理办法的规定，在年内的固定时间对服务提供者进行绩效考核，通常一年2~4次，如每半年一次或每季度一次。不定期考核是指考核部门或机构在定期考核期间对服务提供者进行不定期绩效考核，一般每2个月1次，一年不少于6次。

定期考核时间相对固定，可以保证各方按照计划在规定的时间内完成考核，但也因时间固定，有时被考核对象会事先做好应对考核的准备，刻意向考核者展现成绩，并尽可能隐瞒问题，导致考核时所见绩效与日常绩效存在一定距离，因此没有真实地反映日常工作状况。不定期考核往往不事先通知被考核者，具有一定的突然性，被考核者难以提前做好准备，考核结果一般能够反映日常真实情况。

2. 考核范围

考核范围可以分为普查和抽样调查。普查是对所有考核对象都进行调查和信息核查的一种方式，抽样调查是随机抽取部分考核对象进行考核。

普查因涉及每一个基层卫生机构，对考核对象的激励和约束力度较大，但因考核对象众多，且分散，这种考核方式的管理成本较高，需要花费大量的人力和时间等。抽样调查可以节约资源和时间，管理成本相对较低，但可能会导致考核对象存有侥幸心理。可以通过随机抽样绩效调查，一旦发现问题加大处罚力度等措施来克服。通常可以两种方法结合使用。

四、考核内容

考核内容一般包括组织管理、基本公共卫生服务的提供（通常与基本医疗一起考核）以及实施效果三部分。组织管理的考核通常包括政策支持、组织保障、管理制度、资源配套与管理、督导、考核以及落实整改情况等内容；服务提供的考核包括实施国家基本公共卫生服务项目的数量和质量；实施效果的考核包括服务覆盖率、健康知识知晓率、高血压控制率、服务对象满意度等指标。此外，考核结果通常需与年初设定的各项服务所要达到的工作指标和服务效果指标进行比较，综合考核结果。

1. 组织管理

组织管理是基本公共卫生服务政策落实的重要保障。组织管理考核的目的是从政策实施支持系统的角度评价相关部门对基本公共卫生工作的重视程度、相关机构的职能是否到位、政策落实所需要的各种条件是否具备、所需要的各种支持是否到位、既往出现的问题是否得到重视并采取措施进行整改等（附件6：基本公共卫生服务组织管理考核指标）。

组织管理的考核内容通常包括：

（1）政策支持：主要包括是否出台了相关政策文件、实施方案或管理办法、是否建立了相关管理制度等；是否建立了基本公共卫生服务考核领导小组、是否组建了考核专家库、是否有专门机构开展考核工作等组织保障措施等。

（2）资源配套与管理：主要包括基本公共卫生服务经费是否及时到位、是否落实地方配套资金、是否有足够的公共卫生人力资源、是否开展了相关培训、是否在基层卫生机构建立了基本公共卫生服务专门科室等。

（3）监督指导：主要包括是否建立了督导考核机制、是否有专人或专门机构负责基本公共卫生服务提供的监督指导等；是否组织相关技术指导、督导检查工作，是否组织开展日常考核工作，包括考核方案、考核细则、过程记录、评价报告等。

（4）问题整改：建立督导考核反馈机制，对督导考核评价结果中的薄弱环节，以及在常规督导指导中存在的问题，是否制定了整改措施、是否及时进行了整改、并将整改结果报送相关部门。

2. 服务提供

考核基本公共卫生服务提供情况可以反映基本公共卫生服务均等化政

策的落实程度。考核目的是了解基本公共卫生的开展现状和进展情况，发现服务提供过程中存在的问题及其原因和主要影响因素，以便及时采取措施解决问题，并作为支付资金的重要依据。

考核内容和程序主要包括：基本公共卫生服务的提供情况，包括考核时期内各项基本公共卫生服务的提供类型、数量和质量；与事先制定的各项服务的考核标准进行比较，综合评价考核结果或计算考核得分。数量指标：包括建立居民健康档案份数；健康教育宣传活动次数、健康教育宣传材料发放人份数、健康教育咨询人次数；扩大免疫规划疫苗接种人次数、疑似法定传染病报告人次数、突发公共卫生事件报告次数、死亡病例网络报告人次数；新生儿访视人次数、3 岁以下儿童系统管理人次数、对儿童进行生长发育监测和评价次数；产前保健人次数 、产后访视人次数；老年人健康管理（体检）人数；高血压病人服务人次数、糖尿病病人服务人次数、重性精神病人居家进行治疗随访和康复指导人次数等（附件 7：基本公共卫生服务数量考核指标）。

3. 服务效果

服务效果考核的目的是了解基本公共卫生服务的提供效果或政策实施效果，也可以将此结果作为支付的依据。但由于一些基本公共卫生服务的效果具有滞后性，且基本公共卫生服务的效果与服务对象的依从性有关，因此大多数地区主要还是以服务数量作为支付的依据，但可选择其中部分能够反映提供者努力程度和服务水平的指标（如服务覆盖率或管理率、服务对象满意度等）作为绩效考核的一部分，参与绩效考核的综合评价或考核评分。

效果考核内容和程序主要包括：统计或描述服务提供的效果，其质量指标主要包括：包括服务覆盖率或管理率、健康知识知晓率、规范疫苗全程接种率、孕产妇系统管理率、儿童系统管理率、传染病报告及时率、高血压患者管理率、高血压患者血压控制率、糖尿病患者管理率、糖尿病患者血糖控制率、结核病患者规范管理率、精神病患者规范管理率、服务对象满意度等；与事先制定的各项服务所要达到的工作指标和服务效果指标进行比较，综合考核结果（附件 8：基本公共卫生服务质量考核指标）。

五、考核方法

考核方法有现场调查、电话调查、查阅资料、网络调查等。现场调查是指考核人员直接到达被考核机构及其所在地了解情况，进行考察和调查。在此过程中可以通过查阅资料，与提供者和服务对象的访谈或问卷调查和查阅资料等方式，了解真实的服务提供情况，以及相关信息的真实情况。这种方式能够获得第一手资料，可以很好地了解真实情况，但管理成本较高。另外，也可以采用电话调查、发放问卷等形式来了解情况，虽然管理成本比较低，但效果不如现场调查。

六、考核主体

考核主体可分为自考、互考和上级考核，其中上级考核又包括直线制管理考核（县、乡、村三级）、区县卫生专业主管部门考核或委托第三方评价相结合的考评。

七、结果的利用

基于产出和结果支付的方法包括：绩效考核结果公开、绩效考核结果与资金的支付水平挂钩、绩效考核结果与院长职位和报酬挂钩、绩效考核结果与合作医疗定点挂钩，以及绩效考核结果与村医执业资格挂钩等方式。

1. 绩效考核结果公开

绩效考核结果公开可以促使相关卫生机构相互了解各自的绩效，一方面可以促进机构之间的相互学习，另一方面也会给绩效较低的机构带来压力，促使其发现问题，采取措施，推进政策的落实。

2. 绩效考核结果的质疑和申诉

由于绩效考核可能存在误差，可能使绩效考核的结果不能真实反映基本公共卫生服务的绩效，从而挫伤服务机构和服务人员的工作积极性、工作敬业度，导致基本公共卫生服务满意度降低，甚至对基本公共卫生服务的管理和运行产生不良影响。在被考核单位或个人对绩效考核结果有异议的情况下，单位或个人可进行申诉，相关部门应抽调人员，负责处理对考核结果的质疑和申诉，并给予解决的方案。

绩效考核可能存在的问题：一是考核简单化、数字化、表面化，缺乏创新；二是考核事与愿违，目的和结果相距甚远，对结果难以把握；三是培训不到位，考核组成员对考核标准把握不到位，影响考核结果；四是考核人员责任心不强，出现人情分等现象；五是投入多，效果差，从建立绩效考核机制到具体操作，投入了大量人力、物力，但事实上收获却不尽如人意；六是实施中绩效考核机制远远不能考核出基本公共卫生服务人员的业务素质及事业心、责任感、敬业精神和奉献意识；七是由于医疗卫生服务工作技术复杂性的特点，出现了技术服务难度较大的服务工作得分不一定高的情况。

绩效考核结束后，县卫生局应下发书面的绩效考核通报，并公开考核结果及经费的支付，被考核单位若对考评结果有异议，可在考核结果公示后的一定时间（通常为10~14个工作日）内对考核结果进行质疑和申诉。

3. 绩效考核结果与经费支付挂钩

将绩效考核结果作为支付的依据。绩效高者可获得更多的支付，绩效低者只能获得较少的支付。如果考核过程中发现很多问题，尤其是影响政策落实的关键问题，在支付时还要给予一定力度的经济处罚。

可供选择方法包括：

（1）与考核分数挂钩：确定各项基本公共卫生服务的考核标准和相应分数，根据资金总量和服务量确定每分值的补贴标准，最后根据机构获得的总分值进行支付，或者计算机构获得的实际总分值占目标总分值（提供的服务全部达到支付规定和要求）的比例，再乘以计划支付给机构的补贴资金总量，即为机构实际应该得到的补贴资金量。

（2）扣分法：先按照服务人口确定应支付机构的资金总额，通过考核对于没有达到要求的服务按照事先的分数规定给予扣分，计算扣分总额，然后根据所扣分数占总分数的比例，从计划支付的资金中扣除相应资金。

（3）设立最低分数：最低分数是指可容忍的分数底线，低于此分数，意味着大部分工作基本上没有得到落实，影响到该地区基本公共卫生工作的整体推进。因此，不能只根据得到的实际分数支付或根据扣除的分数扣除相应资金，而是给予处罚性的措施，如给予计划支付资金的1/2甚至更少，暂时取消提供基本公共卫生服务的资格等。

最低分数线可根据各地区的实际情况自行确立，若满分为100分，最低分可以是60分，也可以是70分。通常考虑该地区同级基层卫生机构提供基本公共卫生服务的平均得分水平、不同分数段水平对基本公共卫生工作开展和效果的影响程度，以及处罚的激励和约束作用来确定。

4. 绩效考核结果与院长职位、职工评定职称和个人报酬挂钩

在我国的多数农村地区，基层卫生机构可以通过绩效考核结果与院长职位和报酬挂钩的方式激励和约束院长。如将机构的基本公共卫生绩效作为考核院长是否称职的主要指标之一。可采用基本公共卫生服务绩效分数占院长年度考核总评分的比例这一指标，该比例越高，越会激励院长重视基本公共卫生服务的提供。有的情况下也可采用“一票否决法”，即基本公共卫生服务的分数没有达到规定的底线，院长将不再从事目前的管理工作。

第四章 监督和评价

监督是政府和卫生行政部门加强对基本公共卫生服务项目实施管理的一种重要手段。通过连续地监督某个基本公共卫生服务项目实施的全过程与进展，定期或不定期地对服务提供过程或某一特定环节进行监督、管理和评价，以便了解公共卫生服务工作实施情况，确定是否按计划开展工作，进度是否符合程序和要求以及阶段目标的实现情况，发现存在的问题及其原因，以便及时提出解决问题的办法，确保按时、保质保量完成服务项目，实现基本公共卫生服务均等化。各级卫生行政部门需负责制订本地区监督方案，定期对基本公共卫生服务工作进行监督和评价辖区内的基本公共卫生服务工作，不断提高工作质量。各地也可通过购买或委托第三方监管服务的形式开展基本公共卫生服务项目实施的监督工作，使得监督结果更为客观和中立。监督主要包括以下内容：

一、目的和原则

监督的目的一是确保基本公共卫生服务工作质量、进度和目标的实现；二是发现成功的经验与存在的问题，推广好的经验和做法，及时调整目标和活动等。应同时强调督导的客观和中立性；监督评价指标应紧扣具体目标，过程和效果指标可结合使用。

二、组织管理

包括监督评价组的确定、组织落实和信息管理等。

1. 监督组织

各地可成立专门的项目办公室，并由专人负责监督评价工作，包括制定详细的工作计划、定期组织监督活动、报送有关的监督评价材料和报告。

主管部门应对监督组的专业结构、人员组成等提出要求，可由熟悉基本公共卫生服务的相关人员组成，可包括政府部门、人大、政协、高等学校、科研院所等组成，成员一般保持相对固定。

2. 信息管理

信息管理为一项常规工作，包括信息收集、分析、报告和档案管理，由各级项目办公室负责进行。开展常规工作时，要做好各项工作数据信息的收集、档案管理、自我检查和定期报告。报告可采用季报或年报等形式。

三、监督频次和时间安排

按时间顺序监督可分为四个阶段，即前期监督评价、实施阶段的过程监督评价、中期监督评价和终末监督评价。项目的实施阶段可进行多次督导评价，发现问题，及时解决。可根据实际需要，确定每月、每季度或每半年监督等。

四、监督内容与指标

1. 监督内容

根据工作性质和阶段性特点，确定每次监督评价的具体内容，明确监督的重点。设计阶段的监督评价主要针对基本公共卫生服务的实施方案与计划进行。针对实施过程与结果进行监督评价的内容主要包括工作进度与管理、工作组织建设、政府各部门协调与配合情况、服务能力、措施的落实情况及公众的参与程度、满意度等。具体可包括：

（1）各级基本公共卫生服务项目组织管理与协调情况，工作制度和机制建立与实施情况，各级政府基本公共卫生服务管理责任落实情况。

（2）各级基本公共卫生服务项目工作资金、配套资金落实情况；各级管理部门项目资金拨付情况；服务机构项目资金使用、管理的规范性、公平性和效率。

（3）各级考核评价、技术指导、奖惩制度和机制落实情况，专业公共卫生机构培训、信息报告以及质量控制责任落实情况。

（4）提供基本公共卫生服务的数量、质量和效率，项目目标和任务完成情况。

（5）基本公共卫生服务项目居民知晓率、利用率、满意度，社会综合评价情况，居民健康指标改善情况等。

2. 监督评价指标

可依据国家基本公共卫生服务规范，结合“卫生部医改监测指标”、工作具体目标等制定督导评价指标。一般来说，监督评价指标可包括过程和影响等方面，分为投入、过程、产出、结果和影响指标等5类，并可设计若干个核心指标。

五、监督方法

根据监督的性质和内容，可采用现场和非现场监督评价等方法。非现场监督评价可通过评价工作报表与报告，发现、解决问题；也可在常规工作中通过电话、电子邮件等联系方式进行督导评价。现场监督评价的程序和方法如下：

1. 监督前准备

查阅相关资料，制定监督计划，明确监督目的及内容；确定被监督单位和日程；重点了解被监督单位的一般情况、成绩和主要问题；撰写监督提纲。通过监督评价前的培训，统一方法，提高监督评价能力。同时听取当地工作情况汇报和讨论实施中出现的问题，座谈会由多部门参加。

2. 现场考察、收集资料

收集现场监督评价相关的信息。可采用定性和定量相结合的方法。

（1）定性方法

查阅有关档案资料：包括项目计划、方案、总结等组织管理资料；经费拨付、使用、管理资料；项目工作制度、规范等资料；项目健康档案、门诊日志、体检表、各类卡片等有关服务记录资料。

管理人员访谈：与有关部门的领导和工作相关责任人访谈，了解、核实基本公共卫生服务项目组织管理情况。

服务机构现场考察/观察：了解提供服务的条件、环境、服务质量；与提供服务的人员访谈，操作观察，了解服务行为规范情况。

服务对象访谈：针对居民、重点人群（儿童、孕产妇、老年人）和各类患者（高血压、2型糖尿病、重性精神疾病等），采用座谈、访谈等形式，核查健康档案、健康教育、健康体检、健康指导、随访活动、免疫接种、传染病报告等工作的落实情况。

（2）定量的方法

评价知晓率、满意度等定量指标时，可设计问卷进行抽样调查。

3. 核实和分析信息

对所收集的定性和定量资料进行核实、评价和综合分析。重点分析所收集资料的真实性、方法的可行性和效果评价的科学性、客观性。

六、监督评价结果的判断标准

依据基本公共卫生服务项目的具体目标、核心工作指标的完成情况等，确定监督评价结果。评价等级可分为优秀、良好、合格和不合格；不合格者应限期改进。

七、监督评价报告与结果的利用

1. 监督评价报告与反馈

（1）监督评价小组讨论，整理督导意见。

（2）撰写监督评价的初步报告：包括主要进展与经验、存在的问题、建议与解决的方法等。

（3）现场反馈监督评价的初步结果，并提供技术支持。

（4）与当地相关人员座谈，听取对监督评价现场反馈的意见。

（5）撰写监督评价书面报告，提交相关部门以及被督导单位。

将监督评价结果报告以书面的形式正式反馈到被监督的负责单位或项目办公室，根据专家提出的建议和解决的方法在规定时限内改进。

2. 监督评价结果的利用

将监督评价报告分发到相关单位与人员。应充分利用监督评价的数据，将监督评价数据用于决策、制定计划，根据监督评价结果调整今后的目标、措施与活动。根据完成任务或指标结果，调整计划。

第五章 信息化建设

基本公共卫生服务信息化是以计算机技术、网络通讯技术等现代化手段，通过数字化形式搜集、传递、存储、处理、分析相关数据的业务和技术平台，实施国家基本公共卫生服务项目，以支持医疗服务、公共卫生以及卫生行政管理，逐步促进基本公共卫生服务均等化的过程。

一、建设总体目标

1. 业务目标

通过一点采集多点利用的方式，获取准确和完整的信息资料，开展居民电子健康档案管理、慢性病管理、计划免疫等国家基本公共卫生服务项目，提高工作效率，同时监测和评价公共卫生服务提供的数据、质量和效果，为行政部门制定工作策略提供依据。

2. 建设目标

公共卫生服务信息化建设的目标主要体现在系统的功能与业务要求相吻合，灵活性好，适用性强，使用简单，易于掌握。考虑到将来业务需要与医疗保障系统、药物管理系统等其他系统的合并，软件的设计要易于扩充，以满足今后不断增加的用户需求和可能出现的大任务负荷。

二、建设原则

1. 系统性

为实现数据共享、上下联动、各方兼容，节约费用的目的，必须统一规划和统筹协调，明确各级任务和职责分工，统筹协调各方力量，确保各项建设按照统一目标、统一标准，稳步协调持续发展，防止重复建设。

2. 标准化

标准化是公共卫生信息系统建设首要内容，也是医疗卫生信息系统数据准确性的保证。一个完善的公共卫生信息网络，涉及政府、医院、疾病预防与控制中心、学校、病人等多个部门，因此系统采用的信息分类编码、网络通信协议和数据接口等技术标准，必须严格按照国家、卫生部认可的数据交换技术与术语标准，这是进行信息共享与数据交换的前提。可参考标准如下：

（1）国际标准

安全标准：数字签名及 PKI 标准、HL7 标准、DICOM 医学影像数据标准、SNOMED 医院术语标准、ICD9，ICD10 国际疾病编码标准。

（2）国家标准

《中国公共卫生信息分类与基本数据集》、《卫生信息框架标准》、《医院基本数据集标准》、《公共卫生信息分类框架和基本数据集标准》、《社区卫生服务功能规范和基本数据集标准》、卫生机构（组织）分类与代码（WS218-2002）、疾病分类与代码、中华人民共和国行政区划代码（GB/T2260-1999）、全国组织机构代码编制规则（GB/T11714-1997）、经济类型分类与代码（GB/T12402-2000）、单位隶属关系代码（GB/ T12404-1997）、中国各民族名字的罗马字母拼写法和代码（GB/T3304-1991）、婚姻状况代码（GB/T4766-1984）、家庭关系代码（GB/T4761-1984）、健康状况代码（GB/4764-1984）、职业分类与代码（GB/6565-1999）、专业技术职务与代码（GB/T8561-1998）。

（3）技术开发标准

《信息技术互连国际标准》（ISO/IEC11801-95）、《信息技术、软件包质量要求和测试》（GB/T 17544-1998）、《软件工程标准分类法》（GB/T 15538-1995）、《软件开发规范》（GB 8566-88）、《软件维护指南》（GB/T 14079-93）、《计算机软件产品开发文件编制指南》（GB 8567-88）、《计算机软件需求说明编制指南》（GB 9385-88）、《计算机软件测试文件编制指南》（GB 9386-88）、《计算机软件配置管理计划规范》（GB/T 12505-90）、《计算机软件质量保证计划规范》（GB/T 12504-90）、《计算机软件可靠性和可维护性管理》（GB/T 12394-93）。

3．开放性

在结构上真正实现开放。基于开放式标准，包括各种局域网、广域网及网管系统等，坚持统一规范的原则，为未来的发展奠定基础。建议采用“平台—组件”式的模块化设计与开发方式。采用“平台—组件”式的模块化设计可以将各应用系统公用、通用的功能放到平台来实现，同时平台支持各应用的“插件式”开发，也有利于今后项目的分期建设和系统的扩展。

4．实效性

充分利用和依靠现有设备、人员和工作基础，兼顾公共卫生信息化长远发展的需要，合理利用现有资源，集中人才、财力、物力，有选择有重点地进行信息化建设。

5．前瞻性

公共卫生服务信息化建设应围绕国家的发展目标，有一定的前瞻性。目前我国多数地区正积极推进的前沿管理技术信息化管理、绩效评价等，也是监督机制上的一个创新，为最终简化科技计划管理和降低管理总成本提供支持。

三、建设方法

1．需求调研及分析

需求调研及分析是信息系统建设的第一步工作，决定信息化建设的成败。对于需求分析的内容，计算机系统分析人员由于专业所限，难以站在“客户”的视角阐明这个信息系统应该实现哪些传统方式或落后的体制不能实现的管理功能，应该产出哪些原来不能产出的效益/效果。而“客户”自身，一方面不懂得计算机系统分析人员所做的需求分析要达到一个什么目的，另一方面对于管理现况、关键因素、创新期望并没有一个深思熟虑、成竹在胸的了解，往往会出现软件更新的速度赶不上需求变化的速度。因此需求调研及分析一定要反复推敲和论证，不能简单地由纸质的东西变成电脑录入。比如居民健康档案需求不仅是简单的信息采集和标准化，而要通过需求分析实现自我管理、健康管理、健康决策等各方面的需要。健康档案的需求是通过健康档案能实现自动分类功能，如能自动将人群划分为妇女、儿童、60 岁以上老人、残疾人；依据症状、体征能自动将人群自动分类为一般人群、高危人群和慢性病患者；依据慢性病患者体征和症状及行为危险因素程度将其分为低危、高危、很高危。下表整理了目前部分基本公共卫生项目信息化建设中需要实现的基本功能（表 1）。

表 1　基本公共卫生项目信息化建设需要实现的基本功能

基本公共卫生服务项目名称	工作业务需要实现的基本功能	管理需要实现的基本功能
城乡居民健康档案管理服务	标准化信息采集；人群自动分类和识别；与其他业务模块的信息共享和同步	社区诊断或关键指标的自动分析和统计
健康教育服务	通过内外网开展健康教育；外网开展人群健康教育、满意度等问卷调查	健康教育资源库建立；健康教育效果评价；关键指标的自动分析和统计；绩效评价
预防接种服务	网上预约接种、网上付费；自动挂号；疫苗名称批次识别；自动预约服务；短信催访	冷链系统自动预警；副反应监测和预警；关键指标的自动分析和统计；绩效评价
老年人健康管理服务	体检登记；体检经费结算；信息收集（部分体检结果自动引入）；人群体检结果与其他业务档案的关联；双向转诊	关键指标的自动分析和统计；绩效评价
高血压、2 型糖尿病患者健康管理服务	35 岁首诊人群识别；高危人群的自动识别和管理；疑似患者的核实；患者的自动分层分组，随访提醒、随访管理、并发症、管理效果评价；双向转诊；每个环节的质量控制	
传染病及突发公共卫生事件报告和处理服务	疫情接报；疫情填报（自动识别后启动相应预案；疫情处置；疫情调查报告	

2. 概要设计及详细设计

在需求分析的基础上，就需要进行概要及详细设计。仍以居民电子健康档案为例，健康档案的主体应包括主要健康记录、主要疾病记录、主要服务记录等内容，通过以居民基本信息为主索引的健康信息集中管理，实现和各项业务之间的信息共享（图 2），从而建立信息化的基本框架。

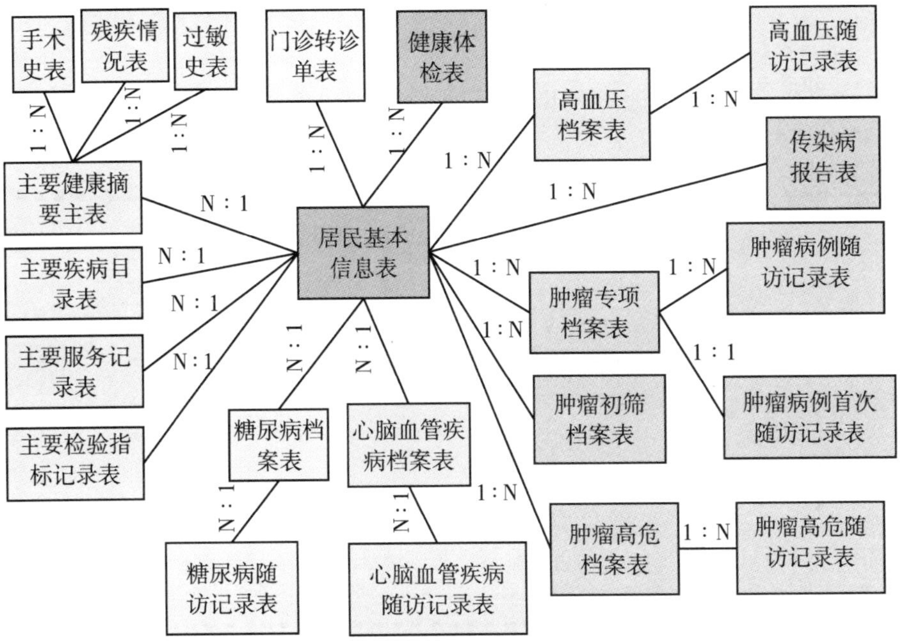

图 2　公共卫生部分条线业务数据表关联关系图

注：1∶N 表示必填项，且可以有多条记录；1∶1 表示必填项，且只有 1 条记录。

对于业务档案，则在概要和详细设计过程中，注意体现各部门职责、核心业务流程。以高血压管理为例，图 3 体现了整体的设计框架，明确了从病人的发现、管理、到效果评价相关部门业务流程和工作职责。有了框架，就必须有具体业务要求，如高血压患者档案就必须包括患者的基本情况，身高、体重、家族史、危险因素情况、并发症、靶器官损害、随访信息等，在根据国家公共卫生服务的要求的基础上可以做必要的扩充，同时每个字段明确字段的定义，字段类型、字节，以及填报要求等。

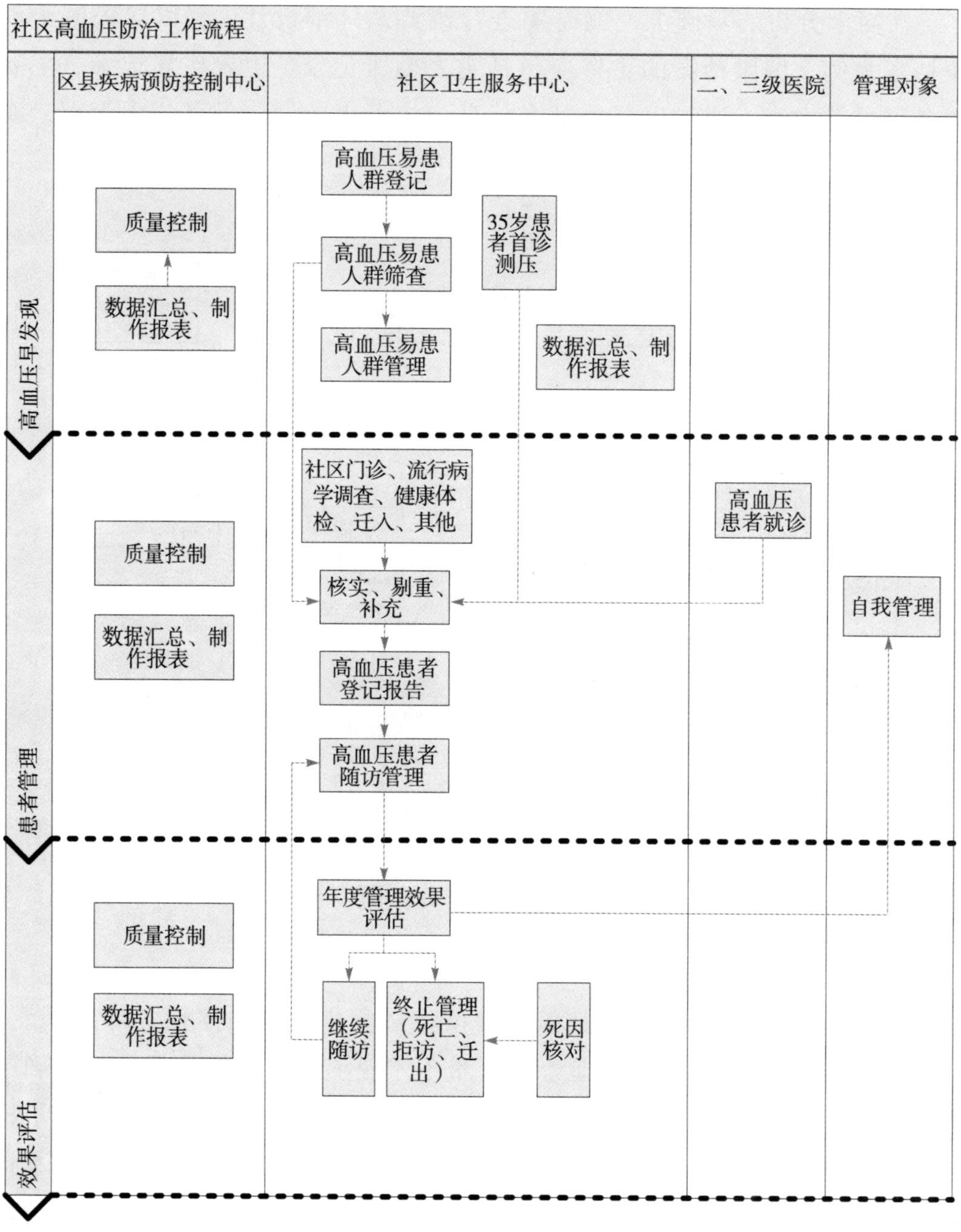

图 3　高血压防治核心业务流程图

3. 软件实现、测试及维护

对于公共卫生工作人员而言，完成上述步骤及基本工作任务完成后，下一阶段需要的只是与工程人员沟通以及软件的不断完善。

四、信息化建设案例

1. 糖尿病高危筛查及随访

（1）一名建有居民健康档案的患者到社区就诊，根据健康档案信息，系统自动识别该患者是不是糖尿病高危人群。如果是，界面会自动弹出的糖尿病高危人群登记框，并自动勾选相关危险因素。医生可以根据患者的具体情况进行修改及补充，在征得患者同意后，做 OGTT 筛查。

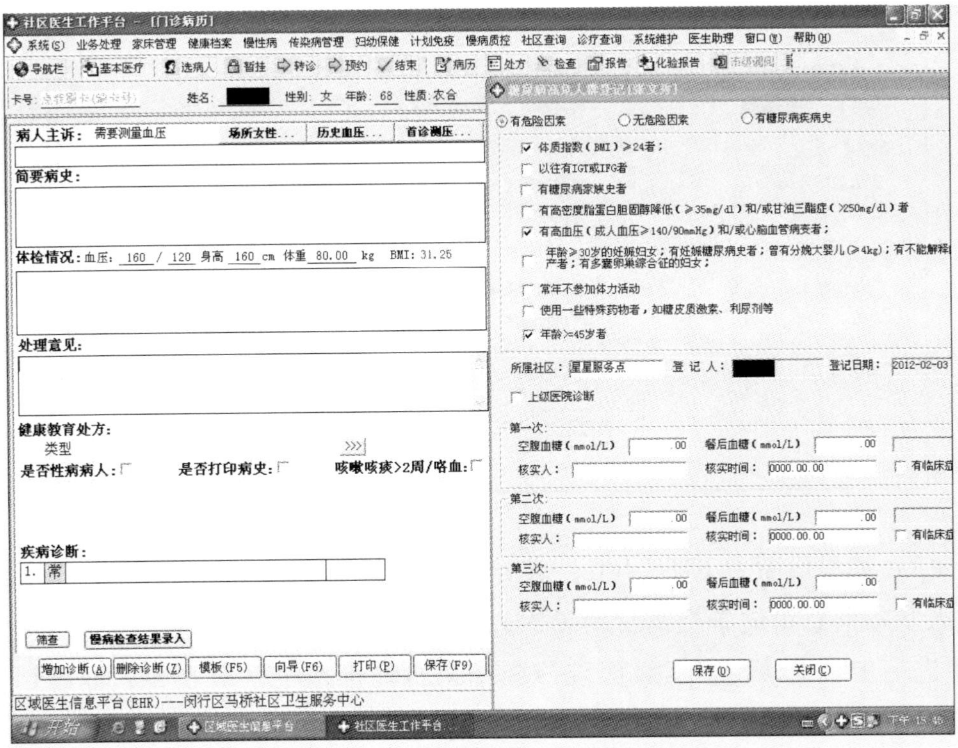

（2）患者完成检查后，化验室自动引入 OGTT 检查结果，软件自动判断诊断结果：

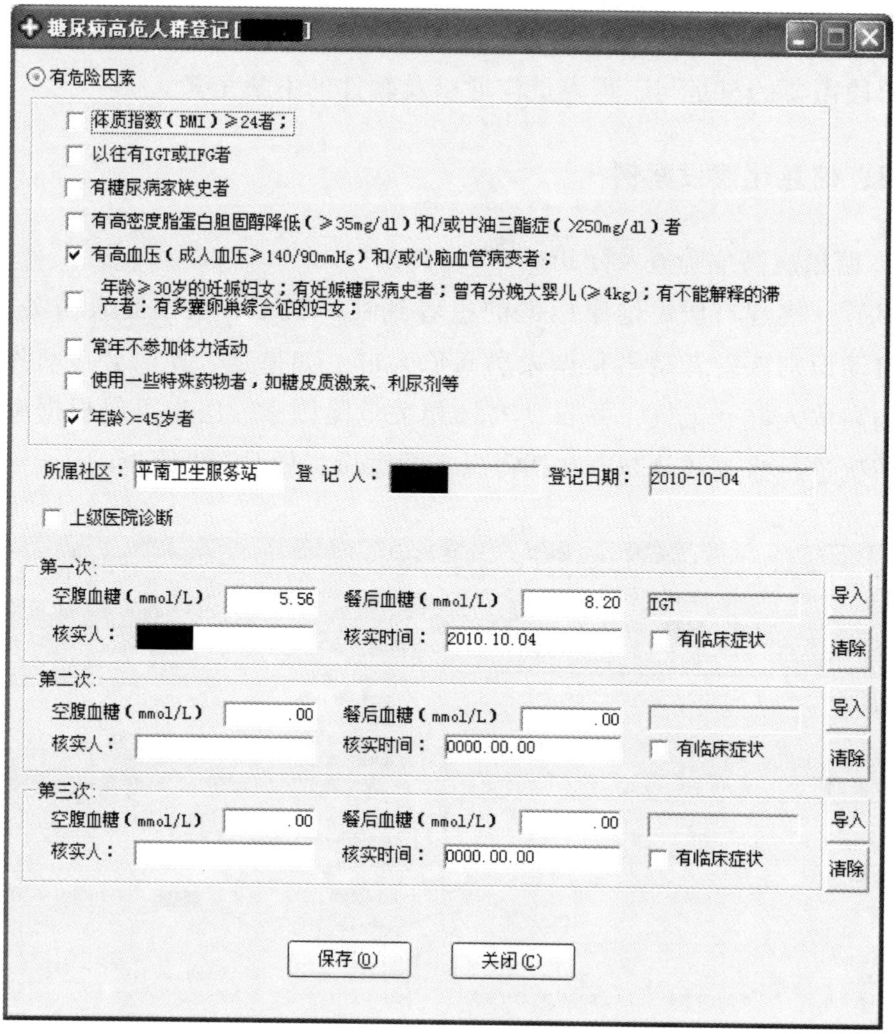

(3)如果诊断为IGT、IFG,点击保存后则自动转入高危人群建卡页面(个人基本信息由健康档案自动导入);如为疑似糖尿病则建议病人至上级医院进一步明确诊断,二级医院诊断结果自动推送至区级平台,健康档案根据诊断结果更新。

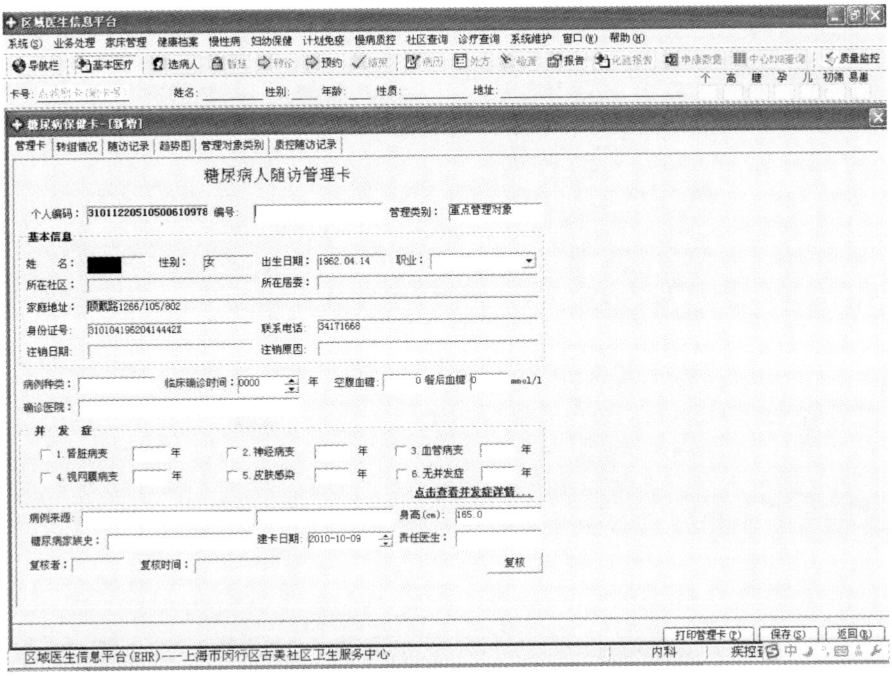

（4）IGT、IFG 建档后自动定转组。

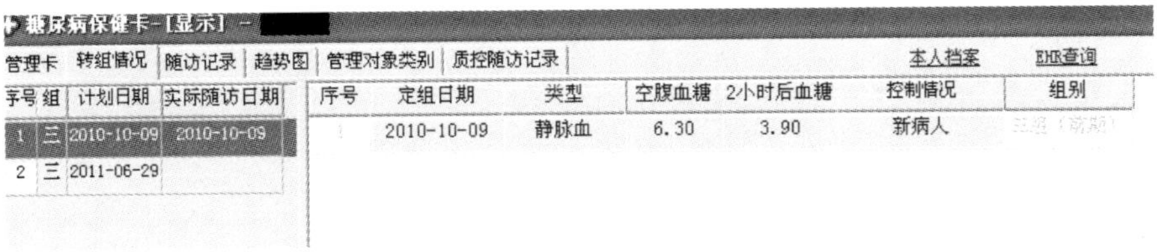

（5）生成随访计划，录入第一次随访记录，并自动生成检查计划，医生应按此计划建议病人进行相关体检。

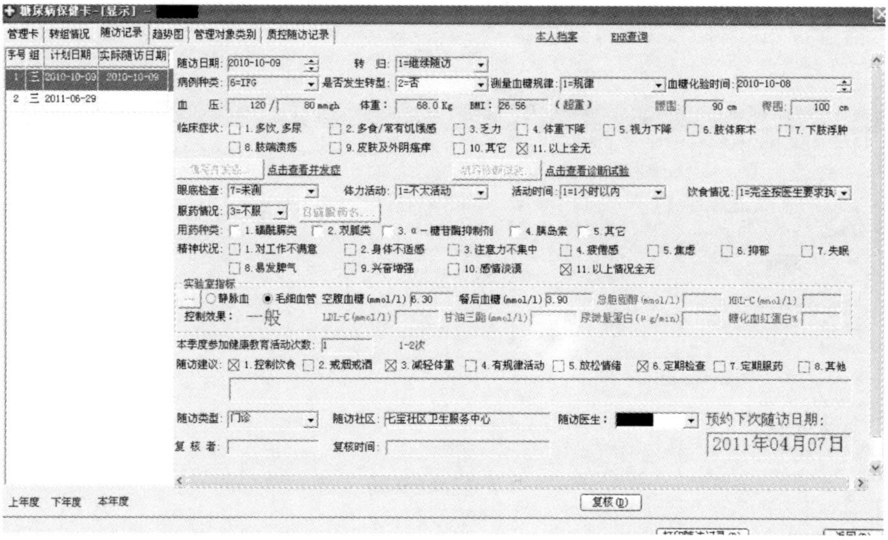

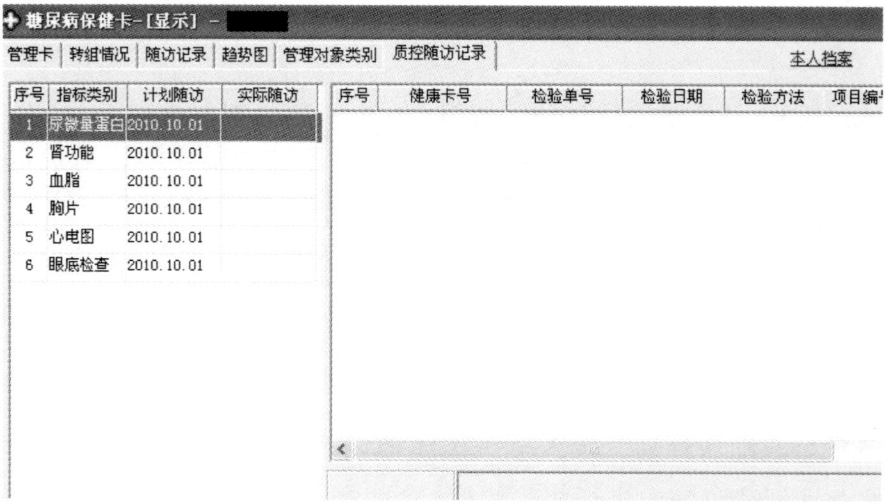

（6）病人到计划随访时间到医院就诊，系统自动提示需要随访。医生只要点击“执行”按钮就可以进入随访界面，填写随访记录即可。

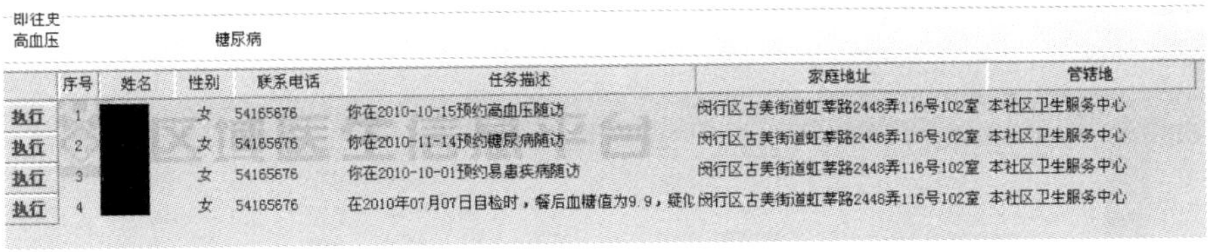

即往史

高血压　　糖尿病

	序号	姓名	性别	联系电话	任务描述	家庭地址	管辖地
执行	1	[redacted]	女	54165676	你在2010-10-15预约高血压随访	闵行区古美街道虹莘路2448弄116号102室	本社区卫生服务中心
执行	2		女	54165676	你在2010-11-14预约糖尿病随访	闵行区古美街道虹莘路2448弄116号102室	本社区卫生服务中心
执行	3		女	54165676	你在2010-10-01预约易患疾病随访	闵行区古美街道虹莘路2448弄116号102室	本社区卫生服务中心
执行	4		女	54165676	在2010年07月07日自检时，餐后血糖值为9.9，疑化	闵行区古美街道虹莘路2448弄116号102室	本社区卫生服务中心

（7）其他功能：为便于系统查询、分析结果，了解整个区域内的患者管理情况，除上述模块外，还可增加了以下模块。

①检验检查结果查询：该模块主要是提供即时的临床检验检查计划完成情况查询分析以及导出功能。

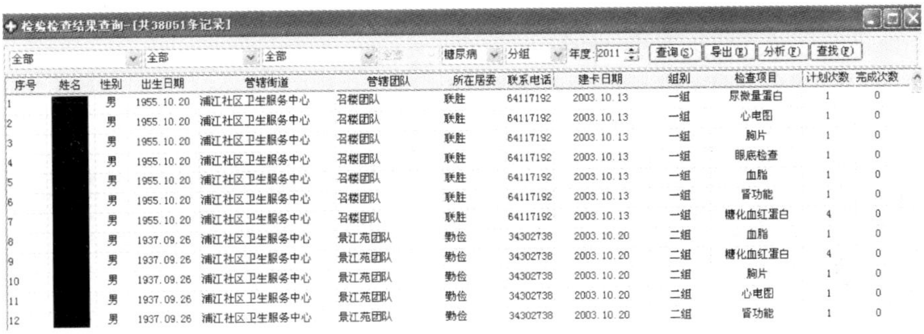

检验检查结果查询-[共38051条记录]

全部　全部　全部　糖尿病　分组　年度 2011　查询(S)　导出(E)　分析(F)　查找(F)

序号	姓名	性别	出生日期	管辖街道	管辖团队	所在居委	联系电话	建卡日期	组别	检查项目	计划次数	完成次数
1	[redacted]	男	1955.10.20	浦江社区卫生服务中心	召楼团队	联胜	64117192	2003.10.13	一组	尿微量蛋白	1	0
2		男	1955.10.20	浦江社区卫生服务中心	召楼团队	联胜	64117192	2003.10.13	一组	心电图	1	0
3		男	1955.10.20	浦江社区卫生服务中心	召楼团队	联胜	64117192	2003.10.13	一组	胸片	1	0
4		男	1955.10.20	浦江社区卫生服务中心	召楼团队	联胜	64117192	2003.10.13	一组	眼底检查	1	0
5		男	1955.10.20	浦江社区卫生服务中心	召楼团队	联胜	64117192	2003.10.13	一组	血脂	1	0
6		男	1955.10.20	浦江社区卫生服务中心	召楼团队	联胜	64117192	2003.10.13	一组	肾功能	1	0
7		男	1955.10.20	浦江社区卫生服务中心	召楼团队	联胜	64117192	2003.10.13	一组	糖化血红蛋白	4	0
8		男	1937.09.26	浦江社区卫生服务中心	景江苑团队	勤俭	34302738	2003.10.20	二组	血脂	1	0
9		男	1937.09.26	浦江社区卫生服务中心	景江苑团队	勤俭	34302738	2003.10.20	二组	糖化血红蛋白	4	0
10		男	1937.09.26	浦江社区卫生服务中心	景江苑团队	勤俭	34302738	2003.10.20	二组	胸片	1	0
11		男	1937.09.26	浦江社区卫生服务中心	景江苑团队	勤俭	34302738	2003.10.20	二组	心电图	1	0
12		男	1937.09.26	浦江社区卫生服务中心	景江苑团队	勤俭	34302738	2003.10.20	二组	肾功能	1	0

②慢病复访信息查询：对于血压血糖控制不佳患者，系统自动提醒进行二次复访，该模块主要是需要复访的糖尿病管理对象信息的查询分析。

慢病复访信息查询

全部　全部　全部　未完成　糖尿病　年度 2011　查询(S)　导出(E)　分析(F)　查找(F)

序号	姓名	性别	出生日期	管辖街道	管辖团队	联系电话	家庭地址	类别	组别	随访日期	计划开始日
1	[redacted]	女	1948.01.15	虹桥社区卫生服务中心	新虹团队	64067161	上海市闵行区虹桥镇吴中路	糖尿病	一组	2010.10.08	2010.10.0
2		男	1948.01.30	虹桥社区卫生服务中心	红春团队	64461720	闵行区虹桥镇虹梅路3321弄	糖尿病	一组	2010.10.09	2010.10.1
3		女	1939.02.01	虹桥社区卫生服务中心	新桥团队	64013699	上海市闵行区吴中路907号	糖尿病	一组	2010.10.09	2010.10.1
4		女	1931.09.25	虹桥社区卫生服务中心	井亭团队	64016312	闵行区虹桥镇虹梅路2986/	糖尿病	一组	2010.10.08	2010.10.0
5		女	1946.07.05	虹桥社区卫生服务中心	井亭团队	34311813	闵行区虹桥镇虹莘路3799-	糖尿病	一组	2010.10.09	2010.10.1
6		男	1944.02.14	虹桥社区卫生服务中心	井亭团队	54225630	闵行区 虹桥镇 虹梅路 28	糖尿病	二组	2010.10.08	2010.10.0
7		女	1929.08.24	虹桥社区卫生服务中心	新桥团队	64016002	闵行区 虹桥镇 虹梅路 27	糖尿病	一组	2010.10.08	2010.10.0
8		男	1941.09.22	虹桥社区卫生服务中心	新桥团队	64066645	上海市闵行区虹桥镇虹梅路	糖尿病	一组	2010.10.08	2010.10.0
9		男	1963.05.14	虹桥社区卫生服务中心	新桥团队	64011954	上海市闵行区虹桥镇虹梅路	糖尿病	一组	2010.10.08	2010.10.0
10		女	1953.03.14	虹桥社区卫生服务中心	井亭团队	64018987	闵行区程家桥路221－1－3	糖尿病	一组	2010.10.08	2010.10.0
11		女	1949.02.06	龙柏社区卫生服务中心	龙柏虹光团队	64209100	龙柏街道航华一村沪青平公	糖尿病	一组	2010.10.08	2010.10.0
12		男	1930.11.23	龙柏社区卫生服务中心	龙柏虹光团队	64217917	龙柏街道航华三村三街坊1	糖尿病	一组	2010.10.03	2010.10.0

③糖尿病年度评价：该模块的功能是到每年的 9 月 30 号自动评价糖尿病管理情况，主要体现定转组的变化。

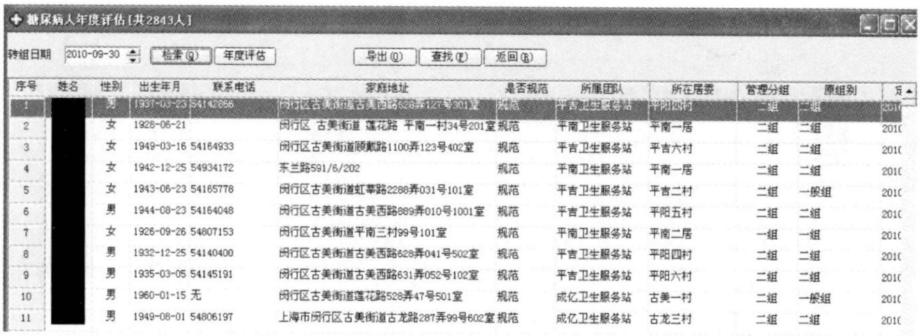

✚ 糖尿病人年度评估[共2843人]

转组日期 2010-09-30 检索(Q) 年度评估 导出(O) 查找(F) 返回(R)

序号	姓名	性别	出生年月	联系电话	家庭地址	是否规范	所属团队	所在居委	管理分组	原组别	
1	[redacted]	男	1937-03-23	54142666	闵行区古美街道古美西路628弄127号301室	规范	平吉卫生服务站	平阳四村	二組	二組	201(
2	[redacted]	女	1928-06-21		闵行区 古美街道 莲花路 平南一村34号201室	规范	平南卫生服务站	平南一居	二組	二組	201(
3	[redacted]	女	1949-03-16	54164933	闵行区古美街道顾戴路1100弄123号402室	规范	平吉卫生服务站	平吉六村	二組	二組	201(
4	[redacted]	女	1942-12-25	54934172	东兰路591/6/202	规范	平南卫生服务站	平南一居	二組	二組	201(
5	[redacted]	女	1943-06-23	54165778	闵行区古美街道虹莘路2288弄031号101室	规范	平吉卫生服务站	平吉二村	二組	一般組	201(
6	[redacted]	男	1944-08-23	54164048	闵行区古美街道古美西路889弄010号1001室	规范	平吉卫生服务站	平阳五村	二組	二組	201(
7	[redacted]	女	1926-09-26	54807153	闵行区古美街道平南三村99号101室	规范	平南卫生服务站	平南二居	一組	一組	201(
8	[redacted]	男	1932-12-25	54140400	闵行区古美街道古美西路628弄041号502室	规范	平吉卫生服务站	平阳四村	二組	二組	201(
9	[redacted]	男	1935-03-05	54145191	闵行区古美街道古美西路631弄052号102室	规范	平吉卫生服务站	平阳六村	二組	二組	201(
10	[redacted]	男	1960-01-15	无	闵行区古美街道莲花路528弄47号501室	规范	成亿卫生服务站	古美一村	二組	一般組	201(
11	[redacted]	男	1949-08-01	54806197	上海市闵行区古美街道古龙路287弄99号602室	规范	成亿卫生服务站	古龙三村	二組	二組	201(

④糖尿病报表查询：主要用于各类月报、年报的自动生成。

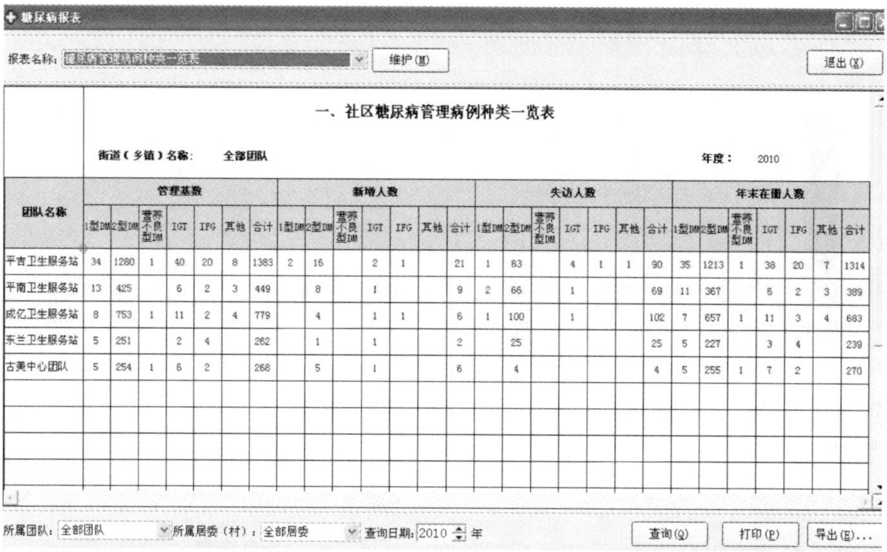

✚ 糖尿病报表

报表名称：糖尿病管理病例种类一览表 维护(M) 退出(X)

一、社区糖尿病管理病例种类一览表

街道（乡镇）名称: 全部团队 年度： 2010

团队名称	管理基数							新增人数							失访人数							年末在册人数						
	1型DM	2型DM	营养不良型DM	IGT	IFG	其他	合计	1型DM	2型DM	营养不良型DM	IGT	IFG	其他	合计	1型DM	2型DM	营养不良型DM	IGT	IFG	其他	合计	1型DM	2型DM	营养不良型DM	IGT	IFG	其他	合计
平吉卫生服务站	34	1280	1	40	20	8	1383	2	16		2	1		21	1	83		4	1	1	90	35	1213	1	38	20	7	1314
平南卫生服务站	13	425		6	2	3	449		8		1			9	2	66		1			69	11	367		6	2	3	389
成亿卫生服务站	8	753	1	11	2	4	779		4		1	1		6	1	100		1			102	7	657	1	11	3	4	683
东兰卫生服务站	5	251		2	4		262		1		1			2		25					25	5	227		3	4		239
古美中心团队	5	254	1	6	2		268		5		1			6		4					4	5	255	1	7	2		270

所属团队：全部团队 所属居委（村）：全部居委 查询日期：2010 年 查询(Q) 打印(P) 导出(E)...

2．计划免疫门诊接种

（1）家长带儿童到计划免疫接种门诊，通过刷健康卡后，实现自助取号。

（2）取号儿童的信息自动进入工作人员的预检窗口，在预检的列表窗口中，左边显示的是已经刷卡取号，但还没有预检的队列。被叫号后字体颜色由黑色变成蓝色，该儿童预检完成后从左边窗口移到右边窗口；右边窗口是等待接种的队列，接种处叫号后字体由黑色变成蓝色，接种完成后该人的信息在右边窗口消失。

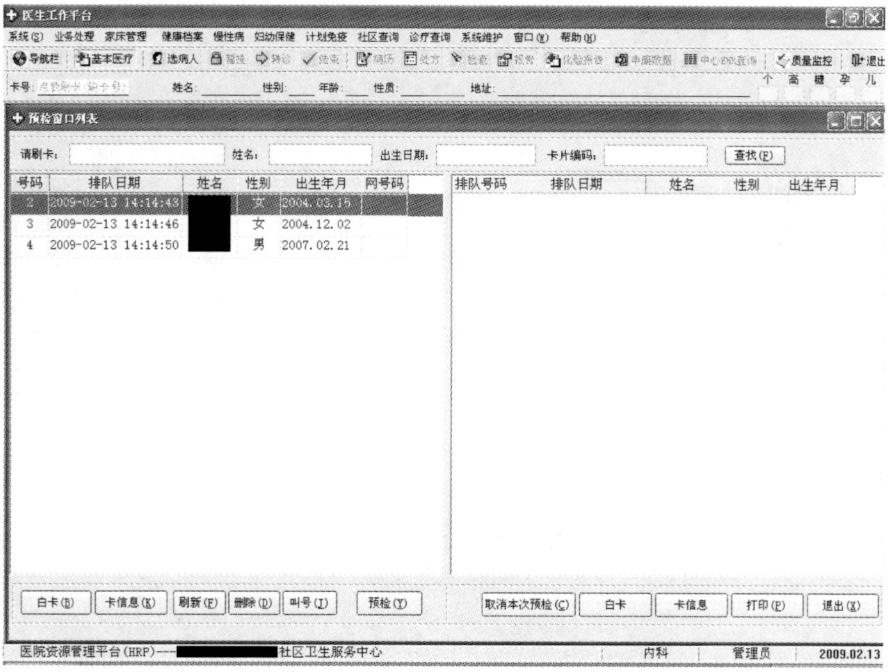
医生工作平台
系统(S) 业务处理 家床管理 健康档案 慢性病 妇幼保健 计划免疫 社区查询 诊疗查询 系统维护 窗口(W) 帮助(H)
导航栏 基本医疗 选病人 质量监控 退出
卡号: 姓名: 性别: 年龄: 性质: 地址:
预检窗口列表
请刷卡: 姓名: 出生日期: 卡片编码: 查找(F)
号码 排队日期 姓名 性别 出生年月 网号码
2 2009-02-13 14:14:43 [redacted] 女 2004.03.15
3 2009-02-13 14:14:46 女 2004.12.02
4 2009-02-13 14:14:50 男 2007.02.21
排队号码 排队日期 姓名 性别 出生年月
白卡(B) 卡信息(K) 刷新(F) 删除(D) 叫号(I) 预检(Y)
取消本次预检(C) 白卡 卡信息 打印(P) 退出(X)
医院资源管理平台(HRP)---[redacted]社区卫生服务中心 内科 管理员 2009.02.13

（3）预检界面，自动预约。

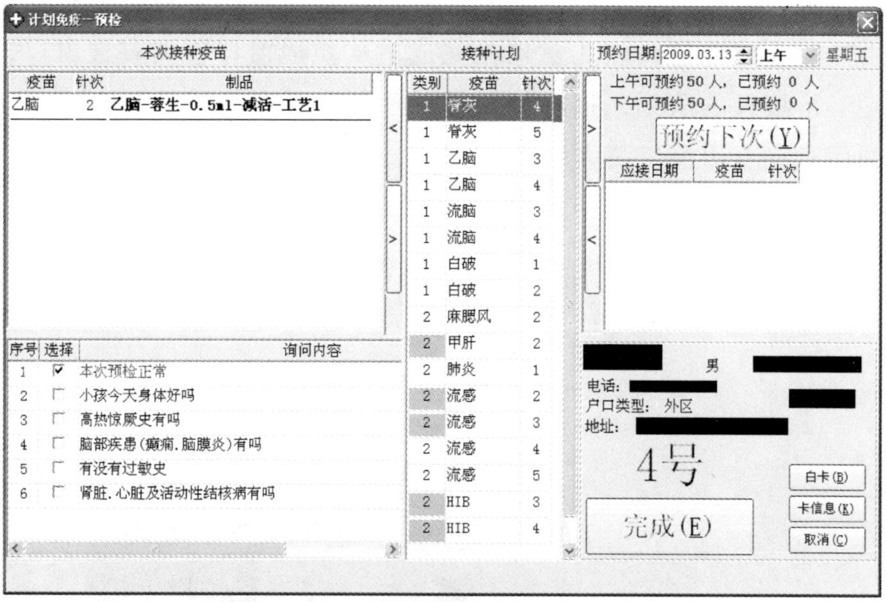
计划免疫一预检
本次接种疫苗
疫苗 针次 制品
乙脑 2 乙脑-蓉生-0.5ml-减活-工艺1
接种计划
类别 疫苗 针次
1 脊灰 4
1 脊灰 5
1 乙脑 3
1 乙脑 4
1 流脑 3
1 流脑 4
1 白破 1
1 白破 2
2 麻腮风 2
2 甲肝 2
2 肺炎 1
2 流感 2
2 流感 3
2 流感 4
2 流感 5
2 HIB 3
2 HIB 4
预约日期:2009.03.13 上午 星期五
上午可预约 50 人，已预约 0 人
下午可预约 50 人，已预约 0 人
预约下次(Y)
应接日期 疫苗 针次
序号 选择 询问内容
1 本次预检正常
2 小孩今天身体好吗
3 高热惊厥史有吗
4 脑部疾患(癫痫.脑膜炎)有吗
5 有没有过敏史
6 肾脏.心脏及活动性结核病有吗
[redacted] 男 [redacted]
电话: [redacted]
户口类型: 外区 [redacted]
地址: [redacted]
4号
完成(E)
白卡(B)
卡信息(K)
取消(C)

（4）完成预检的儿童进入工作人员的接种工作界面。

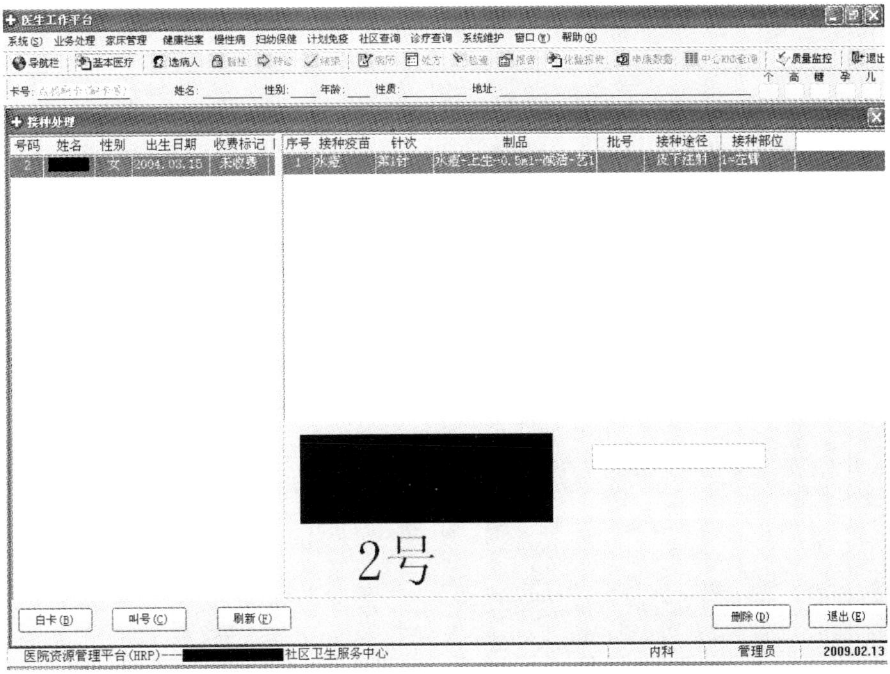

（5）工作人员按照显示的疫苗种类，拿取疫苗进行扫描，语音提示拿取的疫苗是否正确，并提示打印和完成接种。

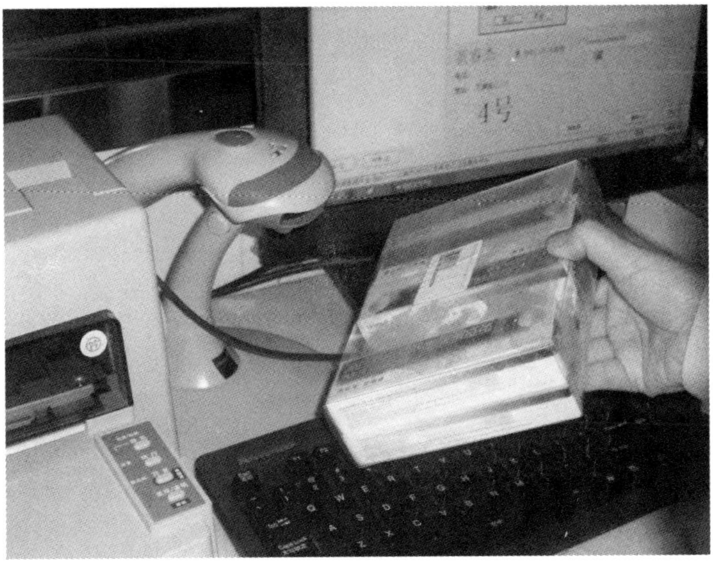

附件 1：

国家基本公共卫生服务项目成本测算表（人均 15 元，2009 年）

项目类别	项目名称	人均分摊费用（元）	测算说明
建立居民健康档案	建立居民健康档案	3.00	10 元×全体人群数×30%。以儿童、孕产妇、老年人、残疾人等为重点人群，为居民建立健康档案。健康档案基本信息包括：一般情况、既往史、家族史和主要健康问题等，对健康档案进行定期更新。2009 年完成 30% 的人群建档工作。全国人口 132802 万（根据国家统计局 2008 年国民经济和社会发展统计公报）
	小计	3.00	
健康教育	健康资料发放	0.29	5000 元×乡镇卫生院和社区卫生服务中心数+150 元×村卫生室和社区卫生服务站数。在城乡基层医疗卫生机构候诊区域为居民免费提供健康教育宣传材料。每个乡镇卫生院和社区卫生服务中心每年 5000 元，每个村卫生室和社区卫生服务站每年 150 元。乡镇卫生院 39876 个、村卫生室 613855 个（2008 中国卫生统计年鉴）。社区卫生服务中心 7232 个、社区卫生服务站 21895 个（根据 2008 年底全国社区卫生服务调查）
	健康主题宣传活动	0.21	800 元×6 次×乡镇卫生院和社区卫生服务中心数。针对主要健康问题和健康主题开展健康宣传活动。健康主题日包括：世界防治结核病日、全国预防接种日、世界无烟日、全国高血压日、世界精神卫生日、联合国糖尿病日、世界艾滋病日等，每年 6 次，每次 600 元。乡镇卫生院 39876 个（2008 中国卫生统计年鉴），社区卫生服务中心 7232 个（根据 2008 年全国社区卫生服务调查）
	健康专栏更新	0.57	300 元×12 期×乡镇卫生院和社区卫生服务中心数+150 元×6 期×村卫生室和社区卫生服务站数。社区卫生中心和乡镇卫生院每年更新 12 期，每期 300 元。社区卫生服务站和村卫生室每年更新 6 期，每期 150 元。经费用于健康专栏内容设计、制作、橱窗维护等。乡镇卫生院 39876 个、村卫生室 613855 个（2008 中国卫生统计年鉴）。社区卫生服务中心 7232 个、社区卫生服务站 21895 个（根据 2008 年底全国社区卫生服务调查）

续 表

项目类别	项目名称	人均分摊费用（元）	测算说明
	健康教育讲座	0.16	300 元×12 次×乡镇卫生院和社区卫生服务中心数。乡镇卫生院和社区卫生服务中心每月举办一次健康教育讲座，一年 12 次，每次 300 元，含组织费用、专家费用、内容准备、健教物品等费用。乡镇卫生院 39876 个（2008 中国卫生统计年鉴），社区卫生服务中心 7232 个（根据 2008 年底全国社区卫生服务调查）
	小计	1.23	
预防接种	0～6 岁儿童预防接种	1.48	7 元×22 剂次×0～6 岁儿童总数/6 年×85%。对 0～6 岁儿童建卡建证，接种乙肝疫苗、卡介苗、脊灰疫苗、百白破疫苗、白破疫苗、麻疹疫苗、甲肝疫苗、流脑疫苗、乙脑疫苗、麻腮风疫苗等国家免疫规划疫苗，每个适龄儿童完成全程免疫规划需 22～24 剂次，每剂次 7 元，每个儿童约 150 元，覆盖率达 85%以上。0～6 岁人口 9600 万（根据 2008 年出生人口数推算）
	15 岁以下儿童补种乙肝疫苗	0.31	7 元×3 剂次×需补种的 15 岁以下儿童总数×90%。为 15 岁以下儿童补种乙肝疫苗。每个适龄儿童完成乙肝疫苗补种需 3 剂次，每剂次 7 元，每个儿童约 21 元，覆盖率达 90%以上。需补种乙肝疫苗的 15 岁以下儿童数为 2300 万
	小计	1.79	
传染病报告和处理	传染病报告和处理	0.45	8000 元×乡镇卫生院和社区卫生服务中心数+200 元×村卫生室和社区卫生服务站数。乡镇卫生院和社区卫生服务中心利用传染病报告系统，对发现的传染病病人和疑似病人进行报告，村卫生室和社区卫生服务站负责可疑传染病的监测和报告，协助有关部门做好疫点处理等其他传染病防治工作。每个乡镇卫生院和社区卫生服务中心每年 8000 元，每个村卫生室和社区卫生服务站 200 元。乡镇卫生院 39876 个、村卫生室 613855 个（2008 中国卫生统计年鉴）。社区卫生服务中心 7232 个、社区卫生服务站 21895 个（根据 2008 年底全国社区卫生服务调查）
	小计	0.45	

续 表

项目类别	项目名称	人均分摊费用（元）	测算说明
儿童保健	新生儿访视	0.28	15元×2次×出生人口数×80%。对每个新生儿（0~28天）家庭访视2次，每次15元，用于了解新生儿健康状况、疫苗接种情况，进行喂养和护理等指导，访视率为80%。每年出生人口1608万人（国家统计局2008年国民经济和社会发展统计公报）
	0~3岁儿童保健系统管理	1.85	200元×0~3岁儿童数/3年×80%。对0~3岁儿童进行系统管理，每个儿童200元，3年至少随访8次，其中1岁以内4次，1~3岁每年2次，包括体格检查和生长发育监测及评价，开展心理行为发育、母乳喂养、辅食添加、意外伤害预防、常见疾病防治等健康指导，每年检查血常规1次。0~3岁儿童保健管理率为80%。0~3岁儿童4800万人（根据2008年出生人口推算）
	小计	2.13	
孕产妇保健	孕产妇系统管理	1.39	150元×孕产妇数×80%。对孕产妇进行系统管理，包括孕期保健5次和产后访视2次。孕期保健进行一般体格检查、产科检查和孕期指导，包括测量体重、血压、宫高等，胎心监测5次和血常规检查3次，进行孕期营养、心理等健康指导。产后访视了解产后恢复情况，对产后常见健康问题进行指导，每个孕产妇需150元。孕产妇管理率达80%以上。城市社区卫生服务中心、站和村卫生室暂不开展。每年孕产妇1600万（根据2008年出生人数推算）
	小计	1.39	
老年人保健	老年人保健	1.20	30元×65岁及以上人群数×50%。对65岁及以上老年人每年进行1次健康管理服务，主要内容包括一般体格检查、老年人自我保健及伤害预防、自救等健康指导等，每人每年30元。老年人保健管理率达50%以上。65岁及以上人口10956万（国家统计局2008年国民经济和社会发展统计公报）
	小计	1.20	

续表

项目类别	项目名称	人均分摊费用（元）	测算说明
慢性病管理	高血压患者病例管理	2.09	60元/人/年×高血压患者数×30%。每季度至少对确诊的高血压患者随访1次，每年随访4次，每次随访内容包括：进行健康评价、病情监测、行为干预、用药指导、健康教育、效果评价等。每人每年60元，管理率达30%以上。高血压患者数16000万人（根据2002年全国居民营养调查）
	糖尿病患者病例管理	1.30	100元/人/年×糖尿病患者数×30%。每季度至少对糖尿病患者检测指血1次，对其进行健康评价、病情监测、行为干预、用药指导、健康教育、效果评价等。每人每年100元，管理率达30%以上。糖尿病患者6000万（根据2002年全国居民营养调查）
	小计	3.39	
重性精神疾病管理	重性精神疾病患者管理	0.43	100元×重性精神疾病患者数×60%。对重性精神疾病患者进行系统管理，每季度至少随访1次，进行病情评价、督导服药、健康教育和康复指导等。每年进行1次综合评价。每个患者每年共100元，重性精神疾病患者管理管理率达60%以上。重性精神疾病患者数1000万人（15岁以上人口数×1%，卫生部疾控局提供）
	小计	0.43	
合计		15.02	

*：某服务项目人均分摊费用=该服务项目测算总费用/全国人口数。

附件 2：

乡村两级卫生机构国家基本公共卫生服务项目职责分工（2010 年）

序号	项目	权重	具体工作任务	分项权重	职责承担		分配比例（%）	
					乡镇卫生院	村卫生室	乡镇卫生院	村卫生室
1	居民健康档案管理	0.20	居民健康档案的建立	0.3	为主	参与	60	40
			居民健康档案的使用和维护	0.7	分别	分别	50	50
2	健康教育	0.07	提供健康教育资料	0.3	为主	参与	60	40
			开展公众健康咨询活动	0.2	分别	分别	50	50
			设置健康教育宣传栏	0.3	分别	分别	50	50
			举办健康知识讲座	0.2	为主	参与	60	40
3	0~36 个月儿童健康管理	0.14	新生儿家庭访视和满月健康管理	0.2	为主	参与	60	40
			婴幼儿健康管理	0.8	为主	参与	60	40
4	孕产妇健康管理	0.10	产前随访（含孕早期随访）	0.8	主要	协助	80	20
			产后访视及产后 42 天健康检查	0.2	主要	协助	80	20
5	老年人健康管理	0.11	健康体检	0.6	主要	协助	80	20
			健康咨询指导和干预	0.4	分别	分别	50	50
6	预防接种	0.09	建档、确定接种对象	0.3	主要	协助	80	20
			通知儿童监护人	0.1	协助	主要	20	80
			实施接种及留观	0.6	独立	不承担	100	0
					不承担	独立	0	100
7	传染病报告和处理	0.03	发现、登记、报告传染病病人、疑似病人	0.4	分别	分别	50	50
			传染病处理	0.6	主要	协助	80	20

续表

序号	项目	权重	具体工作任务	分项权重	职责承担		分配比例（%）	
					乡镇卫生院	村卫生室	乡镇卫生院	村卫生室
8	高血压患者健康管理	0.18	筛查患者，对高危人群进行生活方式指导	0.3	分别	分别	50	50
			随访	0.5	协助	主要	20	80
			健康检查	0.2	主要	协助	80	20
9	2 型糖尿病患者健康管理	0.07	筛查患者，对高危人群进行生活方式指导	0.3	分别	分别	50	50
			随访	0.5	协助	主要	20	80
			健康检查	0.2	主要	协助	80	20
10	重性精神疾病患者管理	0.01	患者个人信息补充	0.2	为主	参与	60	40
			随访	0.5	参与	为主	40	60
			健康检查	0.3	主要	协助	80	20
合计							53.7~58.9	41.1~46.3

注：1. 名词解释：

（1）主要承担：是指承担全部业务性工作。

（2）为主承担：是指承担大部分业务性工作。

（3）参与承担：是指承担部分业务性工作。

（4）协助承担：是指承担信息提供等辅助性工作。

（5）分别承担：是指乡村两级卫生机构分别开展并独立完成相应工作。

（6）独立承担：是指乡或村级卫生机构独立承担相应工作。

2. 乡村两级卫生机构不同职责分工分解比例

（1）独立承担：不承担：　100%：0

（2）主要承担：协助承担：　80%：20%

（3）为主承担：参与承担：　60%：40%

（4）分别承担：分别承担：　50%：50%

附件 3-1：

乡镇医疗机构购买基本公共卫生服务合同（样本）

甲方：__________县卫生局

乙方：__________乡（镇）卫生院

按照有关采购和管理程序，经县卫生局批准，乙方被确定为国家基本公共卫生服务合同服务单位，将按照《国家基本公共卫生服务规范》及县卫生局制定的各项服务实施方案和技术规范，免费向辖区居民提供10类国家基本公共卫生服务。双方现就做好各项服务达成以下协议。

一、双方职责

1. 甲方职责

（1）负责制定农村基本公共卫生服务实施方案及技术规范。

（2）对乙方提供业务培训和技术指导。

（3）向乙方提供公共卫生服务运行所需的表格样本。

（4）根据绩效考评结果及时向乙方支付劳务报酬。

（5）对乙方提供公共卫生服务过程进行监督管理。

2. 乙方职责

（1）按照协议内容，根据甲方制定的农村基本公共卫生服务技术规范及实施方案要求，向辖区居民免费提供10类国家基本公共卫生服务。

（2）保证甲方所发放的各种宣传及培训材料用于恰当的用途。

（3）对村卫生室进行技术指导和培训，并按绩效考评结果向村卫生室支付劳务报酬。

（4）按要求做好工作记录和信息报告，保留完整工作痕迹。

（5）积极参加甲方的业务培训，自觉接受甲方监督指导。

（6）根据甲方要求完成其他相关临时性任务。

二、双方权利

1. 甲方权利

（1）对乙方的工作有监督、指导权。

（2）根据国家最新的政策，对农村公共卫生服务项目有关目标、流程、质量标准、绩效考核标准等进行调整和修改。

2. 乙方权利

（1）有接受业务指导和技术培训的权利。

（2）对甲方绩效考评的客观、公正性有监督的权利，有要求甲方公开绩效考评结果的权利。

（3）根据绩效考评结果，有获得劳务补助的权利。

（4）有对各村级服务机构进行监督检查的权利。

三、服务内容及成本

本合同提供的各项服务内容及具体操作要求，以县卫生局制定的实施方案和技术规范为依据，各项目测算服务成本如下：

服务项目	服务成本 （元/人，按总人口计）	乡、村服务成本分摊（元/人）	
		乡	村
居民健康档案管理			
健康教育			
0~36个月儿童健康管理			
孕产妇健康管理			
老年人健康管理			
预防接种服务			
传染病报告和处理			
高血压患者健康管理			
2型糖尿病患者管理			
重性精神疾病患者管理			
服务成本合计			

根据以上服务成本测算，本服务合同总金额为__________万元。

四、绩效考评

绩效考评结果是甲方向乙方支付劳务补助的主要依据。绩效考评方案及标准由甲方依据国家和省有关规定，结合本县实际制定。甲方必须根据绩效评价方案及标准对乙方进行客观、公正的考评。乙方须认真、积极配合甲方完成各项考评工作。甲方原则上每季度组织对乙方进行一次绩效考评。

五、支付与奖惩

甲方对乙方提供服务采取“先行预付、绩效继付”的方式进行支付。自本合同签订后三十日内，甲方按合同总额的30%先行预付______万元，供乙方组织开展工作使用。其余资金将按照实际提供的服务数量和质量，依据绩效考评结果分两次支付，支付时间、比例分别为合同执行半年（30%）和一年（40%）后。在完成基本目标前提下，根据绩效考评实际得分占总分数比例进行支付。具体为：得分比例为85%以上，按100%进行支付；75%~85%，按85%支付；得分为65%~74%，按70%支付；65%以下，不予支付。

对于服务完成较好，绩效考评得分占总分数90%以上的，甲方将视情况年终给予一定奖励。对于绩效考评得分为应得分60%以下者，除应得资金不予支付外，另处以5000~10000元罚款，终止下一年度服务提供资格，并对有关责任人启动行政问责机制。

六、本协议有效期

本协议有效期自______年____月____日至______年____月____日止。

七、项目管理

1. 项目协调人

县卫生局指定_________作为基本公共卫生服务甲方协调人（电

话：________），乙方指定________（电话：________）为乙方协调人，负责协调本合同下规定各项服务活动的衔接与协调工作。如乙方更换项目协调人，应及时通知甲方。

2. 工作记录和账目

甲乙双方均应按照实施方案和技术规范要求，做好各自职责内的工作记录和档案管理，保留有关痕迹，并确保真实性和完整性。

八、其他

1. 甲乙双方均应严格遵守职业道德，诚实守信地履行本协议所规定的各项内容，为辖区居民提供优质的公共卫生服务。

2. 本协议一式二份，甲乙双方各持一份，经双方负责人签字盖章后方为有效，未尽事宜由双方共同协商解决。

附件：

甲方：____________县卫生局	乙方：____________卫生院
负责人（签名）：____________	负责人（签名）：____________
签章：	签章：
20　　年　　月____日	20　　年　　月____日

附件 3-2：

村级医疗机构购买基本公共卫生服务合同（样本）

甲方：____________乡（镇）卫生院

乙方：____________村卫生室

为做好向辖区居民免费提供国家基本公共卫生服务项目工作，双方达成以下协议。

一、双方职责

1. 甲方职责

（1）负责向乙方提供公共卫生服务运行所需方案及有关表格样本。

（2）为乙方提供业务培训及技术指导。

（3）根据绩效考评结果及时向乙方支付劳务报酬。

（4）对乙方提供公共卫生服务过程进行监督管理。

2. 乙方职责

（1）按照协议内容，根据县卫生局制定的农村基本公共卫生服务技术规范及实施方案要求，向辖区居民免费提供 10 类国家基本公共卫生服务。

（2）积极参加甲方的业务培训，自觉配合并接受甲方监督指导。

（3）按要求做好工作记录和信息报告，保留完整工作痕迹。

（4）保证甲方所发放的各种宣传及培训材料用于恰当的用途。

（5）根据甲方要求，完成与基本公共卫生服务项目相关的其他临时性任务。

二、服务内容、支付标准及考核指标

本合同下提供的各项服务内容及具体操作要求以县卫生局制定实施方案和技术规范为依据。主要服务内容、支付标准及考核指标（参考指标）如下：

服务项目	服务内容	支付标准	考核指标
居民健康档案管理	1. 协助乡镇卫生院建立健康档案 2. 健康档案使用、维护和更新 3. 健康档案保管	按实际完成建档数量支付，____元/份	1. 慢病病人建档率≥80% 2. 建档合格率≥80% 3. 健康档案动态管理率≥80%
健康教育服务	1. 发放、使用健康教育资料 2. 设置健康教育宣传栏 3. 举办健康知识讲座 4. 提供健康知识咨询	按辖区人口数支付，_____元/人·年	1. 每年发放或使用健康教育资料不少于10种 2. 每年更新健康教育宣传栏不少于12次 3. 每年举办健康知识讲座不少于4次 4. 人群基本健康知识知晓率≥65%
0~36个月儿童健康管理	1. 建立本村0~4岁儿童花名册 2. 协助卫生院对0~36个月儿童进行生长发育监测 3. 发现体弱儿并转上级医疗机构管理 4. 社区健康教育 5. 收集本村儿童保健信息并上报	按实际管理儿童数支付，____元/人	1. 1岁以下儿童保健管理覆盖率100% 2. 体弱儿转诊率100% 3. 开展各类健康教育宣传≥6次 4. 5岁以下儿童保健系统管理率≥60% 5. 5岁以下儿童母亲保健知识知晓率≥80%
孕产妇健康管理	1. 建立本村育龄妇女花名册 2. 协助卫生院进行早孕筛查、登记 3. 动员、提醒本村孕产妇按时参加围产期保健 4. 开展产后访视、产后康复指导 5. 发现危重症，及时动员转诊 6. 社区健康教育	按实际管理孕产妇数支付，____元/人	1. 孕3个月初检率达到≥90% 2. 产前检查覆盖率100% 3. 高危孕产妇住院分娩100% 4. 产后家庭访视1次以上100%，两次以上≥90% 5. 孕产妇系统管理率≥60% 6. 育龄妇女孕产期保健知识知晓率≥80%

续 表

服务项目	服务内容	支付标准	考核指标
老年人健康管理	1. 掌握本村65岁及以上老年居民健康状况、行为危险因素等基本情况 2. 指导老年人健康保健知识，形成良好的健康行为 3. 对新发现的高血压、糖尿病等慢性病患者，及时建立相应疾病管理档案 4. 协助乡卫生院开展健康干预 5. 健康咨询	按实际管理老年人数支付，____元/人·年	1. 65岁及以上老年居民健康咨询率≥80% 2. 65岁及以上老年居民体率≥80% 3. 65岁及以上老年居民健康管理率≥95% 4. 管理人群满意率≥80%
预防接种服务	1. 制定第一类疫苗和第二类疫苗计划 2. 建立接种卡、证 3. 免疫接种（结合地方实际）及报告 4. 国家免疫规划传染病报告 5. 疑似接种反应报告和处理 6. 免疫规划目标儿童调查、接种通知、情况核对等 7. 宣传咨询	按接种人数支付，____元/人	1. 每年提供接种服务≥12次 2. 接种对象掌握率≥95% 3. 预检登记和规范接种率达100% 4. 建卡率及建证率≥90% 5. 接种率≥90% 6. 乙肝首针及时接种率≥85% 7. 安全接种率100%
传染病报告和处理	1. 传染病发现与登记 2. 传染病报告（网络或电话） 3. 患者处置 4. 协助开展流行病调查和随访 5. 密切接触者管理	按辖区人口数支付，____元/人	1. 传染病疫情报告率 2. 传染病疫情报告及时率

续 表

服务项目	服务内容	支付标准	考核指标
高血压患者健康管理	1. 筛查与登记 2. 建档与分级 3. 个体化随访与治疗 4. 转诊服务 5. 指导患者自我管理 6. 社区健康教育	按实际管理和服务人数支付，其中：筛查____元/人，随访____元/人	1. 高血压患者健康管理率≥80% 2. 转出率≥90% 3. 年度接受相关培训次数≥4次 4. 基本药物使用率≥90% 5. 高血压患者规范管理率≥90% 6. 管理人群血压控制率≥60% 7. 个体化随访计划制定率≥90% 8. 管理人群满意率≥70% 9. 高血压防治知识知晓率≥60%
2型糖尿病患者管理	1. 2型糖尿病筛查与登记 2. 建档与分类管理 3. 个体化随访与治疗 4. 转诊服务 5. 健康教育	按实际管理和服务人数支付，其中：筛查____元/人，随访____元/人	1. 糖尿病患者健康管理率≥80% 2. 转出率≥90% 3. 年度接受相关培训次数≥4次 4. 基本药物使用率≥90% 5. 糖尿病患者规范管理率≥80% 7. 管理人群血糖控制率≥60% 8. 管理人群满意率≥70% 9. 糖尿病防治知识知晓率≥60%

续 表

服务项目	服务内容	支付标准	考核指标
重性精神疾病患者管理	1. 协助乡镇卫生院开展重性精神疾病患者线索调查 2. 患者的登记、报告 3. 患者家庭成员护理指导 4. 协助开展重性精神疾病患者应急医疗处置 5. 定期随访患者，指导监护人督促患者按时按量服药，按时复诊 6. 精神性疾病防治健康教育	按实际管理人数支付，____元/人·年	1. 重性精神疾病患者管理率 2. 重性精神疾病患者规范管理率 3. 重性精神疾病患者显好率

按照上述标准测算，本协议执行期内预计总支付金额为____万元。

三、绩效考评

绩效考评结果是甲方向乙方支付劳务补助的主要依据。绩效考评办法由甲方根据县卫生局有关方案和要求制定。甲方必须按照客观、公正的原则对乙方进行考评，乙方应积极配合甲方完成各项绩效评价工作。甲方每季度至少组织对乙方进行一次绩效考核和评价。

四、支付与奖惩

1. 自本协议签订 30 日内，甲方按照协议金额的 30%，即____万元对乙方进行预付，供乙方组织开展各项活动使用。其余资金，根据甲方对乙方绩效考评结果，按照实际提供的服务数量和质量分两次支付，支付时间、比例分别为合同执行半年（30%）和一年（40%）后。

2. 有关服务项目的具体服务内容、流程、操作规程和绩效考评方案见相关附件。

3. 对服务任务完成较好，绩效考评得分占总分数 90%以上的，甲方将视情况年终给予一定奖励。对于绩效考评达不到规定要求的，除应得资金不予支付外，另处以1000~2000元罚款，终止下一年度服务资格。

五、协议有效期

本协议有效期自______年____月____日至________年____月____日止。

六、其他

1. 甲乙双方均应严格遵守职业道德，诚实守信地履行本协议所规定的各项内容，为辖区居民提供优质公共卫生服务。

2. 乙方应按照实施方案和服务项目技术规范，做好各自职责内的工作记录和档案管理，保留有关痕迹，并应确保真实性和完整性。

3. 本协议一式二份，甲乙双方各持一份，经双方负责人签字盖章后有效，未尽事宜由双方共同协商解决。

附件：

甲方：________乡（镇）卫生院

负责人（签名）：__________

签章：

20　年　月____日

乙方：__________村卫生室

负责人（签名）：__________

签章：

20　年　月____日

附件 4：

＊＊县促进基本公共卫生服务均等化实施方案（2011 年）

为认真贯彻落实《中共中央 国务院关于深化医药卫生体制改革的意见》、《国务院关于印发医药卫生体制改革近期重点实施方案（2009~2011 年）的通知》和《＊＊省人民政府关于深化医药卫生体制改革的实施意见》的精神，根据卫生部、财政部、国家人口计生委《关于促进基本公共卫生服务逐步均等化的意见》及＊＊省卫生厅、财政厅和人口和计划生育委员会《关于促进基本公共卫生服务逐步均等化的实施意见》的要求，制定 2011 年实施方案。

一、工作目标

通过实施基本公共卫生服务项目和重大公共卫生服务项目，对影响居民健康的主要卫生问题实施干预，减少主要健康危险因素，有效预防和控制主要传染病和慢性病，使城乡居民逐步享有均等化的公共卫生服务。

二、主要任务

（一）继续实施国家制定的基本公共卫生服务项目。

（二）继续实施 15 岁以下未免疫人群补种乙肝疫苗；农村妇女补服叶酸预防神经管缺陷；农村孕产妇住院分娩补助等三项重大公共卫生项目；实施农村妇女两癌普查项目。

（三）继续实施血吸虫病、结核病、艾滋病等重大疾病预防控制和国家免疫规划、农村改水改厕、贫困白内障患者复明手术等重大公共卫生项目。

三、工作内容

（一）基本公共卫生服务项目

1. 建立居民健康档案

（1）为辖区内 60 岁以上老人建立统一规范的健康档案。

①镇、村分别建立辖区内2011年60岁以上老人一览表。

②镇、村分别建立60岁以上老人健康档案登记簿或一览表。项目齐全，便于查找。

③60岁以上老人健康档案项目齐全，编号正确，内容完整，保管良好（保管在村社区卫生服务站）建档率85%。

（2）为高血压病人、孕产妇、0~36个月儿童建立健康档案，建档率>90%。

（3）开展60岁以上老人、孕产妇、35~59岁妇女、高血压和糖尿病病人规范化、信息化健康档案试点工作。

（4）健康档案及时更新并实施计算机动态管理。

①镇卫生所健康档案计算机管理率>90%。

②村医生每季度对60岁以上老人随访一次，内容包括血压值，本季度医疗机构就诊情况，高血压、糖尿病用药管理情况等，并进行健康指导，随访率>90%。

③60岁以上老人、高血压病人随访情况分别于3、6、9、12月底报镇卫生所进行计算机内容更新。

2. 健康教育

（1）设置健康教育栏，并及时更新。

①医院、镇卫生所、村健康教育栏，每月更新一次。内容包括：健康素养基本知识和技能、烟草危害、传染病、慢性非传染性疾病以及当时重点卫生服务项目，配合各种卫生节日开展妇女儿童保健、预防接种、血吸虫病、结核病、艾滋病防治等有关知识的宣传、咨询活动。

②健康教育栏更新后拍照存档。

（2）针对健康素养基本知识和技能，烟草控制以及辖区内重点健康问题，定期开展健康知识讲座等健康教育活动，普及健康知识。

①医院开展健康教育讲座每月一次，村卫生服务站每两月一次，讲座内容存档。

②健康教育资料入户每季度至少1次，入户率100%，登记齐全。

（3）开展健康村试点工作。

3. 预防接种

（1）为适龄儿童按规定全程接种一类疫苗，包括乙肝疫苗、卡介苗、脊灰疫苗、百白破疫苗、白破疫苗、麻疹疫苗、乙脑疫苗、麻腮风疫苗、流脑疫苗、甲肝疫苗等11种疫苗全程合格接种率≥90%。定期开展查漏补种工作。实行预防接种的计算机管理。

（2）在专业公共卫生机构的组织下，开展疫苗强化免疫接种和群体性接种工作，对重点人群进行针对性接种。强化免疫接种率和群体性接种率≥95%；对重点人群有针对性地进行疫苗接种。

（3）发现、报告预防接种中的疑似异常反应，并能协助专业机构完成现场调查和处理。

4. 传染病防治

（1）对辖区发现的传染病进行登记并及时报告，参与现场疫点处理。建立传染病报告和突发公共卫生事件报告制度；及时发现、登记并报告辖区内发现的传染病病例和疑似病例，法定报告传染病无漏报；能够协助专业机构开展疫点处理，排查密切接触者，留观随访，指导病家落实消毒预防等措施。

（2）开展血吸虫病、结核病、艾滋病、麻风病等传染病防治知识宣传和咨询服务。配合专业机构对辖区内的非住院结核病人、艾滋病病人、疟疾病人、麻风病人进行规范化治疗管理，做到送药到手、看服到口、做好治疗记录。辖区内的非住院结核病人、艾滋病病人、疟疾病人、麻风病人治疗管理率≥95%。

（3）协助专业公共卫生机构开展食品、饮用水安全与职业卫生监督。协助专业公共卫生机构对辖区内食品安全、生活饮用水安全、职业卫生及公共场所卫生进行监督；协助开展相关从业人员培训；收集并报告食品安全、生活饮用水安全等相关信息。

5. 儿童保健

（1）为辖区内0~36个月婴幼儿建立儿童保健手册，掌握辖区儿童数量及分布。

①乡镇医院、卫生所配备专职儿童保健人员，掌握辖区儿童数量及

分布。

②为辖区内 0~36 个月婴幼儿建立儿童保健手册，辖区内 0~36 个月儿童保健册建册率≥95%。

③儿童死亡和出生缺陷监测漏报告率≤5%。

（2）为辖区内新生儿开展新生儿访视。为辖区内新生儿开展新生儿访视 3 次，包括新生儿健康检查、指导母乳喂养、新生儿护理等；辖区内新生儿访视率≥95%。

（3）为辖区内 0~36 个月婴幼儿开展儿童系统管理，包括体弱儿筛查及专案管理工作。对辖区内 0~36 个月儿童进行系统管理，1 岁以内婴儿每年健康检查 4 次，第 2 年和第 3 年幼儿每年健康检查 2 次，包括生长发育监测及评价、辅食添加指导、心理行为发育咨询指导、出生缺陷的发现及转诊、婴幼儿常见疾病的防治、意外伤害预防等，对体弱儿、高危婴幼儿进行转诊及管理。0~36 个月儿童系统管理率≥95%，体弱儿专案管理率 100%。

6. 妇女保健

（1）为辖区内孕产妇建立保健手册，掌握孕产妇数量及分布。

①乡镇医院、卫生所配备专职妇女保健人员，掌握孕产妇数量及分布。镇、村分别建立孕产妇情况一览表。

②为辖区内孕产妇免费建立孕产妇保健手册建册率≥95%。

③对孕产妇死亡进行监测，监测漏报率≤5%。

（2）开展孕期系统保健管理。对每个孕产妇至少进行 5 次孕期指导，包括体格检查和产科检查（体重、血压、宫高、胎心、胎位等）、孕期心理、孕期营养等指导；早孕建卡率≥95%；高危孕产妇管理率 100%。

（3）加强剖宫产危害健康教育，严格剖宫产手术管理，提倡自然分娩，降低剖宫产率。

（4）开展产后访视，指导产后避孕工作。对辖区内产妇进行至少 3 次产后访视，了解产后恢复情况并对产后常见问题进行指导；平均产后访视率≥95%。开展计划生育技术指导和咨询，提供避孕节育措施的知情选择，避孕节育措施的知情选择率≥95%。

7. 老年人保健

每两年为一周期，为60岁以上老年人进行体格检查和健康指导。2011~2012年为一周期，为60岁以上老年人进行一次体格检查和健康指导，体检率≥90%。

8. 慢性病管理

(1) 高血压健康管理

①对35岁以上人群实行门诊首诊测血压。乡镇医院、村卫生服务站建立35岁以上人群门诊首诊测血压制度；35岁以上人群门诊首诊测血压的比例≥95%。

②为高血压患者建立健康管理档案，建档率≥90%。

③镇、村建立高血压患者登记簿，实行月报告制度。

④对高血压患者实行分级管理，1、2、3级高血压患者随访频次最少分别为每3个月、2个月、1个月，转诊、变换药物、血压波动观察期间至少每半个月随访一次。

⑤随访管理率>90%，规范率>70%。

⑥每半年对高血压患者进行合并症发生与发展监测。对高血压患者每年进行1次较全面的健康检查。

(2) 糖尿病健康管理

①建立糖尿病患者随访登记簿，每季度至少随访一次。

②随访管理率>90%，规范率>70%。

③每半年糖尿病患者进行合并症发生与发展监测。对2型糖尿病患者每年进行1次较全面的健康检查。

9. 重性精神疾病管理

(1) 对辖区重性精神疾病患者进行登记管理并建立档案，建档率>80%。

(2) 对属于"686"项目的重性精神病人每月至少随访一次。其他病人至少每季度随访一次，并进行康复指导。

（二）重大公共卫生服务项目

2011 年的重大公共卫生服务项目按照专项工作方案进行。

四、保障措施

（一）加强公共卫生服务体系建设

基本公共卫生服务项目主要通过社区卫生服务中心（站）、乡镇卫生所、乡镇医院、村社区卫生服务站等基层医疗卫生机构免费为全体居民提供。重大公共卫生服务项目主要通过专业公共卫生机构和相关医疗卫生机构组织实施。

进一步优化公共卫生资源配置，建立健全疾病预防控制、健康教育、妇幼保健、精神卫生、应急救治、采供血、卫生监督和计划生育等专业公共卫生服务网络，完善以基层医疗卫生服务网络为基础的医疗服务体系的公共卫生服务功能，强化医院依法承担重大疾病和突发公共卫生事件监测、报告、救治等公共卫生服务职责。加强专业公共卫生机构、城乡基层医疗卫生机构和医院之间的工作联系，强化专业公共卫生机构和医院对基层医疗卫生机构的业务指导，要加快建立分工明确、信息互通、资源共享、协调互动的公共卫生服务体系，提高公共卫生服务和突发公共卫生事件应急处置能力，促进城乡居民享有均等化的公共卫生服务。

（二）不断提高公共卫生服务能力

大力培养公共卫生专业技术人才，强化全科医师、社区护士和农村卫生人员的公共卫生知识和技能培训，提高公共卫生服务能力。加强专业公共卫生机构技术人员的继续教育，切实提高其理论水平以及重大疾病和突发公共卫生事件预测预警和处置能力，促进公共卫生服务管理水平和工作效率的提高。

各专业公共卫生服务机构要转变公共卫生服务模式，定期深入工作场所、学校、社区和家庭，开展卫生学监测评价，研究制定公共卫生防治策略，指导医疗卫生机构开展基本公共卫生服务。基层医疗卫生机构要深入家庭，全面掌握辖区居民主要健康问题，主动采取有效的健康干预措施，实行团队服务和责任医师制度，将公共卫生服务与基本医疗服务相结合，强化对居民的健康管理，有效控制主要健康危险因素的危害，提高居民健康水平。

（三）完善公共卫生经费保障机制

根据实现基本公共卫生服务逐步均等化的目标，完善政府对公共卫生的投入机制，逐年增加公共卫生投入。2011 年基本公共卫生服务经费人均 20 元，其中省补助 3 元，本县 17 元列入财政预算。重大公共卫生服务项目，财政给予专项补助。

对村级承担的基本公共卫生服务给予合理补助，补助金额原则上不低于基本公共卫生服务补助的 30%。社区卫生服务中心（站）、乡镇医院、乡镇卫生所承担的基本公共卫生服务，根据工作数量、质量考核情况给予补助。

（四）继续推行以乡镇为主体实施基本公共卫生服务工作试点

2011 年继续在等 3 个乡镇推行以乡镇为主体实施基本公共卫生服务工作试点工作，试点乡镇实施方案报市卫生局审核批准后实施。在总结经验的基础上，适时在全市推广。

（五）规范公共卫生服务项目管理

完善基本公共卫生服务项目管理规范。研究制定健康教育、预防接种、儿童保健、妇女保健、老年保健及主要传染病防治、慢性病管理等基本公共卫生服务项目规范，健全管理制度和工作流程，提高服务质量和管理水平。要以重点人群和基层医疗卫生机构服务对象为切入点，逐步建立规范统一的居民健康档案，积极推进健康档案电子化管理，加强公共卫生信息管理。

结合“卫十一项目”，推行“妇女保健”、“高血压健康管理”两个基本公共卫生服务包试点工作。

完善重大公共卫生服务项目管理制度。研究制定重大公共卫生服务项目实施方案，明确服务内容和各类医疗卫生机构在重大公共卫生服务项目中承担的职责，注重对实施效果的评价。加强组织领导，建立有效的工作机制，确保重大公共卫生服务项目顺利实施。

（六）明确由组织实施基本公共卫生服务项目职责

县级公共卫生机构是组织、实施、检查、指导基本公共卫生服务项目的职能机构。2011 年结合“卫十一项目”，有关重点工作由市卫生局直接组织、实施，其他业务工作由市级公共卫生机构承担，具体见服务清单。

（七）强化公共卫生服务绩效考核

建立健全基本公共卫生服务绩效考核制度，考核基层医疗卫生机构履行职责、提供公共卫生服务的数量和质量、社会满意度等情况，将考核结果与核拨经费、考核主要领导年度工作绩效挂钩，作为医务人员奖惩及核定绩效工资的依据。各乡镇卫生所每季度对辖区内村基本公共卫生服务项目进行考核，县卫生局每半年对乡镇完成基本公共卫生服务情况进行一次考核。市级公共卫生机构根据服务清单制定考核细则。

五、加强组织领导

（一）提高认识，加强领导

促进基本公共卫生服务逐步均等化关系人民群众的切身利益，关系千家万户的幸福安康。各乡镇政府要把促进基本公共卫生服务逐步均等化作为落实科学发展观的重要举措和关注民生、促进社会和谐的重要内容，纳入当地经济社会发展总体规划，纳入政府的年度考核目标，加强组织领导，保证基本公共卫生服务任务的落实，有效控制重大疾病和主要健康危险因素，增强全民健康素质。

（二）科学规划，加强管理

根据本县经济社会发展和人民群众健康需要，合理确定基本公共卫生服务项目和重大公共卫生服务项目。要做好调查研究，广泛听取意见，制定具体实施方案，认真组织落实，加快促进基本公共卫生服务逐步均等化，并在实施过程中不断总结经验，完善管理制度。

（三）加强宣传，督导落实

要采取多种形式，加强对促进基本公共卫生服务逐步均等化的宣传，提高群众的知晓率，接受社会监督。要建立督查机制，加强督查考核，各乡镇政府要定期对辖区内基本公共卫生服务项目开展情况进行督查，将促进基本公共卫生服务逐步均等化作为重大民生问题纳入政府任期考核目标，县卫生、财政部门每年组织对各乡镇进行督导检查和考核评价，逐步使城乡居民平等享有基本公共卫生服务，切实提高全市人民健康水平。

附件5：

＊＊县基层医疗卫生机构绩效考核实施办法

为了贯彻落实《＊＊县深化医药卫生体制改革实施方案（2009～2011年）》，充分调动基层医疗卫生人员的工作积极性，提高基层卫生服务质量和效率，增进基层卫生机构的活力，逐步形成可持续发展的运行机制，根据《＊＊省基层医疗卫生机构绩效考核办法》，结合我县实际，制定本实施办法。

一、考核内容

（一）乡镇卫生院考核内容

1．院内管理与建设

医疗事故月分析会、医务人员不良执业记录、疾病谱排序、抗生素使用量、自费药物使用比例、青霉素使用量占抗生素使用量的比例、业务人员到上级医院进修及下村指导情况、乡村卫生服务一体化管理开展情况、人事财务管理情况。

2．基本医疗服务

服务数量、服务质量、医疗费用、规范药房建设和药品零差率销售的执行情况、新型农村合作医疗实行情况。

3．公共卫生服务

国家基本和重大公共卫生服务项目实施情况、应急处理、卫生监督等项工作情况。

4．中医药服务

中医科室设置、中医适宜技术适用、使用地产中药治疗常见病和多发病、中医门诊人次占全院门诊人次的1/3、中药收入占药品总收入的1/3、中医药治疗总收入占业务总收入的1/3。

5．群众评价与监督。

（二）村卫生室考核内容

主要考核国家基本和重大公共卫生服务项目实施情况、参与公共卫生管理、药品使用、药房规范化建设、中医药服务和群众满意度等内容。

（三）社区卫生服务机构考核内容

1. 基本医疗服务

主要考核诊疗及护理一般常见病和多发病、体检数量、家庭出诊数量、家庭护理数量、家庭病床数量、医疗安全、疾病谱排序、抗生素使用量、自费药物使用比例、青霉素使用量占抗生素使用量的比例、医疗工作效率、诊疗费用、药品使用、规范药房建设、基本药物制度和药品零差率销售的执行情况、中医药服务和群众满意度等内容。

2. 公共卫生服务

主要考核公共卫生服务项目和覆盖人口、服务质量及群众满意度等内容。

3. 社区服务与管理

主要考核财务管理、人员和岗位设置、双向转诊等内容。

二、考核组织

县卫生局负责对乡镇卫生院和社区卫生服务中心的考核工作，成立由局长任组长，有关人员为成员的基层医疗卫生机构绩效考核领导小组，负责绩效考核工作的组织领导。乡镇卫生院（社区卫生服务中心）也要成立绩效考核领导小组和工作组，负责对村卫生室和卫生院人员的绩效考核工作。

卫生局基层医疗卫生机构绩效考核领导小组下设绩效考核办公室，成立绩效考核工作组，依据《＊＊县乡镇卫生院绩效考核主要指标及分值表》、《＊＊县社区卫生服务机构绩效考核主要指标及分值表》，对辖区内的乡镇卫生院、社区卫生服务机构进行考核。委托乡镇卫生院依据《＊＊县村卫生室绩效考核主要指标及分值表》对村卫生室进行考核，卫生局绩效考核办公室对其考核结果进行抽查复核。

县上成立由卫生、财政、人劳、监察等部门组成的基层医疗卫生机构绩效考核监督小组，负责对全县基层医疗卫生机构绩效考核工作的监督检查和复核。

三、考核方法和程序

（一）考核方法

1. 查阅资料

查阅基层医疗卫生机构的管理制度、统计报表、工作记录、健康档案、健康教育资料、慢性病管理、疫情报告、妇幼保健表卡、疫苗接种表卡、处方、病历等相关资料和医疗文书。

2. 财务考核

依据财务凭证、会计账务，对其日常收支、专项经费使用、资产管理等情况进行考核、评价。

3. 现场检查

查看基层医疗卫生机构的内部设置、医疗设备、服务流程、院落美化、卫生厕所、病房建设等就医环境。

4. 走访调查

随机走访不少于10户居民并进行问卷调查，了解群众满意度。

5. 召开座谈会

随机抽取不少于本院30%的职工和若干名患者召开座谈会征求意见。

（二）考核程序

县卫生局绩效考核办公室于每年6月中旬、12月中旬对基层医疗卫生机构进行2次集中考核，绩效考核监督小组同时开展监督检查，并复核不少于5%的机构，考核结果经监督小组成员同意后报市卫生局及相关部门，并接受省市级复核检查。

四、考核结果运用

（一）考核结果

考核实行百分制，基层医疗卫生机构考核结果分为四个等次：分值85分以上为优秀，70~84分为良好，60~69分为合格，60分以下为不合格。考核结果的优秀比例不超过25%。

（二）考核结果运用

1. 作为政府补助的依据

基层医疗卫生机构考核合格的，按照有关规定落实补助经费；不合格的，按照一定比例扣减补助经费。

2. 奖励先进，惩戒后进

考核不合格的基层医疗卫生机构扣减节余的政府补助和上级下达的奖补资金，应用于奖励考核合格且得分排名靠前的机构，并对机构及其负责人给予通报表扬；对得分靠后、不合格的基层医疗卫生机构通报批评，限期整改，连续两年考核不合格的，免去负责人职务。

3. 资金拨付

县财政局将基层医疗卫生机构的补助经费（包括人员工资和专项补助等）的70%按月拨付，预留30%，依据卫生局半年一次的考核结果和绩效考核资金拨付方案兑现剩余资金。

五、工作要求

转变基层医疗卫生机构运行机制，推行绩效管理是医药卫生体制改革的重要内容，实行以服务质量及岗位工作量为主的综合绩效考核和岗位绩效工资制度，对于促进有序竞争机制的形成，有效调动医务人员的积极性，提高医疗卫生运行效率、服务水平和质量，保证基本医疗和基本公共卫生服务落实具有十分重要的意义。各有关部门、单位一定要高度重视，加强组织领导，做好宣传动员，克服畏难情绪，制定详细具体、操作性较强的工作方案，完善分配激励机制，保证基层医疗卫生机构绩效考核有序有效开展。

对绩效考核工作要做到周密安排、精心组织，要抽调责任心强、熟悉业务的人员组成考核工作小组，要以高度负责的精神，严肃认真的态度，求真务实的作风，坚持原则、严明纪律，确保绩效考核工作公开、公正、公平、透明。

要加强监督，严肃考核纪律，严禁编造、篡改考核资料，严禁利用考核谋取个人利益，严肃查处弄虚作假行为，确保考核客观公正。对弄虚作假、截留、挪用、套取资金的单位和个人，一经发现，将予以通报，追缴经费，并依法追究责任。

本办法由县卫生局会同县财政局、县人劳局负责解释。

附件6：

基本公共卫生服务组织管理考核指标

考核指标	考核内容	考核评分标准	得分
政策保障（3分）	1. 政府或有关部门出台了促进基本公共卫生服务逐步均等化的相关文件 2. 成立基本公共卫生服务项目考核领导小组 3. 组建基本公共卫生服务项目考核专家库	每缺一项，扣1分。考核领导小组与专家库成员与现实情况不符合者分别扣0.5分	
资金保障（10分）	按照相关政策要求，落实地方配套经费，保障经费及时、足额拨付到位。加强对经费使用的规范管理，定期检查经费使用情况	未纳入财政预算，扣10分；未足额按要求配套落实，每差额10%，扣2分；有冲抵或挪作他用的，扣5分；未按要求及时拨付，每迟拨一个月，扣1分，扣完为止	
人力保障（4分）	1. 培养、引进公共卫生医师 2. 组织开展国家基本公共卫生服务相关的培训工作	1. 平均每个乡镇卫生院、社区卫生服务中心不少于3名专职公共卫生人员。少1名扣1分 2. 各级卫生行政部门每年至少要组织基本医疗卫生机构相关人员培训1次。未开展扣3分	
政策传达（3分）	印发适合基层医疗卫生机构开展的疾病预防控制、妇幼保健等基本公共卫生服务工作文件，并落实到基层医疗卫生机构	有文件得分	
建立预防保健科（4分）	组建预防保健科（公共卫生科）	未成立不得分，根据组建情况酌情扣分	
督导考核（3分）	1. 组织相关技术指导、督导检查工作 2. 组织开展考核工作。要有考核方案、考核细则、过程记录、评价报告等。将考核结果与经费拨付挂钩	未开展一项扣1分，扣完为止	
整改落实（2分）	建立督导考核反馈机制，对督导考核评价结果中的薄弱环节，以及在常规督导指导中的反馈意见，及时整改，保障措施落实，并将整改结果报送上级部门	认真整改落实，得2分。未完全落实，按每项扣0.5分	

附件 7：

基本公共卫生服务数量考核指标

服务类别	服务项目	考核项目	考核标准	标化工作量测算	工作量
居民健康档案管理	居民健康档案管理	1. 居民健康档案规范建档 2. 录入并实现计算机动态管理档案	1. 体检 1 份规范健康档案，给予 6 个标化工作量（抽查 20 份健康档案） 2. 录入并实现计算机动态管理档案 1 份，给予 2 个标化工作量	1. 规范体检份数____×6 个标化工作量 2. 录入并实现计算机管理的档案份数____×2 个标化工作量	
健康教育与健康促进	健康教育与健康促进	1. 每年发放健康教育资料 6 种 2. 每双月播放音像资料 1 次 3. 每月办 1 次健康教育宣传栏 4. 每双月开展 1 次公众健康咨询活动 5. 每双月举办 1 次健康知识讲座	每发放 1 种，给予 12 标化工作量 每播放 1 次，给予 12 标化工作量 每办 1 次，给予 12 标化工作量 每开展 1 次，给予 12 标化工作量 每举办 1 次，给予 2 标化工作量（查记录及参加人员签名、课程安排）	1. 健康教育资料__种数×12 个 2. 播放音像资料次数__×12 个 3. 宣传栏次数____×12 个 4. 开展公众健康咨询活动次数____×12 个 5. 举办健康知识讲座次数__×12 个	

续　表

服务类别	服务项目	考核项目	考核标准	标化工作量测算	工作量
预防接种	实施预防接种	依据免疫程序对0~6岁儿童按操作规程接种疫苗	每接种1针次疫苗给予1个标化工作量	接种疫苗针次数____×1个标化工作量	
	基本公共卫生服务信息	1. 每双月开展1次督导，需4天 2. 双月召开例会 3. 参加县级例会或培训12次/年 4. 接种信息收集上报12次/年 5. 预防接种信息实现微机化	1. 基本公共卫生服务督导、例会、信息收集上报。1个工作日按12个标化工作量计算 2. 每录入1名儿童信息，给予2个标化工作量（查以上活动开展的记录等）	1. 检查督导次数__×　天×12个 2. 召开例会次数__×1天×12个 3. 参加例会或培训次数__×12个 4. 上报报表次数____×1天×12个 5. 录入人次数______×2个	
	常规接种率和疾病监测	1. 年内对所辖村进行基础免疫接种率调查，并撰写调查报告 2. 进行AFP、麻疹、新生儿破伤风监测	1. 接种率调查1次/年，历时2天，1个工作日给予12个标化工作量 2. 疾病监测上报1次按1个工作日对待，给予12个标化工作量	1. 有基础免疫接种率调查资料及报告给予24个标化工作量______个 2. 针对疾病监测上报次数____×1天×12个	
	接种异常反应报告与处理	开展预防接种异常反应监测	每发生报告一次计1个工日，给予12个标化工作量	异常反应报告次数______×12个	

续　表

服务类别	服务项目	考核项目	考核标准	标化工作量测算	工作量
传染病防治	传染病报告管理	1. 传染病网络直报 2. 发现并报告聚集性病例 3. 发现并报告突发公共卫生事件	网上直报每例给予 1 标化工作量	开展传染病网络直报工作______例×1 个	
	传染病疫情控制	开展传染病疫情调查处理及报告	每处理报告 1 次计 1 个工作日，给予 12 个标化工作量	处理报告次数____×12 个	
	突发公共卫生事件报告	依据《突发公共卫生事件应急条例》开展调查处理及报告	每处理报告 1 次计 1 个工作日，给予 12 个标化工作量	处理报告次数____×12 个	
	结核病预防控制	1. 开展结核病人转诊追踪信息上报等工作 2. 对结核病患者进行督导管理	每督导 1 次结核病患者，给予 12 个标化工作量（查登记本、记录）	督导次数____×12 个×例数	

续 表

服务类别	服务项目	考核项目	考核标准	标化工作量测算	工作量
慢性病管理	高血压管理	1. 组织指导辖区村卫生室开展高血压筛查、管理工作 2. 对高血压病例进行三级随访管理 3. 实行信息化动态管理的档案	1. 每统计上报高血压、糖尿病相关信息，给予 12 个标化工作量 2. 随访 1 次，给予 0.8 个标化工作量	1. 统计上报信息次数__×12 个 2. 随访次数__×0.8 个	
	糖尿病管理	1. 组织开展糖尿病筛查管理工作 2. 对糖尿病病例管理（建档案并进行免费检测 4 次血糖）	1. 随访 1 次，给予 0.8 个标化工作量 2. 每测 1 次血糖，给予 2 个标化工作量	1. 随访次数__×0.8 个 2. 免费检测血糖次数____×2 个	
	死因监测及死亡病例报告	开展死因监测及报告的督导、考核、《死亡医学证明书》出具、反馈等工作，死亡卡网络直报	每完成 1 例《死亡医学证明书》填写、网络录入上报，给予 3 个标化工作量	填写、网络录入上报例数____×3 个	
	社区诊断	组织开展社区诊断调查，完成诊断报告或进行动态更新	组织开展社区诊断调查，每完成一份诊断报告或进行动态更新，给予 100 个标化工作量	完成并有调查资料、调查报告	
重性精神疾病管理		开展重性精神病人的登记、报告、建档及随访等管理工作	每进行 1 名重性精神病人的登记、报告、建档及定期随访等管理工作	重性精神病随访次数____×0.8 个	

续 表

服务类别	服务项目	考核项目	考核标准	标化工作量测算	工作量
孕产妇保健	产前检查及住院分娩	1. 发现早孕孕妇，及时建卡并进行孕早期检查、随访 2. 开展孕早期个人卫生、心理和营养保健指导 3. 完成孕中期、晚期 4 次产前检查 4. 开展孕中、晚期自我监护方法指导、分娩准备教育和母乳喂养指导，并动员到有助产资质的医疗保健机构继续进行产检和住院分娩 5. 组织动员并实施住院分娩等工作	1. 每完成 1 份早孕建卡、检查及随访，给予 3 个标化工作量 2. 每完成 1 次孕妇产前检查，给予 2 个标化工作量 3. 每开展 1 次孕早、中、晚期指导，给予 1 个标化工作量 4. 开展住院分娩，每例给予 10 个标化工作量	1. 完成早孕建卡数__×3 个 2. 完成产前检查人次数____×2 个 3. 完成孕期保健指导人数次数____×1 个 4. 住院分娩例数__×10 个	
	高危妊娠管理	1. 开展高危孕妇筛查并登记、评分、孕期管理 2. 对具有妊娠危险因素和可能有妊娠禁忌证及严重并发症的重症高危孕妇，及时转诊到上级医疗保健机构	1. 完成辖区高危孕产妇综合管理工作，全年给予 100 个标化工作量 2. 每完成 1 名高危孕妇筛查并随访、评分，给予 6 个标化工作量 3. 每转诊 1 例高危孕妇给予 2 个标化工作量	1. 完成辖区高危孕产妇综合管理得____个 2. 完成高危孕妇筛查、访视、评分例数____×6 个 3. 转诊高危孕妇例数__×2 个	
	妇幼信息监测	1. 每双月开展 1 次督导，需 4 天 2. 双月召开例会 3. 参加县级例会或培训 12 次/年 4. 信息收集上报 12 次/年 5. 孕产妇、0～36 月龄儿童及 65 岁以上老年人等重点管理人群信息实现微机化	1. 每召开 1 次例会，给予 12 个标化工作量 2. 妇幼工作检查督导、例会、信息收集上报 1 个工作日，按 12 个标化工作量计算 3. 孕产妇、0～36 月龄儿童等每录入 1 名信息，给予 2 个标化工作量	1. 检查督导次数__× 天×12 个 2. 召开例会次数__×1 天×12 个 3. 参加例会或培训次数__×12 个 4. 上报次数______×1 天×12 个 5. 录入人次数______×2 个	

续 表

服务类别	服务项目	考核项目	考核标准	标化工作量测算	工作量
儿童保健	新生儿访视	1. 开展住院分娩 2. 开展新生儿访视及健康指导	1. 全年给予100个标化服务量 2. 每完成1次新生儿访视，给予2个标化工作量 3 每完成1例健康指导，给予1个标化工作量 4. 有村级新生儿访视汇总登记花名册，给予10个标化工作量	1. 新生儿随访次数__×2个 2. 健康指导人次数__×1个	
	0~36月儿童保健管理	1. 开展儿童保健综合管理工作 2. 指导村保健员完成0~36个月儿健康体检（4-2-2） 3. 指导完成0~36个月体弱儿童管理	1. 全年给予100个标化工作量 2. 每完成0~36个月儿童健康体检1次，给予2个标化工作量（在居民健康信息档案中核计） 3. 完整管理体弱儿童1人次，给予1个标化工作量	1. 开展儿童保健综合管理得____个 2. 0~36个月儿童健康体检次数____×2个 3. 完整管理体弱儿童人次数____×1个	
老年人保健	老年人保健	1. 组织开展老年保健工作 2. 为老年人开展周期性体检、随访及健康指导等管理工作	1. 全年给予100个标化工作量 2. 周期性体检给予4个标化工作量 3. 专门随访，每次给予1个标化工作量	1. 组织开展老年保健工作得_个 2. 周期性体检例数__×4个 3. 专门随访次数____×1个	

附件 8：

基本公共卫生服务质量考核指标

类别	项目	项目内容	分值	得分	扣分标准	考核办法
基本公共卫生信息（6分）	基本公共卫生信息	1. 基本公共卫生年度工作计划、总结 2. 例会：每月召开乡级例会、参加县级例会 3. 督导：每 2 月对辖区每村进行督导 4. 培训：完成培训计划（详细记录每次活动内容）	1 2 2 1		每缺一项资料或次数扣 0.1 分	1. 查看年度计划、总结 2. 例会、培训查看培训通知、花名、课件、小结等 3. 督导：查看村级督导记录及督导情况反馈，计算完成次数
居民健康档案管理（10分）	居民健康档案管理	1. 居民健康档案建档率≥50% 2. 慢性病、残疾人、老年人等重点人群建档率≥95% 3. 健康档案动态管理率≥90%	4 3 3		每降低 3 个百分点扣 0.2 分	1. 建档率＝体检人数/应建档重点人数×100% 2. 抽查 20 份档案，查阅项目写完整、年随访 2 次以上为本年度动态管理档案，动态管理率＝动态管理份分数/20×100%
健康教育与健康促进（6分）	健康教育与健康促进	1. 健康 66 条核心知识知晓率 60% 2. 健康行为形成率 40%	3 3		每降低 3 个百分点扣 0.2 分	1. 查各种工作原始记录和登记 2. 抽查辖区居民 10 人，健康素养知识问卷调查，评价知晓率、行为形成率

续 表

类别	项目	项目内容	分值	得分	扣分标准	考核办法
预防接种（12分）	实施预防接种（3分）	1. 辖区儿童建卡、建证率100%	1		每降低3个百分点扣0.2分	1. 查看免疫规划管理档案及新生儿数，再与全年建证、卡登记册核对，计算建证、卡率
		2. 常规接种报告及时率100%；完整率100%	1			2. 按报表上报次数、及时次数、准确次数计算上报、及时、准确率进行评分
		3. 准确率≥95%	1			
	预防接种信息（5分）	1. 证、卡符合率≥95%	1		每降3个百分点扣0.2分	1. 抽查7张接种卡与证接种信息比较，计算证、卡符合率
		2. 证、卡、册填写完整性、准确率95%以上	1			2. 现场任意抽查10张卡，查看填写情况，计算完整性、准确率
		3. 接种证查验资料齐全、准确	1		每缺一项资料或次数扣0.1	3. 查看辖区接种证查验原始记录及汇总资料
		4. 上报有关人口资料，疫苗计划、出入库领发登记清楚，账苗相符	1			4. 查看辖区相关人口资料、疫苗账物、温度记、领发记录
	疾病监测报告（3分）	1. 基础免疫全程合格接种率≥95%	1		每降低3个百分点扣0.2分	1. 抽查14名适龄儿童计算基础免疫覆盖率
		2. 乙肝疫苗首针24小时内及时接种率≥90%	1			2. 同上计算及时率及接种率
		3. 疫苗针对疾病监测报告及时率、完整率100%；准确率≥95%，疫苗针对疾病控制在国家指标内	1			3. 根据报表存根、报告时限、填写项目等计算相应率，超过国定指标不得分
	接种异常反应报告与处理（1分）	疑似预防接种异常反应报告率100%，及时率100%，正确处理率100%	1		每降低3个百分点扣0.2分	查看报告记录及监测登记，根据报告时限等计算相应率，无监测及报告记录不得分

续　表

类别	项目	项目内容	分值	得分	扣分标准	考核办法
传染病防治（13分）	传染病报告与管理（4分）	1. 报告卡片填写完整率100%、准确率100% 2. 聚集性病例报告率为100% 3. 传染病病例报告率为≥97% 4. 报告卡网络报告及时率为100%	1 1 1 1		每降3个百分点扣0.2分	1. 抽查10张卡片，项目完整、清楚、合乎逻辑认可填写准确、完整，如果字迹不清、明显逻辑错误或与门诊登记不符，不认可 2. 查阅聚集性病例报告登记册，报告登记项目齐全，根据报告时限计算及时率 3. 查门诊登记与传染病登记核对，计算及时率 4. 抽查卡片是否依据《传染病防治法》及时上报
	传染病疫情控制（2分）	重大传染病疫情或暴发疫情及时报告率100%	2		每降低3个百分点扣0.2分	查阅重大传染病疫情或暴发疫情登记册，核对发生时间、地点、波及范围、病种、报告时间、方式、报告单位、报告人、报告方式等计算及时率
	突发公共卫生事件报告（2分）	可疑突发公共卫生事件及时报告率100%	2		每降3个百分点扣0.2分	查看登记本，无登记，不得分，根据报告时限计算及时率
	结核病预防控制（5分）	1. 肺结核患者丢失率≤1%；肺结核患者规范治疗率≥98% 2. 对发现的肺结核病人或疑似肺结核病人，报告率和转诊率为100% 3. 按上级业务单位要求开展肺结核或疑似肺结核病人追踪工作，追踪率为100% 4. 在病人治疗管理的全程中访视不得少于4次，对结核病人的督导访视率达95%，对村结核病管理工作每2月进行一次督导检查，督导覆盖率100%	1 1 1 1		每降低3个百分点扣0.2分	1. 访视病人，查看督导记录，了解病人治疗管理情况，计算规范治疗率 2. 查看门诊登记与疑似病人报告及转诊记录计算报告率及转诊率 3. 查看追踪登记与县级反馈记录核对计算追踪率 4. 查看督导记录，计算督导次数及访视率、督导覆盖率

续 表

类别	项目	项目内容	分值	得分	扣分标准	考核办法
慢性病管理（15分）	高血压管理（4分）	1. 高血压病人管理率50% 2. 随访率80% 3. 管理病例血压控制率≥30% 4. 报表上报率、及时率和准确率均为100%	1 1 1 1		每降低3个百分点扣0.2分	1. 估算辖区高血压病人数，与管理的高血压病人数计算建管理率 2. 抽查20份高血压病人档案随访表计算随访率和血压控制率及随访表填写完整率，查看报表计算相应率
	糖尿病管理（4分）	1. 糖尿病建档管理率≥50% 2. 糖尿病病例随访率≥80% 3. 管理病例血糖控制率≥30% 4. 报表上报率、及时率和准确率均为100%	1 1 1 1		每降低3个百分点扣0.2分	1. 估算辖区糖尿病人数，与管理的糖尿人数计算管理率 2. 抽查20份糖尿病人档案随访表计算随访和血糖控制率 3. 查看报表计算相应率
	死因监测及死亡病例报告（4分）	1. 发现的死亡病例达辖区人口的6‰，报告率95% 2. 死亡病例网络直报及时率100% 3. 死亡卡项目填写完整率达95%以上	2 1 1		每降低3个百分点扣0.2分	1. 死亡实报告数与应报数计算报告率 2. 核对网上直报数与报告数、报告时限计算及时率 3. 抽查10张死亡卡片，根据项目填写计算完整率
	社区诊断（3分）	根据社区完成及时性、报告内容的完整性进行打分	3			对报告完成及时性、内容完整情况、报告数据动态更新情况进行质量打分，90分以得3分，80~90分扣0.5分，60~79分扣1分，59分以下不得分
重性精神疾病管理（2分）	重性精神疾病管理	1. 精神疾病档案管理率达到90%以上 2. 摸底调查表填写完整、规范率98%以上	1 1			1. 估算辖区精神病人数，与管理的病人数计算管理率 2. 抽查10份病人档案完整、规范率

续 表

类别	项目	项目内容	分值	得分	扣分标准	考核办法
儿童保健（10分）	0~36月儿童保健管理	1. 0~36月龄儿童系统管理率90%以上 2. 体弱儿专案管理率达80%以上 3. 4-2-2体检表内容完整率、准确率达100% 4. 有完整准确的死亡报告卡、并有死因分析 5. 0~36月龄健康档案儿童电子版管理率达50% 6. 健康指导及时率，记录完整准确率达100%	1 2 3 2 1 1		每降3个百分点扣2分	掌握活产数、0~36月儿童数、体弱儿数、婴儿死亡数，计算建卡率、管理率 查阅儿童管理各类登记及资料，4-2-2体检表格填写是否完整、准确 体弱儿随访、营养指导记录是否具体、完整
孕产妇保健	产前检查（25分）	1. 孕产妇系统管理率达90% 2. 孕产妇早孕建卡率达100% 3. 母子保健手册填写及时、完整率、准确率为95% 4. 产前检查记录完整准确率100% 5. 孕产妇健康档案电子版管理率达50%	5 5 5 5 5		每降低3个百分点扣2分	1. 查看产前检查等各种登记，掌握产妇数、早孕建卡人数、产前检查5次及以上孕产妇数、查阅产前检查记录 2. 抽查2~3名孕产妇，查阅母子保健手册内容填写是否完整、准确 3. 查阅产检检查随访表格填写是否完整、准确
	高危妊娠管理（10分）	1. 建档率100%，填写正确 2. 高危住院分娩率100% 3. 检查登记率>95%，高危评分准确率>90% 4. 高危产妇随访管理率100% 5. 发现重症高危孕妇及时转诊率100%	2 1 4 2 1		每降3个百分点扣2分	1. 掌握高危孕产妇数、高危孕产妇管理人数 2. 查阅高危筛查登记本、高危评分登记表、高危随访记录，计算相应率 3. 有无转诊登记，登记是否齐全

续 表

类别	项目	项目内容	分值	得分	扣分标准	考核办法
	产科建设情况（10分）	1. 乡卫生院开展住院分娩业务，各类登记齐全	3		每降3个百分点扣2分	1. 现场查看乡卫生院产房，包括产房设置、设备及药品等 2. 查阅各种住院分娩、消毒等各类登记及产科病历等资料 3. 本院住院分娩新生儿访视表格填写是否完整、准确
		2. 全乡住院分娩率达98%	2			
		3. 产房设备、药品齐全及运行良好，产科病历书写完整、准确、及时率达100%	3			
		4. 本院住院分娩新生儿访视率100%	2			
	妇幼信息监测（15分）	1. 按时上报各类出生、死亡、孕儿管等月报表，做到妇幼信息收集完整、及时率100%，数据准确率100%	8		每降3个百分点扣2分	1. 查阅各类报表、卡册，填写是否正确，完整、规范，数据真实性 2. 计划、总结、例会、督导、培训按计划完成，记录完整，缺一项扣0.1分 3. 各类报表整理归档完整，资料凌乱扣0.2分
		2. 工作计划、总结、例会、督导、培训按计划完成，记录完整	7			
老年人保健（10分）	老年人保健	1. 老年人管理率100%	2		每降3个百分点扣2分	1. 掌握全乡65岁及以上老年人数，管理数 2. 抽查20份电子档案录入情况，核实管理率 3. 查看老年健康咨询指导记录是否完整、具体、真实 4. 随访2～3名老年人，掌握健康体检等服务情况
		2. 老年人周期性体检表完整率100%	3			
		3. 随访记录完整真实，内容贴切	2			
		4. 电子版健康档案管理率为50%	3			

第四篇　公共卫生系统评分指标的开发和应用

编写人：赵根明　赵　琦　于　淼

公共卫生系统评分是卫十一项目第三领域的重要评价指标。为了指导各项目县开展项目实施期间的评分工作，卫生部项目监管中心组织中央项目专家构建了公共卫生系统的评价指标，开展了相应的培训，并对各项目县2008~2010年度的公共卫生系统指标进行了整理和分析工作。本文从公共卫生系统的评价指标的构建、组成和使用，以及2008~2010年的应用结果等方面进行介绍。

一、指标体系的构建

2000年，世界卫生组织在当年的世界卫生报告中首次将绩效评价引入卫生系统，提出了人群总的健康水平、不同人群的健康水平、卫生系统总的反应性、不同人群中卫生系统的反应性情况、不同人群医疗卫生费用的分担情况等5个指标来衡量卫生系统的绩效，并用该方法对各成员国卫生系统的绩效进行了评价。

基本公共卫生服务均等化是国家医改的重点内容，也是卫十一项目第三领域的主要工作。对项目地区公共卫生系统进行评价，发现存在的主要问题，进而改善公共卫生系统的绩效是项目地区，乃至全国公共卫生系统建设面临的问题。由于公共卫生系统所涉及的部门及服务的内容比较复杂，要评价公共卫生系统的绩效，需要构建由多个指标构成的、结构合理的、分布均衡的指标体系。

国内对公共卫生系统绩效评价指标体系的研究还比较薄弱，尚无统一的评价指标和工具。为此，卫生部项目监管中心组织专家，采用流行病学、社会学等相关学科的理论与研究方法，在总结美国、世界卫生组织等采用的评价工具基础上，结合我国公共卫生的基本职能和国家基本公共卫生服务规范，运用德尔菲法等评价方法，围绕“构建指标-验证指标-修订指标-验证指标”的循环模式，在国际专家美国 Johns Hopkins 公共卫生学院 Leiyu SHI 教授的帮助下，构建了项目地区公共卫生系统的评价指标，并在河南、山西和黑龙江等省的部分项目县进行了现场测试，予以完善。

二、指标体系组成和使用方法

本项目所构建的公共卫生系统评分指标包括投入和产出两个维度（一级指标）、15个二级指标和37个三级指标（评价指标），表1和表2分别列举了各评价指标的名称、计算方法、数据来源部门、资料收集的方法以及各指标的解释。评价值以百分制表示（满分为100分），其中投入指标35分，产出指标65分。根据2008年40个项目县上报的各指标的统计学分布来确定各指标的评分标准，评价指标和评分标准在卫生十一项目实施期间保持不变。在37个评价指标中，除指标28“居民基本卫生防病知识”和指标29“中小学生吸烟率”需开展专题调查外，其他35个指标均可通过各项目县相关的报表资料获得。

参与指标收集的部门包括县卫生局、县疾病预防控制中心、县卫生监督所和县妇幼保健院等医疗机构，评价实施的方式以县级单位自评为主。

三、指标应用及结果分析

（一）各指标结果

1. 投入指标

（1）人力资源：从8个项目省的平均水平来看，2008~2010年，每千人公共卫生人员数分别为0.67人、0.55人和0.73人；县级公共卫生机构人员中具有医学背景学历者分别占83%、83%和86%，3年间基本稳定；每千农业人口乡镇防保人员分别为0.16人、0.30人和0.50人，显著提高；执业（助理）医师占在乡（镇）、村两级提供服务的医生总数的比例分别为32%、35.7%和39.2%，逐年有所提高。

（2）经费：各地人均公共卫生投入显著增加。2008、2009年和2010年分别为18.92元、22.22元和28.83元；公共卫生业务经费占县级公共卫生总经费的比例也逐年上升，分别为45.96%、47.65%和63.10%。

（3）设备：本指标以县级疾病预防控制中心必备设备达标率为代表。2008~2010年间，该指标分别为69.89%、75.54%和73.36%。

表 1 ________省________县公共卫生系统评价指标（________年）

一级指标	二级指标	三级指标 序号	三级指标 指标名称	数据	评价结果
投入	人力资源	1	千人口公共卫生人员数	M：公共卫生人员数：________ D：辖区常住人口数：________	M÷D×1000‰：________‰
		2	具有医学背景学历者占县级公共卫生人员的比例	M：县级具有医学背景学历人数：________ D：县级公共卫生人员总数：________	M÷D×100%：________%
		3	每千农业人口中乡镇防保人员数	M：乡镇防保人员数：________ D：辖区农业人口数：________	M÷D×1000‰：________‰
		4	执业（助理）医师占在乡（镇）、村两级提供服务的医生总数的比例	M：乡（镇）、村两级执业（助理）医师人数：________ D：乡（镇）、村两级提供服务的医生总数：________	M÷D×100%：________%
	经费	5	人均公共卫生投入	M：年内基本公共卫生服务经费：________ D：辖区常住人口总数：________	M÷D：________元
		6	公共卫生业务经费占县级公共卫生总经费的比例	M：公共卫生业务经费：________ D：县级公共卫生总经费：________	M÷D×100%：________%
	仪器设备	7	县级公共卫生机构（疾病预防控制中心）必备设备达标率	M：已达到国家标准的设备种类数：________ D：同期国家要求标准 A 类设备总数：________	M÷D×100%：________%
	政策与制度	8	制定并实施了县级公共卫生发展规划和配套方案	●制定适合当地情况的公共卫生发展规划和配套方案 ●实施了公共卫生发展规划	●制定 □是 □否 ●实施 □是 □否

续 表

一级指标	二级指标	三级指标		数据	评价结果
		序号	指标名称		
投入	政策与制度	9	制订县级突发公共卫生事件应急预案及应急处置技术方案	●制定有适合当地情况的应急预案 ●制定有相应的应急处置技术方案	●应急预案 □是 □否 ●技术方案 □是 □否
		10	在职公卫人员和乡镇防保人员年内参加各级技能培训率	M：全年度参加各级各类专业技术培训的公共卫生人员数：______ D：辖区公共卫生服务人员总数：______	M÷D×100%：______%
		11	建立了公共卫生机构的绩效考核制度	●制定公共卫生机构绩效考核制度 ●实施公共卫生绩效考核制度	●制定 □是 □否 ●实施 □是 □否
		12	制订了针对弱势人群获得公共卫生服务的政策和措施	●制定改善弱势人群状况的政策和措施 ●制定提高公平性的措施 ●落实弱势人群获得公共卫生服务的政策和措施	●改善措施 □是 □否 ●提高公平性措施□是 □否 ●实施与落实 □是 □否
产出	居民健康状况	13	定期分析并掌握区域内主要公共卫生问题	●定期分析 ●掌握主要公共卫生问题 ●了解影响主要公共卫生问题的危险因素 ●采取了相应的控制措施	●资料分析 □是 □否 ●掌握问题 □是 □否 ●了解危险因素 □是 □否 ●采取干预措施 □是 □否
	实验检测	14	实际开展的病原学等检测项目占需要开展项目的比例	M：实际开展的病原学检测项目：______ D：需要开展的病原学检测数目：______	M÷D×100%：______%

续 表

一级指标	二级指标	三级指标 序号	三级指标 指标名称	数 据	评价结果
产出	疾病预防和控制	15	乡镇医疗机构传染病、死因网络直报覆盖情况	M_1：实行传染病网络直报的乡镇医疗机构数：______ M_2：实行死因网络直报的乡镇医疗机构数：______ D：全县乡镇医疗机构总数：______	传染病网络直报覆盖率（$M_1 \div D \times 100\%$）______ 死因网络直报覆盖率（$M_2 \div D \times 100\%$）______
		16	甲乙类法定传染病报告发病率	M_1：甲、乙类传染病报告数：______ M_2：甲、乙类传染病漏报数：______ M_3：甲、乙类传染病发病总数：______ D：辖区人口数：______	报告发病率（$M_1 \div D$）：______/10 万 漏报率（$M_2 \div M_3 \times 100\%$）：______% 瞒报： □有 □无
		17	开展专病种（结核病、艾滋病、当地主要地方病等）管理	●制定管理方案 ●掌握发病情况 ●了解危险因素 ●采取预防措施 ●发现病例及时报告（需上报） ●及时治疗	●制定管理方案 □是 □否 ●掌握发病情况 □是 □否 ●了解主要危险因素 □是 □否 ●采取预防措施 □是 □否 ●及时报告 □是 □否 ●及时治疗 □是 □否

续 表

一级指标	二级指标	三级指标		数据	评价结果
		序号	指标名称		
产出	疾病预防和控制	18	主要慢性病（高血压、糖尿病等）的规范管理率	M_1：接受规范管理的高血压病病人数：______ D_1：辖区内登记的高血压病总人数：______ M_2：接受规范管理的糖尿病病人数：______ D_2：辖区内登记的糖尿病病人总人数：______	高血压管理率（$M_1 \div D_1 \times 100\%$）：______% 糖尿病管理率（$M_2 \div D_2 \times 100\%$）：______%
		19	国家免疫规划疫苗全程接种率	M：完成全程合格接种人数：______ D：实际应接种人数：______	$M \div D \times 100\%$：______%
		20	规划免疫相关传染病报告发病率	M：规划免疫相关传染病报告发病数：______ D：辖区人口数：______	$M \div D$：______/10万
	突发公共事件应对	21	突发公共卫生事件应急处理能力	●报告及时率 ●现场流调人员比例 ●实验室快速检测设备 ●开展事后评估	●报告及时率：______% ●现场流调人数/工作人员总数：______% ●实验室快速检测设备 □有 □无 ●开展事后评估 □是 □否

续 表

一级指标	二级指标	三级指标		数据	评价结果
		序号	指标名称		
产出	职业安全	22	职业从业人员健康监护体检率	岗前： M_1：健康监测体检总人数：______ D_1：同期应参加健康监护体检人数：______ 在岗： M_2：健康监测体检总人数：______ D_2：同期应参加健康监护体检人数：______ 离岗： M_3：健康监测体检总人数：______ D_3：同期应参加健康监护体检人数：______	岗前（$M_1 \div D_1 \times 100\%$）： ______% 在岗期间（$M_2 \div D_2 \times 100\%$）： ______% 离岗（$M_3 \div D_3 \times 100\%$）： ______%
	食品安全	23	食品从业人员持证上岗率	M：年内发放健康证数量：______ D：辖区内同期食品行业从业人员总数：______	$M \div D \times 100\%$：______%
		24	食品安全事故发生及处理情况	食品安全事故发生例（起）数 及时控制	食品安全事故发生：______起 累计波及人数：______ 及时有效控制：______起

续 表

一级指标	二级指标	三级指标 序号	三级指标 指标名称	数 据	评价结果
产出	妇幼卫生	25	7岁以下儿童系统管理率（男、女）	0~3岁儿童系统管理率（男、女分别计算）： M_1：辖区3岁以下儿童接受系统管理人数：______ D_1：同期辖区0~3岁儿童总人数：______ 3~7岁儿童保健覆盖率（男、女分别计算）： M_2：辖区3~7岁儿童当年接受1次及以上儿童保健服务的人数：______ D_2：辖区3~7岁儿童总人数：______	0~3岁系统管理率（$M_1 \div D_1 \times 100\%$）：____% 3~7岁保健覆盖率（$M_2 \div D_2 \times 100\%$）：____%
		26	孕产妇保健系统管理率	常住人口：孕产妇保健系统管理率 M_1：孕产妇保健系统管理人数：______ D_1：同期活产数：______ 流动人口：孕产妇保健覆盖率 M_2：孕产妇保健覆盖人数：______ D_2：同期活产数：______	常住人口（$M_1 \div D_1 \times 100\%$）：______% 流动人口（$M_2 \div D_2 \times 100\%$）：______%
	健康教育与健康促进	27	居民健康档案建档率	M：居民健康档案累计建档人数：______ D：同期辖区常住居民数：______	M÷D×100%：______%
		28	居民基本卫生防病知识（艾滋病、结核病、高血压、糖尿病、妇女病等）知晓率（男、女）	M：问卷中居民正确回答题目数：______ D：问卷中的总题数：______	M÷D×100%；______%

续 表

一级指标	二级指标	三级指标 序号	三级指标 指标名称	数 据	评价结果
产出	健康教育与健康促进	29	中小学生吸烟率（男、女）	男： M_1：吸烟的男性中、小学生人数：________ D_1：调查的男性中、小学生总人数：________ 女： M_2：吸烟的女性中、小学生人数：________ D_2：调查的女性中、小学生总人数：________	男学生吸烟率（$M_1 \div D_1 \times 100\%$）：________% 女学生吸烟率（$M_2 \div D_2 \times 100\%$）：________% 合计吸烟率：________%
	卫生监督	30	传染病防治法监督	M：贯彻执行传染病防治法的单位数：________ D：辖区内卫生单位总数：________	$M \div D \times 100\%$：________%
		31	公共场所内环境监督	M：场所内环境达标单位数：________ D：辖区同期监测的公共场所总数：________	$M \div D \times 100\%$：________%
		32	学校学习场所卫生情况	M：学习场所卫生情况合格的学校数：________ D：辖区同期监测的学校总数：________	$M \div D \times 100\%$：________%
	环境卫生	33	农村居民家庭安全饮用水覆盖及改水情况	农村居民家庭安全饮用水覆盖率： M_1：年末农村饮用安全饮用水人口数：________ D_1：同期农村人口总数：________ 年度新建农房安全饮用水配备率： M_2：当年配备安全饮用水的新建农房数：________ D_2：同期新建农房总数：________	覆盖率（$M_1 \div D_1 \times 100\%$）：________% 饮水配备率（$M_2 \div D_2 \times 100\%$）：________%

续 表

一级指标	二级指标	三级指标		数据	评价结果
		序号	指标名称		
产出	环境卫生	34	农村居民家庭卫生厕所覆盖及改厕情况	农村居民家庭卫生厕所覆盖率： M_1：年末累计卫生厕所数：______ D_1：辖区农村总户数：______ 年度新建农房卫生厕所配备率： M_2：当年建有卫生厕所的新建农房数：______ D_2：同期新建农房总数：______	卫生厕所覆盖率（$M_1 \div D_1 \times 100\%$）：____% 新建农房卫生厕所配备（$M_2 \div D_2 \times 100\%$）：______%
		35	水源性疾病年发生起（例）数		发生：______起，累计波及____人
	弱势人群	36	65岁以上人口健康管理率	M：65岁及以上人群中进行健康体检的人数：______ D：同期辖区65岁及以上常住居民数：______	$M \div D \times 100\%$：______%
		37	重性精神病人管理率	M：纳入健康管理的重性精神病人数：______ D：同期登记在册的重性精神病人总数：______	$M \div D \times 100\%$：______%

表 2　公共卫生系统评分指标释义

序号	指标名称	资料来源	收集方法	计算方式	指标释义
1	千人口公共卫生人员数	县卫生局	查阅辖区人口资料和公共卫生机构人员资料	公共卫生人员数/辖区人口总数×1000	公共卫生人员指调查当时正在从事公共卫生相关工作人员。含县疾病预防控制中心、卫生监督所、妇幼保健院的工作人员以及乡（镇）防保人员（含专职、兼职、返聘以及外聘人员），不包括临时工
2	具有医学背景学历者占县级公共卫生人员的比例	县卫生局	查阅辖区公共卫生机构人员资料	具有医学背景学历者/县级公共卫生人员总数×100%	具有医学背景学历者指已经取得了医学或卫生专业的相关学历（含中专、大专及以上学历）的县级相关机构的人员
3	每千农业人口中乡镇防保人员数	县卫生局	查阅辖区人口资料和乡镇卫生院人员资料	乡镇防保人员数/辖区农业人口数×100%	乡镇防保人员指乡镇卫生院的公共卫生服务人员中，具有公共卫生资质且通过相关培训获得合格证书者
4	执业（助理）医师占在乡（镇）、村两级提供服务的医生总数的比例	县卫生局	查阅乡镇卫生院人员资料	执业助理医师和执业医师人数/在乡（镇）、村两级提供服务的医生总数×100%	
5	人均公共卫生投入	县卫生局	查看辖区人口资料，政府年度公共卫生投入预算，拨款与收款凭证	年内基本公共卫生服务经费/年底服务人口数	公共卫生投入指中央、省级和地方财政支付的为居民提供公共卫生服务项目（疾病预防与控制、妇幼保健、卫生监督等）的经费（含疾病预防控制专项经费、办公经费等）

续 表

序号	指标名称	资料来源	收集方法	计算方式	指标释义
6	公共卫生业务经费占县级公共卫生总经费的比例	县卫生局	查阅年内县级政府公共卫生预算，公共卫生经费的用途	公共卫生业务经费/县级公共卫生总经费×100%	公共卫生业务经费指用于为辖区居民提供公共卫生服务项目的经费，不包括公共卫生服务人员的工资
7	县级公共卫生机构必备设备达标率	县疾病预防控制中心，卫生监督所	查看设备清单，设备使用记录单	已达到国家标准的设备种类数/同期国家要求标准A类设备总数×100%	以县疾病预防控制中心和县卫生监督机构为考核对象，必备检验设备指A类设备。A类设备总数以《省、地、县疾病预防控制机构设备装备标准》和《县级卫生监督机构现场快速检测设备装备标准》中的规定为标准
8	制定并实施了县级公共卫生发展规划和配套方案	县卫生局	查阅政策文件及配套实施方案，工作记录	从以下方面评价该指标，制定有适合当地情况的发展规划和配套方案（30%），实施了公共卫生发展规划（70%）	要求文件是由县级单位根据当地的主要公共卫生问题自行制定的中长期卫生规划
9	制订县级突发公共卫生事件应急预案及应急处置技术方案	县疾病预防控制中心	查阅应急预案，技术方案，工作记录	从以下方面评价该指标，制定有适合当地情况的应急预案（50%），制定有相应的应急处置技术方案（50%）	应急预案设计的内容应符合《突发公共卫生应急条例》的规定，并制定相应的评估，修订方案

续 表

序号	指标名称	资料来源	收集方法	计算方式	指标释义
10	在职公卫人员和乡镇防保人员年内参加各级技能培训率	县疾病预防控制中心	查阅培训计划、方案、学员登记、课程安排、讲义、考题、考试记录、总结报告和证书、技术档案等	全年度参加各级各类专业技术培训的公共卫生人员数/辖区公共卫生服务人员总数×100%	培训特指县级及以上专业技能培训，培训时间1天以上
11	建立了公共卫生机构的绩效考核制度	县卫生局	查阅考核方案，工作记录	从以下方面评价该指标，制定公共卫生机构绩效考核制度（50%），实施公共卫生绩效考核制度（50%）	公共卫生机构需涵盖县、乡、村三级相关机构
12	制订了确保弱势人群获得公共卫生服务的政策和措施	县卫生局	查阅政策、实施措施、工作记录、总结报告	从以下方面评价该指标，制定改善弱势群体卫生服务状况的政策和措施（30%），制定提高弱势群体卫生服务公平性的措施（30%），实施、落实、评估与完善上述措施（40%）	

续 表

序号	指标名称	资料来源	收集方法	计算方式	指标释义
13	定期分析并掌握区域内主要公共卫生问题	县疾病预防控制中心	查看当地相关计划或方案，总结报告和反馈资料	从以下方面评价该指标，分析频率（10%），掌握主要的公共卫生问题（30%），了解主要公共卫生问题的危险因素（30%），及时采取干预措施改善公共卫生状况（30%）	定期具体指每年，公共卫生问题主要指传染病的发病、慢性病的死亡、高血压和糖尿病的患病，居民饮水、环境卫生等问题
14	实际开展的病原学等检测项目占必须开展项目的比例	县疾病预防控制中心	查阅评估年度《中国疾病监测信息报告系统》基本信息部分数据，抽查病原学检验检测报告，核查病原学检测项目的实际开展情况，查阅 CDC 年度实验室工作记录	实际开展的病原学检测项目/必须开展的数目×100%	必须开展的检测项目以《省、市、县级疾病预防控制中心实验室建设指导意见》中规定的 A 类项目为准
15	乡镇医疗机构传染病、死因网络直报覆盖情况	县疾病预防控制中心	查阅乡镇医疗机构日常工作记录，上级疾病预防控制机构的年度报表	从以下方面评价该指标，乡镇医疗机构传染病网络直报覆盖率（80%），乡镇医疗机构是否实行死因网络直报（20%）	

续　表

序号	指标名称	资料来源	收集方法	计算方式	指标释义
16	甲乙类法定传染病报告发病率	县疾病预防控制中心	查阅年度工作总结		上一年度传染病工作评估中漏报率大于5%或存在瞒报的情况请注明
17	开展专病种（结核、艾滋、当地主要地方病等）管理	县疾病预防控制中心	查阅疾病预防控制中心的工作报告，日常工作记录数据，年度报表	从以下方面评价该指标，制定管理方案（10%），掌握发病情况（10%），了解危险因素（10%），采取预防措施（30%），发现病例及时报告（需上报）（20%），及时治疗（20%）	地方病具体以当地实际情况为准
18	主要慢性病（糖尿病、高血压、恶性肿瘤等）的规范管理率	县疾病预防控制中心	查阅健康档案，报表，信息管理系统数据	接受签约管理的慢性病病人数/同期辖区内登记的慢性病总人数×100%	
19	国家免疫规划疫苗全程接种率	县疾病预防控制中心	查看国家免疫规划疫苗接种率年度报表	完成全程接种人数/实际应接种人数×100%	疫苗种类根据所在省的免疫规划要求确定
20	规划免疫相关疾病报告发病率	县疾病预防控制中心	查看免疫接种效果的监测记录		规划免疫相关疾病包括脊髓灰质炎、麻疹、新生儿破伤风、百日咳、白喉

续 表

序号	指标名称	资料来源	收集方法	计算方式	指标释义
21	突发公共卫生事件应急处理能力	县疾病预防控制中心	查阅突发公共卫生事件报告管理信息系统的资料，既往事件处理报告	从以下方面评价该指标，报告及时率（25%），能够进行现场流调人数/工作人员总数（25%），实验室快速检测设备（25%），开展事后评估（25%）	
22	职业从业人员健康监护体检率	县卫生监督所	查阅卫生监督所的辖区内从业人员体检工作记录	上岗前健康监护体检率：年内上岗前健康监护体检总人数/辖区内同期应参加健康监护体检的人数×100%	应参加者指从事接触职业病危害作业的劳动者
				在岗期间健康监护体检率：年内在岗期间健康监护体检总人数/辖区内同期应参加健康监护体检的人数×100%	
				离岗前健康体检率：年内离岗前健康监护体检总人数/辖区内同期应参加健康监护体检的人数×100%	

续 表

序号	指标名称	资料来源	收集方法	计算方式	指标释义
23	食品从业人员持证上岗率	县卫生监督所	查阅相关的食品从业人员的体检报告进行核算。随机抽取部分食品从业人员进行健康证核查	年内发放健康证数量/辖区内同期食品从业人员总数×100%	
24	食品安全事故发生及处理情况	县卫生监督所	查阅卫生监督所年度报表及工作记录	从以下方面评价该指标，食品安全事故发生例（起）数（40%），及时采取措施控制事件发生（40%），近三年食品安全事故发生例（起）数及波及人口数比较（20%）	
25	7 岁以下儿童系统管理率（男、女）	县妇幼保健医院	查阅辖区人口资料，公共卫生机构年度报表	0～3 岁儿童系统管理率：辖区 3 岁以下儿童参加系统管理的人数/同期辖区 3 岁以下儿童总人数×100%	0～3 岁儿童系统管理人数指 3 岁以下儿童当年按年龄要求接受 4：2：1（城市）；3：2：1（农村）体检或生长监测的儿童数
				3～7 岁儿童保健覆盖率：辖区 3～7 岁儿童当年接受 1 次及以上儿童保健服务的人数/辖区 3～7 岁儿童总人数×100%	一个儿童当年如接受了几次查体，也只按 1 人计算

续 表

序号	指标名称	资料来源	收集方法	计算方式	指标释义
26	孕产妇保健系统管理率	县妇幼保健医院	查阅当地妇幼保健机构年度报表	常住人口孕产妇保健系统管理率：孕产妇保健系统管理人数/同期活产数×100%	孕产妇保健系统管理人数是指该地区年内妊娠至产后28天内有过早孕检查、产前检查次数城市≥8次、农村≥5次、新法接生和产后访视（4次）的产妇人数
				流动人口孕产妇保健覆盖率：孕产妇保健覆盖人数/同期活产数×100%	孕产妇保健覆盖人数是指在孕期接受过产前保健的人数
27	居民健康档案建档率	县卫生局	查阅居民健康档案	辖区年底标准化居民健康档案累计建档人数/同期辖区人口数×100%	
28	居民基本卫生防病知识（艾滋病、结核病、高血压、糖尿病、妇女病等）知晓率（男、女）	县卫生局	居民问卷调查，参考居民健康素养调查结果	问卷中居民答对题数目/总题数×100%	按照性别、年龄分别进行分析。采用设计好的调查问卷，每个县随机抽查200人（男、女各100人）进行调查

续 表

序号	指标名称	资料来源	收集方法	计算方式	指标释义
29	中小学生吸烟率（男、女）	县疾病预防控制中心	近2年国家或有关部门健康教育行动纲要有关工作计划、方案、问卷调查报告、活动记录和总结；中小学生问卷调查		进行问卷调查，分性别分别统计吸烟率
30	传染病防治法监督	县卫生监督所	查阅卫生监督机构的年度报表，工作记录	正确贯彻执行传染病防治法的单位数/辖区内卫生单位总数×100%	
31	公共场所内环境监督	县卫生监督所	通过查阅卫生监督机构的年度报表，工作记录，现场随机抽查若干公共场所进行核查	场所内环境达标单位数/辖区同期公共场所总数×100%	
32	学校学习场所卫生情况	县卫生监督所	查阅卫生监督机构的年度报表	学习场所卫生情况合格的学校数/辖区同期学校总数×100%	学校场所卫生情况满足下述所有标准计为合格；评价标准：学校课桌椅功能尺寸（GB/T3976-2002），中小学校教室采光和照明卫生标准（GB7793-1987），中小学教室换气卫生标准（GB/T17226-1998），黑板安全卫生要求（WS99-1998）

续 表

序号	指标名称	资料来源	收集方法	计算方式	指标释义
33	农村居民家庭安全饮用水覆盖情况（改水）	县卫生局	查阅年度有关部门统计报告，监测资料或当地统计年鉴，内容包括农村供水方式的类型，数量，分布和改进情况	农村居民家庭安全饮用水覆盖率：辖区年末农村饮用安全饮用水家庭数/同期辖区农村总户数×100%	农村饮用水安全卫生评价指标体系分安全和基本安全两个档次，由水质、水量、方便程度和保证率四项指标组成。四项指标中只要有一项低于安全或基本安全最低值，就不能定为饮用水安全或基本安全
				年度新建农房安全饮用水配备率：辖区当年配备安全饮用水的新建农房数/同期新建农房总数×100%	
34	农村居民家庭卫生厕所覆盖情况（改厕）	县卫生局	查阅有关部门统计报告，监测资料或当地统计年鉴及月、年报表，简报，年终考核计划，总结报告等	农村居民家庭卫生厕所覆盖率：年末累计卫生厕所数/辖区农村总户数×100%	农村无害化厕所是指达到国家《粪便无害化卫生标准》和《农村户厕卫生标准》的农村居民户厕
				年度新建农房卫生厕所配备率：当年使用卫生厕所的新建农房数/同期新建农房总数×100%	
35	水源性疾病年发生起（例）数	县疾病预防控制中心	查阅辖区关于水源性疾病发生的记录，监测资料等		水源性疾病指因饮用水被污染而导致的疾病，统计自身近3年数据

续 表

序号	指标名称	资料来源	收集方法	计算方式	指标释义
36	65岁以上人口健康管理率	县卫生局	查阅居民健康档案	辖区65岁以上人口中纳入健康管理的人口数/同期辖区65岁以上人口总数×100%	
37	重性精神病人管理率	县卫生局	查阅居民健康档案	辖区纳入健康管理的重性精神病人数/同期辖区登记的重性精神病人总数×100%	

（4）政策和制度：2008~2010年，分别有27、35个和40县制定并实施了县级公共卫生发展规划和配套方案；所有项目县均制订县级突发公共卫生事件应急预案及应急处置技术方案；在职公卫人员和乡镇防保人员年内参加各级技能培训率分别为88.85%、90.21%和91.21%，逐年有所提高；在2008年有24个县的基础上，所有的项目县在2009~2010年建立了公共卫生机构的绩效考核制度；分别有26、37和38个县制定、实施并落实了针对弱势人群获得公共卫生服务的政策和措施。

2. 产出指标

（1）居民健康状况：3年间，分别25、38和40个县定期分析并掌握区域内主要公共卫生问题。

（2）实验室检测：以实际开展的病原学等检测项目占该开展项目的比例来代表公共卫生的实验室检测能力，2008~2010年分别为55.25%、65.37%和69.50%。

（3）疾病预防控制：2008~2010年间，乡镇医疗机构传染病网络报告覆盖率分别为95.42%、94.20%和97.67%，死因网络报告的覆盖率分别为56.25%、52.5%和65.0%；项目地区乙类法定传染病报告发病率分别为341.88人/10万、293.84人/10万和238.31人/10万，有逐年下降的趋势；40个项目县都开展了针对结核、艾滋等主要传染病的管理；国家免疫规划疫苗全程接种率分别为95.66%、94.83%和97.87%，规划免疫相关传染病报告发病率分别为11.43/10万、24.46/10万和49.41/10万，有逐年升高趋势；高血压和糖尿病的管理率分别为23.6%、35.5%和68.5%。

（4）突发公共卫生事件应对与评估：以突发公共卫生事件的及时报告率、现场流调人员的比例、实验室快速检测设备、开展事后评估等指标来反映突发公共卫生事件的应急处理能力。2008~2010年，突发公共卫生事件报告及时率分别为99.26%、96.63%和92.72%。

（5）职业安全：分别以职业从业人员岗前、岗中和岗后健康体检率来表示。3年间，岗前健康监护体检率分别为28.13%、55.77%和48.98%；岗中体检率分别为49.57%、66.28%和59.94%；离岗后体检率分别为10.25%、25.92%和19.50%。

（6）食品卫生与安全：2008～2010年食品从业人员持证上岗率分别为92%、93%和91%；2009年，40个项目县食品安全事故平均发生0.67起，2010年平均发生0.25起。

（7）妇幼卫生：2008～2010年，0～3岁儿童系统管理率分别为79.62%、84.60%和85.85%，3～7岁儿童系统管理率分别为79.31%、79.76%和82.62%，均逐年有所增加；常住人口孕产妇保健系统管理率分别为83.53%、83.88%和88.51%；流动人口孕产妇保健覆盖率分别为49.93%、64.74%和72.84%。

（8）健康教育与健康促进：2008～2010年，40个项目县居民健康档案建档率分别为29.29%、40.01%和58.10%；基本卫生防病知识知晓率分别为56.06%、65.85%和74.78%，逐年有所提高；男性中小学生的吸烟率分别为5.42%、6.45%和7.49%，女性中小学生的吸烟率分别为0.21%、0.55%和0.94%，均有逐年增加的趋势。

（9）卫生监督：2008～2010年间，开展传染病防治法监督率分别为93.07%、96.11%和97.36%；公共场所监督率分别为81.70%、87.14%和90.87%；学校学习场所卫生监督率分别为68.29%、75.89%和76.85%。

（10）环境卫生：2008～2010年间，各项目县农村居民家庭安全饮用水覆盖分别为77.37%、78.69%和78.68%；农村居民家庭卫生厕所覆盖率分别为42.53%、52.43%和59.23%，逐年增加；2009和2010年项目县平均分别发生水源性疾病0.72起和8.14起。

（11）弱势人群：2008～2010年，40个项目县65岁以上人口健康管理率分别为28.97%、51.44%和74.50%，年间增加显著；重性精神病人管理率分别为23.81%、69.44%和80.99%，年间有显著提高。

40个项目县2008～2010年公共卫生评价指标结果详见表3和表4。

表 3　2008~2010 年公共卫生绩效评价指标情况分析（定量指标）

指标名称	2008 年			2009 年			2010 年		
	平均值	最高值	最低值	平均值	最高值	最低值	平均值	最高值	最低值
千人口公共卫生人员数（人）	0.67	3.57	0.15	0.55	1.82	0.21	0.73	2.33	0.26
具有医学背景学历者占县级公共卫生人员的比例（%）	83.01	100.00	42.00	83.00	100.00	8.00	86.00	100.00	10.00
每千农业人口中乡镇防保人员数（人）	0.29	3.00	0.02	0.30	2.50	0.07	0.50	7.41	0.02
执业（助理）医师占在乡（镇）、村两级提供服务的医生总数的比例（%）	32.04	93.60	0.00	35.70	97.80	7.20	39.20	96.40	8.50
人均公共卫生投入（元）	18.92	88.00	0.00	22.22	118.14	9.80	28.83	270.00	7.33
公共卫生业务经费占县级公共卫生总经费的比例（%）	45.96	91.87	2.30	47.65	100.00	2.29	63.16	100.00	2.23
县级公共卫生机构（疾病预防控制中心）必备设备达标率（%）	69.89	100.00	10.00	75.54	100.00	14.49	73.36	98.37	24.00
在职公卫人员和乡镇防保人员年内参加各级技能培训率（%）	88.85	100.00	6.20	90.21	100.00	8.75	91.21	100.00	30.83
实际开展的病原学等检测项目占需要开展项目的比例（%）	55.25	100.00	0.00	65.37	100.00	10.00	69.50	100.00	10.00
乡镇医疗机构传染病网络直报覆盖情况	95.42	100.00	40.00	94.20	100.00	0.00	97.67	100.00	0.00
乡镇医疗机构死因网络直报覆盖情况	56.25	100.00	0.00	53.49	100.00	0.00	76.90	100.00	0.00
甲乙类法定传染病报告发病率（/10 万）	341.88	745.37	10.40	295.84	712.77	94.05	238.31	531.37	5.64
主要慢性病管理的规范管理率（%）	23.62	85.00	0.00	35.50	100.00	0.00	68.50	100.00	10.00
国家免疫规划疫苗全程接种率（%）	95.66	99.80	82.02	94.83	100.00	53.34	97.87	100.00	93.20
规划免疫相关传染病报告发病率（/10 万）	11.43	217.98	0.00	24.46	149.43	0.00	49.41	574.04	0.00
突发公共卫生事件报告及时率（%）	99.26	100.00	85.00	95.63	100.00	0.00	92.73	100.00	0.00
公共卫生机构能够进行现场流调的人员比例（%）	40.00	100.00	0.00	49.90	100.00	0.00	49.26	100.00	0.00
职业从业人员健康监护体检率（岗前）（%）	28.13	100.00	0.00	55.77	100.00	0.00	48.98	100.00	0.00

续 表

指标名称	2008 年			2009 年			2010 年		
	平均值	最高值	最低值	平均值	最高值	最低值	平均值	最高值	最低值
职业从业人员健康监护体检率（在岗）（%）	49.57	100.00	0.00	66.28	100.00	0.00	59.94	100.00	0.00
职业从业人员健康监护体检率（离岗）（%）	10.25	80.00	0.00	25.92	100.00	0.00	19.50	100.00	0.00
食品从业人员持证上岗率（%）	92.00	100.00	30.00	93.00	100.00	40.00	91.00	100.00	39.00
食品安全事故发生例数			0	0.67	10	0	0.25	4	0
0~3 岁儿童系统管理率（%）	79.62	100.00	0.00	84.60	100.00	33.30	85.85	100.00	42.13
3~7 岁儿童保健覆盖率（%）	79.31	100.00	0.00	79.76	99.40	0.00	82.62	98.35	0.00
常住人口孕产妇保健系统管理率（%）	83.53	99.60	1.80	83.88	99.50	41.20	88.51	100.00	68.21
流动人口孕产妇保健覆盖率（%）	49.93	100.00	0.00	64.74	100.00	0.00	72.84	100.00	0.00
居民健康档案建档率（%）	29.29	100.00	0.00	40.01	96.60	2.50	58.10	96.60	6.89
居民基本卫生防病知识（艾滋病、结核病、高血压、糖尿病、妇女病等）知晓率	56.06	89.00	10.00	65.85	91.22	8.00	74.78	94.55	51.78
男中小学生吸烟率（%）	5.42	25.50	0.00	6.45	27.60	0.00	7.49	33.6	0.00
女中小学生吸烟率（%）	0.21	3.00	0.00	0.55	8.00	0.00	0.94	9.80	0.00
传染病防治法监督（%）	93.07	100.00	0.00	96.11	100.00	17.00	97.36	100.00	17.00
公共场所内环境监督（%）	81.70	100.00	0.00	87.14	100.00	0.00	90.87	100.00	60.00
学校学习场所卫生情况（%）	68.29	100.00	0.00	75.89	100.00	0.00	76.85	100.00	0.00
农村居民家庭安全饮用水覆盖及改水情况（%）	77.37	100.00	0.00	78.69	100.00	0.00	78.68	100.00	0.00
农村居民家庭卫生厕所覆盖及改厕情况（%）	42.53	97.30	0.00	52.43	100.00	1.56	59.23	100.00	6.68
水源性疾病年发生起（例）数			0	0.72	17	0	8.14	310	0
65 岁以上人口健康管理率（%）	28.97	100.00	0.00	51.44	100.00	0	74.50	100.00	19.90
重性精神病人管理率（%）	23.81	100.00	0.00	69.44	100.00	0	80.99	100.00	22.00

表 4　2008~2010 年公共卫生绩效评价指标情况分析（定性指标）

指标名称	评价内容	2008 年				2009 年				2010 年			
		是		否		是		否		是		否	
		N	%	N	%	N	%	N	%	N	%	N	%
制定并实施了县级公共卫生发展规划和配套方案	制定	30	75.00	10	25.00	35	87.50	5	12.50	39	97.50	1	2.50
	实施	27	67.50	13	32.50	35	87.50	5	12.50	39	97.50	1	2.50
制订县级突发公共卫生事件应急预案及应急处置技术方案	应急预案	40	100.00	0	0.00	40	100.00	0	0.00	40	100.00	0	0.00
	技术方案	40	100.00	0	0.00	40	100.00	0	0.00	40	100.00	0	0.00
建立了公共卫生机构的绩效考核制度	制定	27	67.50	13	32.50	39	97.50	1	2.50	39	97.50	1	2.50
	实施	24	60.00	16	40.00	39	97.50	1	2.50	39	97.50	1	2.50
制订了确保弱势人群获得公共卫生服务的政策和措施	改善措施	28	70.00	12	30.00	37	92.50	3	7.50	38	95.00	2	5.00
	提高公平性措施	27	67.50	13	32.50	37	92.50	3	7.50	38	95.00	2	5.00
	实施与落实	26	65.00	14	35.00	26	65.00	14	35.00	38	95.00	2	5.00
定期分析并掌握区域内主要公共卫生问题	定期分析	25	64.10	14	35.90	40	100.00	0	0.00	40	100.00	0	0.00
	掌握问题	31	77.50	9	22.50	38	95.00	2	5.00	40	100.00	0	0.00
	了解危险因素	28	71.79	11	28.21	40	100.00	0	0.00	40	100.00	0	0.00
	干预实施	26	65.00	14	35.00	38	95.00	2	5.00	40	100.00	0	0.00
甲乙类法定传染病报告发病率	是否瞒报	0	0.00	39	100.00	1	2.50	39	97.50	2	5.00	38	95.00
开展专病种（结核、艾滋、当地主要地方病等）管理	制定管理方案	40	100.00	0	0.00	40	100.00	0	0.00	40	100.00	0	0.00
	掌握发病情况	40	100.00	0	0.00	40	100.00	0	0.00	40	100.00	0	0.00
	了解危险因素	40	100.00	0	0.00	40	100.00	0	0.00	40	100.00	0	0.00
	采取预防措施	40	100.00	0	0.00	40	100.00	0	0.00	40	100.00	0	0.00
	及时报告	40	100.00	0	0.00	40	100.00	0	0.00	40	100.00	0	0.00
	及时治疗	40	100.00	0	0.00	40	100.00	0	0.00	40	100.00	0	0.00
突发公共卫生事件应急处理能力	实验室快速检测设备	22	55.00	18	45.00	25	62.50	15	37.50	27	67.50	13	32.50
	开展事后评估	35	87.50	5	12.50	35	87.50	5	12.50	36	90.00	4	10.00

（二）公共卫生系统评分

本评价指标的定性指标均为二分类指标，结果为“是”则该项指标标准化值即为100，反之则为0；对于定量指标，采用线性插值法对其进行标准化。

各项目省2008~2010年公共卫生系统评价的投入、产出及总分值见表5。从各项目省的横向比较来看，2008年评分最高的是江苏省（82.02分），最低的甘肃省（48.16分）；2009年评分最高的是江苏省（87.38分），最低的也是甘肃省（68.95分）；2010年评分最高的江苏省（91.66分），最低的是甘肃省（75.99分）。但从纵向比较来看，各项目省的分值均有显著的增加，尤其是基线评分值（2008年）较低的河南、甘肃等项目省，分值增加显著。

表5　2008~2009年各项目省公共卫生系统投入、产出和总分表

项目省	2008年			2009年			2010年		
	投入	产出	总分	投入	产出	总分	投入	产出	总分
山　西	21.28	37.68	58.96	28.24	44.44	72.68	29.49	46.82	76.31
黑龙江	27.95	41.48	69.43	30.93	46.88	77.81	31.36	51.02	82.38
江　苏	28.10	53.93	82.02	29.28	58.10	87.38	31.28	60.39	91.66
河　南	20.24	32.44	52.68	27.12	46.04	73.16	29.10	51.75	80.85
重　庆	19.37	38.77	58.14	28.88	49.97	78.85	32.79	56.95	89.75
陕　西	26.66	41.44	68.10	30.08	49.37	79.45	29.87	53.78	83.65
甘　肃	19.61	28.55	48.16	26.60	42.35	68.95	28.73	47.25	75.99
青　海	18.65	38.12	56.76	25.19	46.36	71.55	28.66	49.18	77.84
合　计	22.73	39.05	61.78	28.29	47.94	76.23	30.16	52.14	82.30

（三）公共卫生系统评分产出投入比分析

本评价指标采用了投入和产出两个维护度，分值分别为35分和65分。从绩效评价的角度来看，产出投入比越高，绩效越好。表6比较了各项目省2008~2010年的产出投入比。从各项目省的比较来看，江苏省的绩效最好，3年均在1.90以上，相对来说，甘肃和黑龙江省的绩效较低。从全国平均水平来看，维持在1.70左右。

表6　2008~2009年各项目省公共卫生系统投入产出比

项目省	年份		
	2008	2009	2010
山　西	1.77	1.57	1.59
黑龙江	1.48	1.52	1.63
江　苏	1.92	1.98	1.93
河　南	1.60	1.70	1.78
重　庆	2.00	1.73	1.74
陕　西	1.55	1.64	1.80
甘　肃	1.46	1.59	1.64
青　海	2.04	1.84	1.72
合　计	1.72	1.69	1.73

四、结论

卫十一项目所构建的公共卫生系统评价指标体系从投入和产出两个方面评价农村公共卫生系统的绩效，该体系包括了基本公共卫生服务内容在内的37项评价指标，覆盖了目前我国农村公共卫生机构的主要工作。从现场的预评价及3年的常规评价来看，各项目县已掌握了该指标的收集和评价方法。

各项目县2008~2010年公共卫生系统指标评价的主要结论为：

1. 公共卫生系统评价指标实用性较强，可操作程度较高，较为科学和合理。

2. 部分项目省的公共卫生系统绩效一般，地区差异较明显。

3. 地区间公共卫生系统投入差别明显，乡村医务人员业务能力有待提高。

4. 在慢性病规范管理、建立居民健康档案、老年人及重性精神病人管理等国家基本公共卫生服务内容的规范性等方面需进一步改进。

结语：

通过较为系统的研究和现场应用，卫十一项目所开发的公共卫生系统评价指标与目前卫生部门的统计口径基本相吻合，绝大多数指标为公共卫生机构常规统计监测的指标。从绩效考核的角度来看，该指标体系的实用性较高，可较为客观地反映出公共卫生系统的绩效；从公共卫生机构管理角度看，它既可以横向比较不同地区公共卫生机构同期的绩效水平，也可以纵向比较当地公共卫生机构不同时期的变化，同时还可发现我国农村公共卫生系统建设中存在的薄弱环节，从而有针对性地采取有效措施，提高农村公共卫生系统的绩效。

附表：

居民基本卫生防病知识问卷（2011 年）

1. 基本信息

（1）性别 ①男 ②女

（2）年龄____________岁

（3）民族 ①汉族 ②其他____________

（4）文化程度：①文盲 ②小学未毕业 ③小学毕业 ④初中毕业
⑤高中毕业（含中专、职高） ⑥大专及以上

（5）主要职业：①务农 ②公职人员 ③企业技术/管理人员
④工人/私企雇员 ⑤经商 ⑥其他____________

（6）目前工作状态：①在岗 ②失业/下岗 ③离退休 ④病休
⑤务农 ⑥其他____________

（7）家庭住址：______省________县______乡（镇）____村______组

2. 以下说法是否正确？（正确的打“√”，错误的打“×”）

（ ） （1）坚持正规治疗，绝大部分肺结核病人可以治愈

（ ） （2）增加体力活动对预防控制高血压没有作用

( ) (3) 蚊虫叮咬会感染艾滋病病毒

( ) (4) 苍蝇、蟑螂可以传播肠道传染病

( ) (5) 只有育龄期妇女才会患阴道炎

( ) (6) 正确使用安全套，可以减少感染艾滋病、性病的危险

( ) (7) 肺结核病传染的主要途径是空气传播

( ) (8) 健康生活方式需包括合理膳食、适量运动、戒烟限酒、心理平衡

( ) (9) 高盐饮食对预防控制高血压有不利影响

( ) (10) 打针比吃药好得快，生病了就应该尽量打针

3. 请选出您认为正确的答案

(1) 当发现有人触电时，救助者首先第一步应采取以下哪项措施？

①立即切断电源 ②拨打120急救电话

③马上施行急救 ④将触电者迅速移至通风干燥处仰卧，观察其体征

⑤不知道

(2) 健康成人的正常血压水平应该是多少？

①≤120/80mmHg ②≤140/90mmHg ③不知道

(3) 高危行为之后多久未监测到HIV抗体可认为未感染艾滋病病毒？

①0周 ②6周 ③12周 ④半年 ⑤不知道

(4) 当你或者家人咳嗽、咳痰超过2周时，应该怎样做？

①自己购买止咳药缓解咳嗽症状

②认为是慢性咳嗽，不予理睬

③立即到结核病防治机构就诊，并按医生的要求留痰检查

④以上都正确

⑤不知道

(5) 艾滋病病毒会经血液传播吗？

①会 ②不会 ③不知道

(6) 肺结核病人最常见的症状是下列哪一个？

①咳嗽、咳痰 ②恶心、呕吐 ③午后低热

④疲乏无力　　⑤不知道

（7）“适量献血”是指每人每次献血多少毫升

①200～400　②400～600　③<200　④不知道

（8）蚊子可以传播下列哪些疾病？

①疟疾　②菌痢　③艾滋病　④出血热　⑤不知道

（9）艾滋病病毒会通过母亲传染给婴儿吗？

①会　　②不会　　③不知道

（10）你认为以下哪种是高血压病人应选择的饮食结构？

①低盐、低脂、低甜食，高维生素、高纤维素、适量高蛋白饮食

②低盐、低脂、低甜食，高维生素、高纤维素、高蛋白饮食

③高盐、高脂、低甜食，高维生素、高纤维素、适量高蛋白饮食

④低盐、低脂、高甜食，高维生素、低纤维素、适量高蛋白饮食

第五篇　健康村试点建设指南

前　言

健康是人全面发展的基础，是经济社会发展的必要保障和重要目标，也是人民群众生活质量改善的重要标志。我国是一个农业人口大国，农村人口占总人口的64%。农村居民的健康问题越来越得到党和政府的重视。

20世纪80年代末，世界卫生组织提出了“健康村”理念。健康村是指具有较低传染病发病率，人人享有基本卫生设施和服务，社区和谐发展的农村。“健康村”是针对影响农村居民健康的各种因素所采取的健康促进策略与措施。全球范围内的健康村项目正不断拓展，世界卫生组织已在东地中海区、东南亚区的二十几个国家开展了健康村项目。联合国儿童基金会、联合国发展署和联合国环境署等国际组织也非常关注此项工作。

在我国开展健康村建设，不仅是对社会主义新农村建设的有力支持，也为新型农村合作医疗和新医改方案在农村地区的贯彻提供了一定保障。健康村建设也将对提高广大农村居民健康素养和健康状况发挥重要作用。健康村在我国是新兴工程，我国的亿万农民健康促进行动，以及近年来部分省份农村地区开展的卫生村和健康农村建设活动，都为我国健康村建设奠定了一定基础。

健康村试点建设研究项目是“世界银行贷款/英国政府赠款中国农村卫生发展项目”的中央级项目活动之一，目的在于探索可推广的中国健康村创建模式。该项目已研究制定出健康村评价指标体系（试行）和试点建设方案，即将在部分项目省开展干预研究。

本指南供健康村试点建设研究项目人员和参与人员使用。指南从健康的基本概念、健康的主要影响因素入手，对健康教育与健康促进的基本理论、方法和策略做了简要介绍，对健康村的基本理念、策略和方法进行了系统阐述，对健康村项目的设计、组织、实施和评价进行了讨论，并简要介绍了国内外有关健康村的最新理念与研究进展。相信对健康村项目的开展有所裨益。

因为时间仓促，编者水平有限，该指南难免有不足之处，欢迎大家批评指正。

第一章 健康影响因素

一、健康的概念

健康不仅仅是没有疾病或虚弱，而且是身体、心理和社会适应的完好状态。载于世界卫生组织（WHO）宪章的健康定义，提示人们健康不仅仅是无疾病、不虚弱，它还涉及身体、心理和社会适应三个方面。

二、健康的内涵

从古至今，人们始终把追求健康作为人生的重要内容。对于什么是健康，不同时代、不同的人群却有各自的理解。

传统的观念认为“健康就是没有疾病”，很多人认为“健康就是身强力壮、能吃、能睡”。然而，随着社会经济的发展和人们认识的进步，逐渐发现有的人虽然身体强健，但情绪不稳定，为些许小事便疑神疑鬼，稍遇挫折便灰心丧气，无法正常地与人相处、参与社会生活和工作。有些人虽然身有残疾，但乐观向上，意志坚强，豁达开朗，与人和谐相处，能克服身体的残障，像健全人一样工作和生活。这两种人，谁更健康呢?

事实提示我们：健康不仅仅是无疾病、不虚弱，它应该涉及身体、心理和社会适应三个方面，具有更为丰富的内涵。

身体健康是指人体结构完整，体格健壮，各组织、器官功能正常，没有自我察觉到的不适感。心理健康指智力正常，内心世界丰富、充实、和谐、安宁，情绪稳定，心情愉快，自我意识良好，能够恰当地评价自己，思维与行为协调统一，有充分的安全感等。社会适应良好指能与自然环境、社会环境保持良好接触，并对周围环境有良好的适应能力，有一定的人际交往能力，能有效应对日常生活、工作中的压力，正常地进行工作、学习和生活。

躯体、心理和社会适应这三者是相互依存、相互影响的。发生躯体疾病时，人们的心理情绪会受到不同程度的影响，同时也限制了人们参与社会生活和工作的能力，无法正常承担家庭与社会责任；而社会适应能力差，必定也影响到人们的心情，产生心理压力，长期的心理压力又可能引发躯体疾病。只有三者统一，才能互相促进。

我们如何衡量自己的健康水平呢？世界卫生组织认为，衡量自我健康有十个具体标志：①精力充沛，能从容不迫地应付日常生活和工作；②处事乐观，态度积极，乐于承担任务不挑剔；③善于休息，睡眠良好；④应变能力强，能适应各种环境的变化；⑤对一般感冒和传染病有一定抵抗力；⑥体重适当，体态匀称，头、臂、臀比例协调；⑦眼睛明亮，反应敏锐，眼睑不发炎；⑧牙齿清洁，无缺损，无疼痛，牙龈颜色正常，无出血；⑨头发光洁，无头屑；⑩肌肉、皮肤富弹性，走路轻松。

此外，我们也可从以下几个方面综合分析自己的健康状况：①通过医学检查，了解自己的生理、生化指标是否正常；②自我感觉自己的日常生活能力，如食欲、睡眠、性生活、参加工作、学习和日常活动等是否有异常；③心态轻松、自信、平和，处事稳妥、有序、泰然，注意力、记忆力、逻辑思维能力如常，而不是紧张、不安、压抑、焦躁、偏执、易怒或喜怒无常；④社会交往能力如何，是否与亲友、同事保持联系并关系融洽，是否能适当参加社团活动；⑤是否对工作保持主动性、积极性和进取心，能完成常规的工作数量和质量，是否经常因疾病或不适请假等。

当然，人的一生中不可能不得病，也会有紧张、压力等负性情绪、情感以及心理压力，还可能遇到对工作、生活环境的暂时不适应，一个人很难长期保持完满的健康状态，总会存在这样或那样的不完美。有一点不完美并不就意味着不健康，也不意味着健康遥不可及，多数情况下只是表明你的健康状态尚有完善的必要。健康的定义告诉我们需要努力的目标，引导我们掌握基本的健康知识和技能，不断完善自我，以积极的态度生活，从而达到更全面、更高的健康水平。

健康是人的一生中一切成功与幸福的基础。有一个形象的比喻，把健康看作是“1”，把成功、幸福等人生成看作跟在“1”后面的“0”。当你拥有“1”时，“0”越多意味着你的成就越多。如果“1”不存在，“0”也就失去了意义。所以，对于健康这一人生发展事业、实现自我价值、享受幸福生活的资源和基础，我们应当万分珍惜，细心维护。

三、健康的影响因素

影响人类健康的因素很多，总的来说有四大方面：环境因素、心理与行为生活方式因素、医疗卫生服务因素和生物遗传因素。

（一）环境因素与健康

环境因素包括社会环境和物质环境，其中社会环境又包括政策法规、社会经济、文化、人际关系等，物质环境又包括自然环境、工作环境和居住环境等。

1. 社会环境与健康

社会环境包括政治、经济、科学、文化、教育、治安等。社会制度、体制、政策法规、政治动乱、战争、贫穷、愚昧等社会因素都对健康构成很大的威胁。安定的社会、良好的教育、发达的科学技术等，无疑对健康起到了良好的促进作用。社会环境不但可直接影响个体或人群的健康状况，而且还可以影响自然环境和人的心理过程，再间接地影响人体的生理健康。

（1）政策法规与健康：政策在我们周围到处可见，如法律、法令、规定、条例、政府文件等。政策的本质是国家与集体意志和最高利益的系统表达，是有关社会资源分配和最优配置的指导性原则。好的卫生政策与法规能实现卫生资源公平合理地分配，解决已有的健康问题，确实改善人们的健康状况，提高人们的生活质量。

实际生活中，政策法规对健康的积极作用不胜枚举，比如公共场所禁止吸烟，通过增加烟草税收帮助戒烟政策等。世界银行专家说，增加烟草税收10%，就会减少5%的香烟消费，并增加5%的税收收入，这些额外的收入足以为中国最贫穷的1亿人口提供基础医疗所需经费的1/3。因此，一项好的卫生政策，利国利民，影响深远。在农村地区，流传有一句话叫“农民保健康，政策是靠山!”。当前“新型农村合作医疗”也是给农民健康送来福祉的好政策。

健康教育是贯彻“预防为主”医疗卫生方针和实现基本卫生服务均等化的重要措施，具有普惠性、公平性、投入低、效果好等特点。党中央、国务院十分重视健康教育与健康促进工作。党的十六大报告把提高健康素质、科学文化素质与思想道德素质列为全面建设小康社会的奋斗目标之一。1997年《中共中央、国务院关于卫生改革与发展的决定》、2002年《中共中央、国务院关于进一步加强农村卫生工作的决定》以及2009年3月《中共中央国务院关于深化医药卫生体制改革的意见》都对健康教育工作提出了明确要求。

（2）社会经济与健康：社会经济发展与人群健康的关系是辩证统一的关系，二者互相促进。社会经济水平低下影响人们的收入和开支、营养状况、居住条件、接受科学知识和受教育的机会，人们的健康得不到维护。同时，经济水平低也影响医疗条件改善，在发生了各种疾病后，若没有良好的医疗条件，不能及时对临床症状和亚临床症状实施有效的治疗，则可能贻误达到最佳疗效的时机，造成无法逆转的疾患。

经济发展能够帮助我们改善卫生设施，提高医疗保健服务水平，提高健康水平。人们健康水平提高了，又能继续推动着社会经济的发展。但是，如果人们只注重发展经济，忽略了健康保护，造成健康水平下降，劳动力身体素质降低，甚至因病返贫、因病致贫，将最终影响经济发展。

经济发展也会给健康带来负面影响。如发展经济同时不注意环境保护，造成环境污染和破坏，生活方式改变，慢性病流行，人口流动频繁和全球化的深入，使传染病传播更为容易，同时生活节奏加快，生活压力增大造成的心理健康问题增加也给人群健康带来很多新的问题。

（3）文化与健康：通俗的讲，文化就是生活，是一种文明所形成的生活行为方式，它包括知识、艺术、价值观、信念与信仰、习俗、道德、法律与规范等多方面。

作为与人们的生产与生活息息相关的社会现象，文化对人们健康的影响具有广泛性和持久性。一方面，文学、艺术、教育、道德规范、风俗习惯、宗教信仰等文化因素对健康的影响不仅仅限于个人，而是整个人群。另一方面，文化对人的思想意识、观念的影响和作用一经产生，就不是短期内可以消失的，因此，文化因素对健康的影响可以持续于生命的整个过程，甚至几代人乃至更长的时间。

文化对健康的影响有时是直接的，有时也可能是间接的，表现为各种各样不同的方式与途径。文化影响人们对健康问题的认识，例如，肥胖已被多数人群认为是一种疾病现象，而在南太平洋岛国汤加，人们则视肥胖为健康。文化影响人们对疾病与治疗的态度，相信科学的地方，人们会正视疾病，积极配合医疗护理，和疾病做斗争。而封建迷信的地方，人们则采取妥协、回避、消极甚至错误愚昧的态度和方式对待疾病，造成小病变大，大病变不治之症。

我们搞健康村建设，就要在农村地区培养出一种健康文化来。健康文化是一种大健康的概念，不但涵盖了健康知识，还涵盖了健康心态、健康习惯、健康行为、健康环境等诸多元素。将健康的理念与行动渗透到生活工作的方方面面，创造出和谐、健康的社区文化。

(4) 人际关系与健康：人际关系包括朋友关系、恋爱关系、家庭关系、同事关系、上下级关系、个人与集体关系等等。处理好人际关系，有助于身心健康。人们的人际关系与身体健康和心理健康是密切关联、相互影响的，人际关系好坏程度影响身体健康和心理健康，对心理健康的影响作用比之对身体健康更大。

友好融洽的人际关系使人心情舒畅、精神愉快、情绪稳定、有安全感，使人食欲增加、睡眠良好、精力充沛、思维敏捷、学习和工作效率提高。反之，紧张和敌对的人际关系使人失去安全感，对于种种忧虑、担心、害怕状态，精神上痛苦不堪，严重者可导致神经官能症和精神分裂症，甚至发生身心疾病，如高血压、冠心病、十二指肠溃疡、偏头痛、癌症等。人际关系障碍可导致厌世、自杀和走上犯罪道路。

因而，我们要加强自身修养，对人宽厚，对别人的言语和行为过失，要豁达、宽容，努力营造一个宽松的环境和氛围，减少人际关系的摩擦和消耗。

2. 物质环境与健康

（1）自然生态环境与健康：自然环境因素包括阳光、空气、水等，这些无疑对健康有着直接的影响。自然界中的恶劣气候、有害的水和气体、噪声和污染物等，又随时威胁着人们的健康。自然环境是人类赖以生存的物质基础，生态破坏与环境污染必然对人体健康造成危害，这种危害与其他因素相比，具有效应慢、周期长、范围大、人数多、后果严重的特点。

（2）居室环境与健康：人生大约有一半以上时间是在住宅环境中度过的。因此，如何从实际出发，因地制宜选择住宅和营造房屋，创造一个科学合理、舒适清静的居住环境，对保障身心健康、延年益寿是非常重要的。住宅是人们生活环境的重要组成部分，是人们为了充分利用自然环境中的有利因素，防止不良影响而创造的日常生活室内环境。

室内环境对人体的作用一般是长期的、慢性的，不易在较短时间内明显表现出来，一些环境因素又常同时综合作用于人体。因此，它与居民健康的关系是复杂的。良好的室内环境可提高机体各系统的生理功能，增强抵抗力，降低患病率和死亡率；反之，恶劣的室内环境对人形成一种恶性刺激，使居民健康水平下降。

（3）职业环境与健康

人们在生产活动中危害健康的职业危害因素，如有毒有害的气体和粉尘等化学性因素，高温、噪声、振动、辐射等物理性因素，如炭疽杆菌、森林脑炎病毒等生物性因素。提起职业病防治，人们往往认为主要与化工、开采等行业有关，普通群众也应有职业病防治意识，懂得自我保护和维权。随着经济社会文化的发展，《中华人民共和国职业病防治法》等有关法规明确的职业病已经多达 10 大类 115 种。许多为人们忽略的工作和场所也蕴涵有一定的职业病的风险，例如家具制造和销售、装修、加油站、集装箱等。

（4）卫生设施与健康

卫生设施指一切和人类健康有关或为人类健康需要而建立的机构、组织设置或建筑工程设施。如医院、疾病控制中心、门诊、社区卫生服务中心、乡镇卫生院、村卫生室等。公共卫生设施包括城市供水、排水系统，公共卫生间，垃圾收集、运输系统等一系列饮水与环境卫生等设施。卫生设施的质量的好坏，设置的合理性直接关系到居民的健康与生活质量，对保障居民健康舒适的生活发挥着基础性作用。

（5）环境污染与健康

由于人为的因素使环境的构成或状态发生变化，破坏了生态平衡和人类生活和生产的环境条件，称为环境污染，严重的就称为环境破坏，给生物和人类带来危害。

随着近代工业的发展，一些原来埋藏在地下的化学元素如铀、镉、汞、铅、氟等被大量开采出来；一些新物质，如有机合成的化学农药DDT、石油化工三大合成物质（合成纤维、合成塑料、合成橡胶）等也通过工业生产进入自然环境。这些物质的排放带来了严重的环境化学污染问题。

随着工业技术的发展，人口的不断增长和人口密度的增加，加重了污染程度，增加了接触污染的人数。近代工业发展带来的“三废”（废水、废气、废渣）对环境的污染，是全世界当前最关心的问题。

（6）城市与健康

城市是人们生活、学习、工作、娱乐的场所，承载着一系列现代文明。但随着市场经济的发展，城市更多地被当作经济发展的“火车头”，承载着牵引一方经济的职能。搞招商引资，上工业项目，总是优先考虑城市。人们衡量城市，也是以人口的数量、街市的繁荣、GDP的多少来评价，而很少关注城里人的生活是否惬意。但是，城市也像人一样，需要全面协调可持续的发展。发展的同时，也必须关注健康问题。

（7）交通环境与健康

道路交通伤害已经成为全球危害人类生命健康的严重问题。全世界每年有120多万人死于交通事故。据统计，自1951年以来，我国道路交通伤害的伤亡人数以每10年翻一番的速度上升，2001年死亡人数超过10万，受伤人数达到54万。因此，要遵守交通法规，养成良好交通习惯，减少交通伤害。

（二）心理、行为生活方式与健康

进入21世纪，随着社会经济的发展和科学技术的进步，人类在增进和保护健康的过程中尽管已经取得了显著成绩，同时也面临着新的挑战，如与人们行为生活方式密切相关的慢性非传染性疾病已成为我国居民的主要死因，结核、肝炎、艾滋病等的传染性疾病的威胁，心理卫生问题的日益突出等。而在应对上述健康问题的过程中，改变人们的行为生活方式是一个重要而基本的环节。只有这样，才能帮助人们奠定平衡膳食、适量运动、戒烟限酒、心理健康等健康的四大基石，才能促使人们保护和改善自然环境，防治污染，控制人口，根本上改善人类生存条件。

1. 心理与健康

人类许多疾病与心理因素有关。当今社会竞争日益激烈，生活节奏加快，各种外界因素的刺激都可能导致人们精神紧张，引起心理障碍和心理危机。据统计，近年来在门诊病人中，有70%左右的疾病的发生和发展与社会心理因素密切相关。

2. 行为生活方式与健康

不健康的行为包括不合理饮食、吸烟、酗酒、久坐而不锻炼、精神紧张、生活秩序紊乱、吸毒、性乱、不遵守交通规则等与人的健康相关联的行为与生活方式。行为和生活方式因素对人体健康的影响具有潜袭性、累积性和广泛性影响的特点。

现实生活中许多人存在健康问题，重要的原因是自己没有正确良好的生活方式，不良的生活方式是影响健康的重要因素之一，而良好的生活方式则是健康长寿的重要保证。

现今社会，由于收入增多，交通发达等原因，人们尽情地享受现代文明的成果，但是，不良的生活方式却在无情地蚕食着人们的健康。比如，抽烟、酗酒、暴饮暴食、过多摄入脂肪和糖等不健康的饮食生活方式，不规则的娱乐休闲、熬夜、睡眠不足、长时间看电视、玩电脑游戏成瘾等不健康的休息方式，缺乏锻炼或不运动等不健康的运动方式，夫妻间情感淡漠、对孩子溺爱、对他人冷漠等不健康的情感生活方式，自我为中心、孤独、抑郁、嫉妒、自私等不健康的心理活动，以及过多功利化、物质化等不健康的交友方式，导致了亚健康的产生和迅速蔓延。

有学者报告美国前10位死因疾病中，不良行为和生活方式在致病因素中占70%，中国占44.7%。美国通过30年的努力，使心血管疾病的死亡率下降50%，其中2/3是通过改善行为和生活方式而取得的。1992年国际心脏保健会议提出的维多利亚心脏保健宣言指出：健康的四大基石是合理的膳食、适量的运动、戒烟和限制饮酒、心理健康。可见，行为和生活方式对健康影响具有举足轻重的意义。

（1）营养膳食与健康：现在人们生活比以前富裕了，但肥胖、高血压、高脂血症，心、脑血管病和糖尿病的人随之越来越多，这是一组相互联系、互为因果的疾病，与营养摄入过剩有密切关系，因不科学的饮食和生活习惯日积月累而成，多发生于中老年人，这些疾病及其并发症已是当今威胁中老年人健康的主要“杀手”。难怪有人惊呼，现代人“用自己的牙齿在制造坟墓!”

那么怎么才能吃的健康呢，《中国居民营养膳食指南》给我们的饮食原则是：

①食物多样性，谷类为主，粗细搭配。

②多吃蔬菜水果和薯类。

③每天吃奶类，大豆或豆制品。

④常吃适量的鱼、禽、蛋和瘦肉。

⑤减少烹调油用量，吃清淡少盐的食品。

⑥食不过量，天天运动，保持理想体重。

⑦三餐分配要合理，零食要适当。

⑧每天足量饮水，合理选择饮料。

⑨吃新鲜卫生的食物。

遵照以上营养与膳食的科学原则安排自己的一日三餐，另外再加强锻炼，持之以恒，相信您的健康会有一个巨大的飞跃。

（2）体力运动与健康：生命在于运动，适量运动有益健康。运动量减少和现代文明发展有关。过去是骑自行车上下班，现在是开车上下班，代步工具产生了，不知不觉中运动量就减少了。现如今，人们驾驶汽车的里程越来越长，走路的时间越来越短；看电视、打电脑的时间越来越长，户外锻炼的时间越来越少；坐着工作的人口的比例越来越高。

坐的时间长了，会造成心肺功能的衰竭，到中老年时会出现早衰现象。过去 30 年，平均每人每天消耗的热量减少了 800 千卡。吃的一样多，但消耗减少了，相当于每天多吃了 4 两粮食。我们有理由解释为什么全社会超重和肥胖人群增长如此之快，且因为超重和肥胖造成相关的慢性病如糖尿病、脂肪肝呈加速增长。

因此，为了我们的健康，我们必须动起来。

那什么我们应该做什么样的运动，运动多少才叫适量呢？

我们讲的运动是低强度的，但是每天或者隔一天都坚持的有氧锻炼。家务活不能看成是运动。有氧运动对心肺功能有好处，包括爬山、快走、慢跑、骑自行车、游泳、打球等。我们不提倡做很剧烈的运动，如跑马拉松。也不提倡做爆发力强、非常剧烈的无氧运动，如百米跑、举杠铃。在无氧运动的过程中，心脏、肺来不及和外界交换氧分，只靠心脏、肺瞬间打出很多血，靠肌肉爆发力去完成动作。

多大的运动量合适呢？要根据各人的情况决定。中老年朋友如果以前运动比较少，应从比较平缓的快走开始，每天 30 到 60 分钟，早中晚任何时间都可以，要长期坚持。实在没时间的可以隔一天进行一次，一个星期至少进行三到四次这样出一点汗的运动，微量出汗的运动对身体是非常有益的。《中国居民营养膳食指南》的运动建议是：日行一万步，吃动两平衡。

（3）吸烟与健康：科学家们长期、大规模的调查研究发现，吸烟者患肺癌的人数是不吸烟者患肺癌人数的 10.8 倍。喉癌与吸烟的关系密切，吸烟者喉癌发病率比不吸烟者高 8 倍。每天吸烟的人发生胃癌的相对危险率比不吸烟者高 1.5~2.0 倍。吸烟者，特别是用烟斗吸烟者的口腔癌和唇癌发病率较高，比不吸烟者要高 4 倍以上。慢性支气管炎的发病率，吸烟者比不吸烟者高 5.4 倍。吸烟孕妇的流产率和早产率也比不吸烟妇女高。吸烟者所产新生儿的体重平均较不吸烟者所产新生儿低 200~300 克。

由于我国大气污染比较严重、广大农村存在着较严重的炊烟污染问题，所以在不吸烟人群中慢性支气管炎的患病率就比较高，而吸烟者又比普通人高 5.4 倍，这说明吸烟对慢性气管炎是个很强的致病因素。吸烟时间越长、吸烟量越大，患肺气肿和肺心病的比率越高。有的资料表明：在患慢性支气管炎、肺气肿和肺心病的患者中，吸烟者是不吸烟者的 10 倍。

（4）饮酒与健康：酒是一种非常普遍的饮料，就像水、牛奶、水果和其他饮料一样。酒因其具有特殊的放松作用而为世界各地的人们所青睐，也被看作是增加社会交往的一种方式和对食物的一种补充。

酒精对人体的影响主要与饮酒量和饮酒方式有关。一般来说，饮酒具有积极的一面，如消除紧张与疲劳、恢复自信、作为一种“社交润滑剂”等，长期的适度饮酒对身体有益。但对那些不负责任或过量饮酒的人来说，饮酒会产生许多问题，如酒后乱性、暴力倾向、失去知觉、急性酒精中毒以及其他身体伤害等。很多意外伤害事故，包括交通事故，也与饮酒有关。

降低饮酒相关问题的关键点不是酒本身，而在于如何饮酒，所以倡导安全饮酒非常必要。我们的饮酒建议是：

①酒精对人体作用的快慢取决于饮酒同时是否用餐或者是否空腹饮酒。食品能够减慢酒精的吸收，减轻酒精效果，降低醉酒程度。建议饮酒同时要用餐。

②关于安全饮酒量，美国政府的建议是：每公斤体重每天饮用 0.3 毫升纯酒精是有益无害的，以 60 公斤体重的成年人来说，每天的安全酒量是 18 毫升纯酒精。将这个纯酒精量进行换算，约相当于 30 毫升 50 多度的白酒、400 毫升啤酒、150 毫升葡萄酒、112 毫升绍兴酒。不耐酒力的人，安全饮酒量不妨再减少一些。

③女性体内脂肪所占比例高于男性，与男性相比，酒精在女性身体中更容易快速达到较高浓度，使她们很快感觉到醉意。这意味着女性饮用较少量的酒就可以受到与男性同等程度的伤害，建议女性饮酒量要少于男性。

④对某些人来说滴酒不沾是最明智的，包括那些体内不易分解酒精的人、家族中有酒精依赖或酒精中毒史的人以及难于控制酒量的人。驾车、操作机器和服药期间必须严格禁酒。

⑤怀孕期间过量饮酒的妇女很可能对胎儿造成智力损害和身体缺陷，

因此孕妇和打算怀孕的人应坚决避免饮酒。

⑥年轻人由于发育中的生理变化，更容易受到与酒精有关的损害，如大脑发育、骨质成熟以及生殖系统的损害，因此青少年应尽量避免饮酒。

（5）个人卫生与健康：个人卫生与健康是紧密相连，从小养成好的卫生习惯受益终生，不讲个人卫生使身体容易生病。所谓的“不干不净，吃了没病”是非常错误的观念。当你接触过钱、霉旧的书之类的东西，你可千万不要去揉眼睛，也千万别用手拿东西吃，否则，沾你手上的细菌就会跑进眼睛，这样会使你患上沙眼，导致视力下降，跑进嘴里、肠胃里，跑肚拉稀。

良好的个人卫生习惯不是抽象的概念，而是表现为一点一滴的生活小事。比如，勤换洗衣服，勤洗澡，勤剪指甲；饭前便后要洗手；经常打扫环境卫生；适当参加体育锻炼。

吐痰是最多见的最不讲究卫生的行为。痰是呼吸道中的分泌物，诸如结核病病菌、肝炎病毒、“非典”病毒、流感病毒、霍乱、麻疹病毒等都可能存在于痰中。这些细菌、病毒通过痰液，附着在空气的尘埃中，传播到世界的每一个角落，危害每一个人的健康，当然也包括吐痰的人。

克服不良卫生习惯，建立新的良好的卫生习惯，最基本的就是“七要七不要”。

七要即：

①食前便后要洗手，外出归来要洗手。

②要勤换洗衣服被褥，勤洗澡，勤剪指甲。

③食物要新鲜。

④食物要烧熟煮透。

⑤生吃瓜果要洗烫。

⑥早晚刷牙，定期检查。

⑦咳嗽打喷嚏时要遮掩口鼻。

七不要即：

①不随地吐痰。

②不要吃半生不熟的水产品或海产品。

③不要喝生水。

④不要吃无证摊贩的不洁食品。

⑤不要用脏手直接拿食品吃。

⑥不要暴饮暴食。

⑦病家不要自办家庭筵席宴请客人。

（三）卫生服务与健康

医疗卫生服务包括良好的医疗服务和卫生保健系统，必要的药物供应，健全的疫苗供应与冷链系统，足够的医务人员和良好服务等。

医疗卫生服务中对我们的健康影响主要体现在：医疗卫生机构的数量能否满足需要；服务的质量，卫生人力与物资的配备，卫生资源布局是否合理；群众就医是否及时、方便等。充分发挥医疗卫生系统在防治疾病中的主导作用，对维护人民健康水平至关重要。

好的卫生服务应关注三个方面的问题：

1. 提高卫生服务提供的普及程度和人民接受卫生服务的能力，即保证卫生服务利用的社会公平性。

2. 控制医药费用，提高卫生服务的社会效益和经济效益。

3. 改进卫生服务质量，提高居民健康水平和生活质量。

因此，保证公平、提高效益、改善质量是卫生服务的永恒主题。解决好这三个问题对提高我国人民健康素质和卫生事业发展有着重要的现实意义。

（四）生物遗传因素与健康

1. 遗传与健康

对健康而言，后天进行的养生只能是在先天得到的禀赋——遗传的基础上进行的。就像一个宏伟建筑，先天的遗传就好比是柱、梁和墙体，而后天的保健就像我们给建筑装修、刷油漆。如果一个人因遗传原因导致身体先天就有问题，那么无论后天如何弥补与保养，作用终究是有限的。

现代遗传学告诉我们：当两个人眼看不见的细胞——精子和卵子结合成受精卵的刹那，就决定了一个人的容貌、生理、性格、体质，甚至于某种遗传病。然后这个小小的细胞就开始不断分裂生长，生长出心、肝、脾、肺等内脏和皮肤、毛发和指甲等等身体部件，直到十月怀胎一朝分娩，才有人来到这个物质空间。这一切的变化可全都发端于一个细胞，而决定这一细胞的又是我们的父母给予我们的基因。

人啼哭着从母体来到这个陌生的世界，开始了婴儿、儿童、少年、青年、壮年乃至老年的人生历程。期间身体一直发生着新陈代谢的过程，各个器官乃至皮肤头发和指甲，其细胞都是旧的老去死掉，又有新的产生出来代替它，这个巨细无遗的过程发生在构成我们身体的一切细胞中，并得到严格限定和精密执行。而操纵这一切的力量均源自父母给予我们的基因。

2. 遗传疾病的预防

预防遗传疾病的主要措施有：

（1）避免近亲结婚：我国婚姻法明确规定，禁止三代以内的近亲结婚。所谓近亲结婚，指有共同祖先的直系血亲和三代以内的旁系血亲的婚配。在一般情况下，每个人都有5~6种隐性致病基因，由血缘关系远的双方杂合而不易发病。而如果一个隐性致病基因携带者与近亲结婚，其子女的患病率就会大大提高。其原因是亲缘关系越近，相同的致病基因就越多，两个致病基因纯合的概率就越大，因而近亲结婚所生子女患遗传病的机会远比非近亲结婚大，且早期死亡率也较高。因此，避免近亲结婚是预防遗传病的有效方法。

（2）开展遗传咨询：所谓遗传咨询，指遗传病患者或他们的亲属提出的关于婚姻中有关遗传疾病方面的问题，由医生根据具体情况进行解释指导、劝告的过程。

（3）进行产前诊断：孕妇怀孕4个月左右时应去医院对胎儿进行检查，看其是否有遗传疾病，从而决定保留胎儿或中止妊娠。产前诊断的目的是预防遗传病儿的出生，以及对一些可医治的遗传病进行早期诊断和治疗。

（4）提倡适龄生育：人类遗传学的研究告诉我们，一个人的年龄愈大，细胞分裂就越容易出差错。据调查，母亲的生育年龄越大，唐氏先天性愚型病儿出现的频率就越高。因而提倡晚婚晚育，并非越晚越好，最适宜的生育年龄为25~29岁。

（5）实行婚前检查：主要是检查遗传病携带者。如患重度遗传性智力低下病（先天愚型）、重度克汀病、精神分裂症、抑郁性精神病者不宜结婚；直系血亲或三代以内的旁系血亲、双方家族系统中患有相同的遗传疾病的不能婚配，或婚后不要生育。以防止遗传疾病在家族中延续，并预防后代遗传疾病的发生。

（6）避免不适当接触致变剂：随着经济和社会的发展，环境污染的危害与日俱增。电离辐射、三废（废水、废气、废渣）和许多化学物质都可造成遗传物质不同程度的损伤。

第二章 健康教育与健康促进

一、健康教育

关于健康教育的概念有几十种说法，没有统一的能够被公认的概念或定义。即使是在世界卫生组织的文件中对健康教育的提法也不一样。根据我们中国人的思维习惯和对“概念”和“定义”的理解习惯，我们给健康教育下的定义是：

健康教育是以传播、教育、干预为手段，以帮助个体和群体改变不健康行为和建立健康行为为目标，以促进健康为目的所进行的系列活动及其过程。

从学科和方法学的角度来讲，健康教育是研究群体和个体健康行为形成及不健康行为改变规律，以及如何改变不健康行为和建立健康行为来促进健康的一门科学，即是一门研究保健知识传播技术和针对不健康行为如何进行教育和干预的方法学。

健康教育是一门交叉学科，健康教育理论是由教育学、传播学、社会学、行为学、心理学、预防医学、市场营销学等学科的理论融合发展起来的，形成了健康教育的理论和研究范围，并形成了一门独立的学科领域。

健康教育的基本工作内涵是：向受众传播健康信息，对目标人群进行健康观、价值观的认知教育以及保健技能的培训，针对特定行为进行干预，通过“有计划、有组织、有系统的教育活动”有效地帮助人们掌握健康知识，树立正确的健康价值观，改变不健康行为和采纳健康行为，避免危险因素，预防疾病，主动追求健康，提高健康水平。

二、健康传播

国外学者对健康传播的定义是：凡是人类传播的类型涉及健康的内容，就是健康传播。

我国学者提出的操作性定义：健康传播是指以“人人健康”为出发点，运用各种传播媒介渠道和方法，为维护和促进人类健康的目的而获取、制作、传递、交流、分享健康信息的过程。

健康传播是一般传播行为在卫生保健领域的具体和深化。健康传播具有一切传播行为共有的基本特性，同时，有其独自的特点和规律。它要求从业者不仅具备新闻与传播方面的素质，而且要掌握公共卫生、社会学、心理学、教育学、市场营销和公共政策等方面的知识。

由于不良行为和生活方式与疾病之间的密切关系，健康教育与健康促进成为21世纪公共卫生战略性策略。健康传播活动作为医学研究成果与大众健康知识、态度和行为之间的重要联结，在内容上实现了从“提供生物医学知识”到“促进行为和生活方式改变”的重要转变。倡导合理营养和良好的饮食习惯等对预防控制慢性非传染性疾病具有积极的作用。健康传播在这一领域中扮演必不可少的重要角色。

三、健康促进

健康促进是把健康教育和有关组织、政治和经济干预结合起来促使行为和环境改变来改善和保护人们的健康的一种综合策略（Battes/ Winder：1984）。

1986年在加拿大渥太华召开的第一届国际健康促进大会发表的《渥太华宪章》中指出：健康促进是促使人们提高、维护和改善他们自身健康的过程。

结合我们国家的实践经验和我们对健康促进内容和实质的理解，健康促进的概念可以表述为：健康促进是指运用行政或组织手段，广泛动员和协调社会各相关部门以及社区、家庭和个人，使其履行各自对健康的责任，共同维护和促进健康的一种社会行为和社会战略。

四、健康促进与健康教育的关系

通俗的理解，健康促进即是：健康教育、社会动员和政策倡导的组合，其目的也是帮助人们改变不健康的行为。虽然健康促进的工作范围涵盖了健康教育，但是健康促进是一种宏观的战略，它为健康教育改变人们行为提供政策和环境的支持。而健康教育作为学科领域，在改变人们知识、态度（信念）和行为方面的特定技术作用，是健康促进所不能取代的。

总之，健康教育需要健康促进的指导和支持，健康促进需要健康教育来推动和落实。

五、健康促进基本策略

（一）倡导

倡导政策支持、社会各界对健康措施的认同和卫生部门调整服务方向，激发社会关注和群众参与，从而创造有利健康的社会经济、文化与环境条件。

良好的健康是社会、经济和个人发展的主要资源，也是生活质量的重要部分。政治、经济、社会、文化、环境、行为和生物学因素均可促进健康或损害健康。健康促进行动目的是通过对健康的支持，使上述因素有利于健康。

（二）赋权（促成）

使群众获得控制影响自身健康决策和行为的能力，从而有助于保障人人享有卫生保健及资源的平等机会；使社区的集体行动能更大程度地影响、控制与社区健康和生活质量有关的因素。

健康促进的重点在于实现健康方面的平等。健康促进行动的目标，在于缩小目前健康状况的差别，并保障同等机会和资源，以促使所有人能充分发挥健康的潜能，这些包括在选择健康措施时，能获得支持环境的稳固基础、知识、生活技能以及机会。除非人们有可能控制这些决定健康的条件，否则不能达到他们最充分的健康潜能。在这方面男女应该平等享有。

（三）协调

协调个人、社区、卫生机构、社会经济部门、政府和非政府组织等在健康促进中的利益和行动，组成强大的联盟与社会支持体系，共同努力实现健康目标。

健康的必要条件和前景不可能仅由卫生部门承诺，更为重要的是健康促进需要协调所有相关部门的行动：包括政府、卫生和其他社会经济部门、非政府与志愿者组织、地区行政机构、工矿企业和新闻媒介部门。社会各界人士作为个人、家庭和社区参与。各专业与社会团体以及卫生人员的主要责任在于协调社会不同部门共同参与卫生工作。

应考虑各个国家和地区的社会、文化和经济体制的差异和实施的可能性，以使健康促进策略和规划适合于当地的需求。

（四）社会动员

所谓社会动员，就是广义的社会影响，也可以称之为社会发动。它是指人们在某些经常、持久的社会因素影响下，其态度、价值观与期望值变化发展的过程。过去，在革命战争时代，在政治运动中，社会动员就是政治动员，政治动员是发动群众投身革命、英勇奋斗的重要方式。正是这种经常的政治动员，帮助人们明确了革命的方向，激发了革命积极性，提高了思想政治觉悟，增强了胜利的信心。现在，时代不同了，社会发生了变化，社会动员的内容和方式也发生了变化。

六、健康促进五个活动领域

（一）制订公共卫生政策

健康促进超越了保健范畴，它把健康问题提到了各个部门，各级领导的议事日程上，使他们了解他们的决策对健康后果的影响并承担健康的责任。健康促进的政策由多样而互补的各方面综合而成，它包括立法、财政措施、税收和组织改变。这种协调行动使健康、收入和社会政策更趋平等。联合行动目的是保证更安全、更健康的商品供应和服务、更健康的公共服务和更清洁、更愉悦的环境。

健康促进政策要为非卫生部门采纳健康的公共政策扫清障碍，克服困难。其目的必须使决策者也能较易做出更健康的选择。

促进行为改变的动机与愿望以及与之相关的技能与资源的发展往往与各种法律、政治、环境状况有关，在很大程度上受现有的政策、规章制度与某种组织行为的制约。国内外成功的经验已证实，强有力的、有针对性的政策与有关规章制度将有效地促进行为的改变并能有效地维持这种改变。

举例，上海市卫生局1999年出台了《关于在本市一级医疗机构开展35岁以上病人测量血压工作的通知》，不但增加了人们的高血压防治知识、意识，还提高了早期高血压及高血压潜伏期患者的发现率，有利于人们早预防、早发现、早治疗。又如，在一些地区医院的性病门诊制定宽松治疗的规定，以创造宽松就医环境，规定实施后发现，干预活动能够显著提高医院的性病门诊量、性病复诊率和性伴就诊率，也能显著改善患者就医环境和就医体检率。

（二）创造支持性环境

我们的社会是复杂的和相互联系的。健康不可能与其他目标分开。人类与其生存的环境是密不可分的，这是对健康采取社会-生态学方法的基础。总的指导原则对世界、国家、地区和社区都是相同的，即需要促进相互维护——我们的社区和我们的自然环境需要彼此保护。应该强调保护世界自然资源是全球的责任。

生活、工作和休闲模式的改变对健康有重要影响。工作和休闲应该是人们健康的资源，社会组织的工作应该帮助创造一个健康的社会。健康促进在于创造一种安全、舒适、满意、愉悦的生活和工作条件。

系统地评估环境的迅速改变对健康的影响，特别是在技术、工作、能源生产和城市化的地区是极为重要的，并且必须通过健康促进活动以保证对公众的健康产生积极有利的影响。任何健康促进策略必须提出：保护自然，创造良好的环境以及保护自然资源。

举例，在社区进行免费测量血压活动，建立戒烟门诊，在农村地区推广浴罩帮助其建立洗澡淋浴的卫生习惯等。

（三）发展个人技能

发展个人技能策略实际上包括以下含义：

运用大众传播媒介与人际传播技巧；运用人际传播与社区发展的技巧，提高人群对健康促进的主动参与；运用示范、实际操作等技巧，掌握促进健康的各种方法与技巧；运用社区动员、社区活动以及部门间合作的技巧，开发社区的潜力，维护已建立的成果。

例如，如何掌握低盐饮食的技能，体育锻炼的技能，日常生活中控制高血压的技能。

（四）调整卫生服务方向

健康促进在卫生服务中的责任是要求个人、社区组织、卫生专业人员，卫生服务机构和政府共同承担。卫生部门的作用不仅仅是提供临床与治疗服务，而必须坚持健康促进的方向。

实际工作中，调整卫生服务方向则需要重组卫生资源。通过多种途径，广泛动员可利用的资源，为发展健康事业服务。同时，通过多部门的协作和社区的参与，对卫生服务项目进行优化选择，把卫生服务的重点调整到最需要的地区和最急需的人群。同时，要求改变医疗部门仅仅提供临床治疗服务和以疾病为中心的服务模式，倡导坚持健康促进的方向。卫生工作者（医生、医学专家）对预防工作也要全方位参与，扩展预防工作的内涵。

（五）强化社区行动

健康促进工作是通过具体和有效的社区行动，包括确立优先、做出决策、设计策略及其执行，以达到更健康的目标。

如果就从一个社区的范围来理解健康促进，健康促进则是一个增强个人和社区控制健康危险因素能力，从而改善个人和社区人群健康的过程。充分调动社区的力量，积极有效地参与卫生保健计划的制定和健康环境的建设，为社区居民提供良好的生活环境和社区卫生服务。在加强社区行动中关键在于调动和发挥社区的能动性，提高社区在促进健康方面的各种基本能力。

第三章 健康村实践

一、健康村概述

（一）健康村的背景

世界卫生组织认为，健康村是指具有较低传染病发病率，人人享有基本卫生设施和服务，社区和谐发展的农村。健康村是世界卫生组织倡导的“健康场所”工作之一，是“健康城市”工作的延伸。健康场所建设即以场所为基础，运用整体性、多学科的方法开展健康促进，其目标是通过“整体系统”的方法最大程度的预防疾病。健康场所的原则是社区参与、合作伙伴、授权和公平。目前，健康场所包括健康城市，健康村，健康社区，健康学校，健康市场，健康岛屿，健康医院等。

健康村作为一个概念第一次提出是在1989年埃及亚历山大市举行的世界卫生组织东地中海区城市环境健康技术会议上，用以解决东地中海区农村地区快速城市化过程中产生的一系列环境健康问题。会议认为健康村是解决农村地区突出环境健康问题的综合策略。

到目前为止，世界卫生组织已经在其所辖的所有六个区实施了健康村项目。在非洲地区，大约30个健康村已经建立起来。在世界卫生组织东南亚和东地中海沿岸地区，健康村已经广泛开展，如埃及、苏丹、尼泊尔、约旦、也门、阿曼、巴基斯坦和叙利亚等东地中海区的健康村项目，在提高当地农村居民的健康意识，改善居民健康水平和社会条件等方面取得了一定成果。东南亚区的马来西亚和斯里兰卡也开展了健康村研究，使得全球健康村的数量又新增了50~100个。

就全球来看，健康村仍是一项新兴工程，除世界卫生组织重视外，多国政府、联合国儿童基金会、联合国发展署和联合国环境署等国际组织以及非洲医药研究基金会等非政府组织也逐渐关注此项工作。

（二）健康村的意义

决定健康的因素很多，包括收入、环境条件，比如足够的卫生设施、安全饮用水供应、个人行为以及卫生服务（见健康影响因素章节）。当今世界上有超过一半的人生活在村庄里或是农村地区，而世界上没有安全饮水资源和基本卫生设施的人中，绝大多数是农村居民。促进农村人口的健康保护能力并改善其健康状况已经是全球面临的重大挑战。

“健康村”针对上述影响农村居民健康的各类因素，以提高农村居民健康水平为目的，在世界各地开展的系列相关项目，取得了一系列成果。世界各地区的健康村研究结果均显示，健康村给当地农村面貌带来了方方面面的变化，不仅体现在传统的公共卫生领域，如饮用水卫生、粪便处理、传染病预防等，还涉及非公共卫生领域，如经济、文化、教育、福利保障、生态平衡、资源保护以及社区邻里关系、心理卫生和健康生活方式等。

当前我国开展健康村建设工作的积极意义如下：

1. 健康村是解决当前我国农村居民健康问题的有效策略

我国是一个人口大国，农业人口占总人口的64%。农村始终是我国卫生工作方针的重点。而当前，我国农村公共卫生环境恶化，农民卫生观念滞后，健康促进工作薄弱，农村居民健康指标落后于全国平均水平，食品和饮水安全、卫生服务和个人卫生等问题长期以来一直影响着农村居民的健康。新时期，城市化进程的加快引起了自然和社会结构的转变，城市中集中的公共设施、较多就业机会等优势则吸引了大量的农民涌入城市，某种程度上导致了农村人力和财力的不足，农村贫困指数较高，意味着农村居民面临着复杂的社会经济问题和更重的疾病负担。

“健康村”项目旨在促进农村社区开展健康促进行动，动员人力、财力资源建设健康环境，促进农村居民健康行为的养成，从而提高健康水平。健康村项目围绕危害农村居民健康的主要问题，针对主要危险因素，结合重大疾病的预防控制，开展健康教育与健康促进活动，从增强群众自我保健意识和能力入手，营造有利于健康的社会与物质环境，是人人享有基本医疗卫生服务的一项基础工作，是有效提高农村居民健康水平的一项花费少、效益高的手段与方法。

2. 健康村建设有利于促进社会主义新农村

在我国开展健康村建设，实施健康促进的五大策略，完善健康保健服务，改善健康环境，开展健康教育，从而提高广大农村居民的健康素养，这是健康公平性的重要体现，也是解决当前影响农村居民健康问题的重要策略和措施，是构建和谐社会的一项有力措施与手段，是建设社会主义新农村的重要组成部分，体现了以人为本、科学发展的理念，有很强的现实意义及长远意义。

3. 健康村建设有利于促进农村公共卫生服务体系的构建

2008 年 1 月初，我国提出以提高人民群众健康为目标，以解决危害城乡居民健康的主要问题为重点的“健康中国 2020”的重大策略，采用适宜技术，以政府为主导，动员全社会参与，切实加强对影响国民健康的重大和长远卫生问题的有效干预，确保到 2020 年实现人人享有基本医疗卫生服务。健康村建设有利于促进农村公共卫生服务体系的构建，促进农村医疗卫生服务体系的完善，是人人享有基本医疗卫生服务的一项基础工作。

(三) 我国的健康村项目

1. 省级项目

国内部分省份于 2007 年先后开展了健康农村建设活动。如北京的“健康促进示范村”活动、上海市的“百万农民健康促进行动规划（2006~2010）”、江苏省“农民健康工程”活动。“健康村”工作尚未在全国范围内推广，“健康村”的内容、标准和评价指标体系尚未制定和完善。但上述局部地区的健康村建设活动为今后的研究提供了经验。1994 年以来，卫生部等九部委联合开展了“全国亿万农民健康促进行动”，建立了国家、省、市、县各级建立健全了工作网络和工作机制。该行动框架已日趋完善，为我国健康村研究起到了很好的铺垫，也将会对今后健康村推广奠定组织网络基础。

2. 中国农村卫生发展项目

“中国农村卫生发展项目”（简称卫十一项目，2008～2014）于2008年启动，是我国政府与世界银行和英国政府合作，在我国江苏、河南、黑龙江、山西、重庆、青海、陕西、甘肃省的40个县开展的综合和系统的农村卫生改革试点项目。该项目采取以结果为导向的项目管理与实施方式，将通过对农村项目地区进行能力建设和综合试点，提高项目地区居民基本卫生服务的可及性和公平性，为不同发展水平地区提供可推广的农村卫生改革发展经验和模式，可持续性地改善项目地区居民的健康水平。

“健康村”建设属于卫十一项目的第三领域，要求以“健康村占该县行政村的比例”来反映公共卫生领域（第三领域）健康村建设的成果。

该项目将在中国农村卫生改革发展总的指导方针下，结合农村发展现状，针对农村经济、文化、教育、福利、保障、生态环境、医疗卫生技术及其服务、营养供给及其食品安全、农村邻里关系、农民个人行为等与农村居民健康生活密切相关的因素，通过着手改善健康环境、健康服务、健康传播、居民健康这四个方面的现状，进行健康村试点建设及相关研究。

二、健康村的基本内涵与活动领域

（一）健康村定义

世界卫生组织“健康村”定义：是指具有较低传染病发病率，人人享有基本卫生设施和服务，社区和谐发展的农村。世界卫生组织认为，健康村具有以下7个特征：

1. 具有清洁和安全的自然环境。
2. 公众共同参与，创建和谐社会。
3. 能提供各种活动场所，以方便居民之间的沟通和联系。
4. 历史和文化遗产受到保护。
5. 人人享受适宜的健康服务。
6. 经济发展多样化并具有创新性。
7. 所有居民拥有可持续性使用的资源。

2008年，我国卫十一项目开展了“健康村评价指标体系研究”，在世界卫生组织的定义及近几年国内外健康村研究的基础上，结合我国国情，提出了健康村试点构想：具有卫生安全的物质和生活环境、良好的健康意识和生活方式、疾病得到较好的预防和控制，能在保护和促进村民健康方面可持续性开展工作的行政村。

（二）健康村的基本内涵

健康促进通过行为、社会、政策和环境方面的干预措施，促使人们的卫生习惯发生了积极变化，而这反过来有助于减少慢性非传染性性疾病诸如高血压、冠心病、伤害以及传染病如艾滋病等致死和致病因素。健康促进的好处目前在具有较高社会经济地位的人群中得到明显体现。因此，为改善脆弱人群健康而采取的政策和措施显得格外重要。

健康村建设是在农村范围内开展的健康促进。健康村的活动从公共卫生的视角出发，注重提高整个农村社区居民对健康活动的参与意识，注重个体健康生活方式的改善，从而使居民对于健康的理解从传统的“不生病”转向“生活质量的全面提高”。

健康村与卫生村既有联系又有区别。

目前中国的卫生村主要涉及范围包括：环境卫生（村容村貌、绿化、三废排放）、卫生设施（改水改厕、自来水普及、无害化厕所普及、粪便无害化处理、生活垃圾处理）、健康教育、除害防病、卫生管理等。

健康村关注的角度除了国内卫生村关注的领域以外，还重视村民健康状况、健康意识的提高，关注农村公共卫生设施和服务，关注健康公平性，比现有卫生村的内涵要广。健康村建设不仅包含了传统的公共卫生领域的主要议题，如饮用水的卫生等，还涉及非公共卫生领域，如经济、社会文化、教育、福利保障、生态平衡、污染控制和资源保护，健康的社区邻里关系、文明的风尚、心理卫生、行为矫正和健康生活方式的鼓励等。

（三）健康村的四大活动领域

世界卫生组织认为，影响农村居民健康的因素主要包括环境、个人和社区对健康相关知识知晓情况、个人卫生、健康服务、疾病等。因此，针对上述健康影响因素，我们认为当前健康村建设的四个重点活动领域是：

1. 健康的环境

我国农村地区居住着8亿多人口，农村卫生与健康环境建设是新农村建设的一个重要组成部分，直接关系着农村的发展和农民的身心健康，环境卫生面貌也是一个国家文明程度的重要指标之一。如前文所述，健康的环境包括社会环境和物质环境。在社会大力倡导环境保护的氛围下，我们要用心、用行动，持之以恒地去保护环境，保护我们的家园，创造好的社会人文环境和物质环境，为我们的健康打下坚实的基础。

（1）开展社会动员：动员村民广泛参与健康村相关活动，将村民被动地接受项目干预变为主动的参与到项目活动中来。建议召开村民大会，向上级递交健康村建设申请，以村民大会的形式向全体村民公布。召集村民代表集中研讨健康村建设方案，达成共识。出台与健康村建设有关的规章制度、村民公约等。

项目村要制定明确的健康村建设的目标、措施及工作计划；及时发现问题、总结经验；村委会有专人负责健康村的管理；任务落实，责任明确。

（2）和谐的人文环境：健康村要做到扶贫济困，邻里和谐。有针对弱势群体（含病残人员）、贫困家庭救助、帮扶的制度和措施，孤寡老人有基本生活保障。村民具有良好的精神风貌，邻里和谐，移风易俗，破除迷信等。

（3）改善自然环境和居住环境：目前环境正在被人类制造出来的各种环境灾难所威胁：水污染、空气污染、土壤污染、农药污染、土地荒漠化等。我们应该意识到那种无节制消耗资源和污染环境的生活方式是造成环境恶化的根源，应当选择有利于环境的生活方式来善待环境。地球正面临着生态危机。只要我们改变浪费又污染的生活方式，就能够改善环境，创造美好家园。因此，在农村地区，为改善自然和居住环境我们努力做到以下几点：

1）开展环境整治。保证环境整洁，村内绿化符合村镇规划标准（GB 50188-93）。庭院、室内环境整洁，物品排放整齐。水域岸坡整洁，水面无垃圾漂浮。

2）道路硬化达标。道路硬化率达到90%。主要路面做到压实、平顺、清洁、硬化（包括沥青、水泥或沙石）。

3）工业排放达标。建于村内的各种企业产生的废水、废渣、废气和噪声等污染物做到达标排放。要告知、监督村民不随意焚烧稻草、麦秸、落叶，这些物质本身能吸收和蓄积一些有害物，同时还积存不少灰尘。燃烧时，树叶麦草上的一些有害物质会随烟雾排入空气，还会产生大量致癌气体。

4）人畜分离，禽畜圈养。这样既保持居住环境整洁卫生，又能防止各种人畜共患病，如炭疽、禽流感等。

5）粪便无害化处理。修建家庭卫生厕所、卫生公厕。把改厕管粪工作列为重点内容，坑式厕所易滋生蝇蛆，传播疾病，散发不良气味，传播疾病，可改造户厕结构，采用三格式粪池厕所或双瓮漏斗厕所，并采取小体积高温堆肥，使粪便达到无害化再施用于农田，防止粪便污染环境，减少肠道传染病的发生，在接近农田的独立地段，合理安排足够的粪便和垃圾处理场地，并由专人负责收集清运。

6）垃圾集中收集管理。生活废弃物统一管理。要求有卫生保洁制度，生活污水排放不污染饮用水源。

7）蚊、蝇、鼠、蟑螂密度应控制在本省爱卫部门的规定范围内。

8）减少室内污染。常开窗流通空气，避免残留化学用品、放射性物质损害健康，装修时购买对人体无害的木板、油漆、家具、建材等，在装修结束后间隔一段时间再入住。

（4）饮水安全：有安全卫生的饮用水源。集中供水和分散取水的水源有专人管理和保护，水质符合国家生活饮用水要求。对此，要加强水源防护，制定合理的取水设施清洗消毒及水质卫生监测制度。自来水水龙头应尽可能设于室内，加强排水系统的建设，修建下水管道，及时排除雨水和妥善处理生活污水，减少对环境的污染。

（5）食品安全：如加工食品生熟分开，厨房整洁。

（6）推广清洁能源：推广使用太阳能、沼气、风能等清洁能源，保护农村生态环境，大力推广节能新技术。可持续性开发利用自然资源，推广农作物秸秆还田、制气或用作禽畜饲料，重视资源的再利用。

2. 健康的服务

农村公共服务体系是我国社会主义新农村建设中的一个重要组成部分，公共健康（卫生）服务体系又是其重中之重。

既往调查显示，农村地区的特殊情况对农村公共健康以及提供服务有非常大的影响。其中有一些因素是农村地区特有的，比如农村地区的儿童缺少娱乐设施，导致他们过早的吸烟、酗酒和吸毒；农村地区的老年人、丧失了行动能力的人和虚弱的人更需要照顾；即使同一农村地区，由于生活着不同职业、年龄段和社会阶层的居民而需要多样化的健康服务；农村地区相对脆弱的经济和服务设施更难以承受突发卫生事件，比如禽流感、口蹄疫，不仅给农村经济造成重大损失，而且给农村居民造成很大的精神压力。另外，部分农村地区心理健康状况堪忧，如自杀事件等。

与城镇中心地区相比，农村地区对公共健康服务的需求更加急迫和多样化，但农村地区的特有状况又不具备提供这些服务的条件。目前农村健康（卫生）服务体系还存在许多薄弱环节，要求加快农村卫生服务体系建设，提高农村卫生服务能力，使农民能就近得到更优质基本卫生服务。

当前农村健康服务的重点内容是：完善新型农村合作医疗，合理配备卫生人力资源，增加卫生经费投入，提供对农民的公共服务，做好疾病预防、医疗救治、健康教育、人口计划生育、免疫与控制工作，防止重大传染病流行和蔓延，有效应对和处置突发公共卫生事件的发生，加强卫生监督管理等。

在上述背景和前提下，目前，我国健康村建设中关于健康服务的重点内容如下：

（1）新型农村合作医疗参合率100%

（2）建设符合省内标准的村卫生室

①村卫生室硬件建设符合要求，便于村民就医。能够为常见伤病提供初级诊治。突发传染病疫情时可作为临时隔离、救治室。

②乡村医生资质符合本省要求，每年接受1次以上正规培训。

③乡村医生基本药物使用符合基本用药目录要求。《乡村医生从业管理条例》规定省（区、市）人民政府卫生行政主管部门制定乡村医生基本用药目录，乡村医生在此范围内用药。

④一次性医疗用品使用管理符合规定指采购有“三证”（产品注册证、产品合格证、医疗器械生产许可证或经营许可证），存放、消毒、（转运）符合规定，一次使用后毁形、消毒等按规定处理，均达到要求。

（3）妇女保健

①正确产前检查是指在乡镇卫生院及以上各级医疗保健机构检查，检查次数至少为5次。村内孕产妇的正确产前检查率要求达到100%。

②孕产妇住院分娩。

（4）儿童保健

村内儿童能接受到儿童保健服务，包括登记建卡，正规、全程接受计划免疫等。

（5）患者健康教育

对就诊病人开展健康教育，并指导病人向有关医疗机构求助。

（6）慢性病管理

对现患糖尿病、高血压病人开展建档、督促服药、定期测量血压、行为生活方式指导等健康管理。

3. 健康的行为生活方式

既往调研发现，部分农村地区的环境卫生设施得到了改善，村镇配置了垃圾容器，但垃圾乱倒、乱堆现象还比较常见，有的垃圾箱周围也全是垃圾，招致成群的苍蝇，影响周边环境卫生。这些现象说明仅有物质环境建设还不够，必须通过健康教育，开展健康传播活动，营造好的人文环境，帮助村民建立良好的卫生习惯和健康的生活方式，提高健康素养，才能有效地提高农村地区的生活质量和健康水平。

除了环境卫生，健康村建设要重点关注农村居民常见病防治知识，如乙肝、狂犬病、高血压、糖尿病，和常见的不健康行为，如缺乏体育锻炼，过咸饮食习惯，吸烟，饭前便后不洗手等，以及其他影响当地居民健康的不健康行为与习惯。上述问题都是近年来各项农村居民健康行为调查中发现的较突出的问题。

4. 健康的观念

我们开展健康村建设，其中一项核心内容就是帮助农村居民树立健康的观念，提高健康意识。健康观念大致包括以下几个方面，首先是我们如何看待健康，如何认识健康在生命中的价值，即对健康的态度；还有对健康内涵的理解，即什么是健康，健康是一种什么状态；以及对健康行为和生活方式的态度和认识等。

现实生活中人们的健康观念大致有两种——第一种是懂得健康知识，会健康规律的生活，保健意识强，有自我保健能力；第二种是宿命论者，认为“生死由命、富贵在天”，人的寿命长短是命里注定的，自己无能为力，对自己生命马马虎虎、随随便便、顺其自然。

关于健康的定义，前文已经详细阐述，即掌握健康三要素：生理健康、心理健康、社会适应良好。

在健康村建设过程中，我们要让“健康第一，主动寻求健康”这个概念深入人心，让人们明白健康有三个维度，不仅仅是没有疾病和虚弱。健康是每个人生存发展的基础和生活的资源。要把健康知识、科学保健方法与技能教给村民，让他们理解健康知识，掌握技能方法，付诸行动，收到实效，从而相信科学，改变不健康观念和行为习惯，并长期坚持。要完成这个任务，其中心工作就是加强健康教育，调动农村居民主观能动性，让他们主动去争取健康，提高健康素养，健康素质。最终通过健康教育使人们少得病、晚得病、不得病。

现实生活中，有些人死于无知，有些人死于知之而不为之，明知道不良生活方式的危害，但为了享受、为了金钱、为了权力而不顾健康。养成一个好习惯不容易，改变一个坏习惯更难。帮助村民建立健康的观念不是一蹴而就的事情，是一项长期系统的科学工程。各地在开展健康教育时，一定要在科学的健康教育与健康促进理论指导下，在实践中加强研究，活学活用，探索出适合本地居民的健康教育策略、方法和手段。

在树立健康观念的工作中，首选要树立地方领导的健康观念，做好领导开发与倡导工作。运用健康促进中的社会动员与倡导策略，动员各级部门与领导，参与健康观念创建，发挥各方力量的能动性，形成“人人为健康，健康为人人”的局面。

三、健康村评价指标体系

（一）国际上对健康村的评价

世界卫生组织建议从6个方面对健康农村进行评价：

1. 环境健康促进：包括居住环境、卫生设施、污水排放系统、固体废弃物处理、家畜管理、食品安全、公共场所环境、饮水安全等。

2. 适宜卫生服务的提供。

3. 知识知晓率和行为形成率。

4. 健康促进和技能发展。

5. 妇女健康和儿童发育指标。

6. 贫困减少指标。

（二）我国对健康村的评价

卫十一项目借鉴了世界卫生组织和国内开展健康村建设的经验，在世界卫生组织提供的健康村评价建议基础上，针对我国农村主要卫生问题和社会问题，由中国健康教育中心组织专家研究制定了“健康村评价指标体系（试行）”（表1）。

该评价指标体系构成如下：

4类一级指标：健康环境、健康传播、健康服务、健康状况。

16项二级指标：社会动员、和谐人文环境、饮水安全、传播活动、妇女保健、健康素养、传染病发病、两周患病情况。

37个三级指标：健康村管理、扶贫济困、道路硬化率、有安全卫生的饮用水源、食品正确加工、新型农村合作医疗参合率、乡村医生基本药物目录使用率、住院分娩率、计划免疫接种率、就医患者的健康教育、高血压管理率、集体传播活动、乙型肝炎传播途径知晓率、经常体育锻炼率、感染性腹泻年发病率、两周患病率等。

表1　健康村评价指标体系（试行）

一级（4）	二级（16）	三级（37）	分值
健康环境	1. 社会动员	①村民大会	4
		②健康村管理	4
	2. 和谐人文环境	①扶贫济困	2
		②邻里和谐	3
	3. 改善自然环境和居住环境	①环境整洁	4
		②道路硬化率	2
		③工业排放达标*	可选
		④禽畜圈养率	3
		⑤粪便无害化处理率*	可选
		⑥垃圾集中收集管理	3
		⑦蚊蝇鼠类密度达标	2
	4. 饮水安全	有安全卫生的饮用水源	3
	5. 食品安全	食品正确加工	3
	6. 推广清洁能源*	清洁能源使用种类*	可选
健康服务	1. 新型农村合作医疗	新型农村合作医疗参合率	4
	2. 村卫生室符合标准	①硬件建设符合要求	4
		②村医有行医资格	4
		③乡村医生基本药物目录使用率	4
		④一次性医疗用品使用管理合格率	3
	3. 妇女保健	①正确产前检查率	2
		②住院分娩率	2
	4. 儿童保健	计划免疫接种率	4
	5. 患者健康教育	就医患者的健康教育	4
	6. 慢性病管理	①高血压管理率	4
		②糖尿病管理率	4
健康传播	自主传播活动	①集体传播活动	6
		②发放传播材料	4

续 表

一级（4）	二级（16）	三级（37）	分值
健康状况	1. 健康素养	①乙型肝炎传播途径知晓率	4
		②狂犬病防治知识知晓率	
		③高血压危险因素知晓率	
		④糖尿病危险因素知晓率	
		⑤经常体育锻炼率	
		⑥过咸饮食习惯流行率	
		⑦吸烟率	
		⑧饭前洗手习惯形成率	
	2. 传染病发病	感染性腹泻年发病率	5
	3. 两周患病情况	两周患病率	5

四、健康村实施和评价

（一）建立健全项目管理组织

项目村成立健康村项目管理机构，如健康村委员会（以下简称委员会）等。委员会的成立对项目能否取得预期成果至关重要。委员会负责项目的管理实施，活动的组织协调，以及与政府部门的沟通。

1. 委员会成员组成

委员会的成员组成的原则是，能代表最广大村民的利益，要注意性别的平衡，并能反映本地文化与社会规范。

2. 委员会的透明度和责任性

委员会既要对本村又要对外部机构如政府、社会组织保持透明度和责任性。委员会要定期开会，做会议记录，保证每个委员都了解有关项目的信息。并要建立长效的沟通反馈机制，如建立论坛，与本村村民广泛讨论沟通主要项目活动和问题。

3. 当地政府及国家项目组的责任

当地政府以及国家项目组要对地方项目给予资金、技术支持，如开展培训与技术指导和咨询，并进行项目督导，审核资金运行与项目活动开展状况，保证项目按步骤有效实施。

当地政府有关部门应设立健康村项目领导机构，负责本地区的组织、协调、计划、实施、考核、评价等工作。建立评估和命名机制，如对建设健康村取得显著成效村进行命名等。

健康教育机构负责对健康村建设工作的业务指导，组织培训师资、编写教材、制定评价考核标准等，指导项目计划的拟订和实施。

（二）广泛社会动员

社会动员可以促使相关部门、乡村和村民为了一个共同的目标而各负其责，有效合作。因此，开展自上而下，逐级广泛的社会动员、启动健康村试点建设研究项目，是项目的顺利、高效实施的第一步，非常重要。

社会动员时，需阐明健康村对农村可持续性发展、对于促进农村居民健康水平、促进社区和谐等具有非常重要的意义。

通过社会动员，争取达到强化基层政策支持，建立良好的组织和工作机制，能有效利用并合理调配村内人力、物力和财力等各项资源，达到提高农村居民参与健康村建设的积极性，促进全村居民的积极参与健康村建设活动的效果。

（三）社区诊断

社区诊断又称为社区需求评估，是运用社会学和流行病学方法，对农村进行调查研究，全面了解项目地区的基本情况，确定农村社区存在的主要健康问题，并提出相应的改进办法的过程。通过社区诊断，不仅可以为制定项目计划提供翔实的基线资料，还可以为开展项目干预奠定工作基础。通过社区诊断，发现项目村存在的主要卫生问题、提出整改措施、列出活动时间表等，制定出《项目村健康村建设计划书》。

社区诊断的原始资料收集包括两大部分：一是社区的社会、经济、卫生、环境等资料，可以从相应的管理结构取得；另一部分则需要通过问卷调查、定性访谈和现场观察等方法取得。

分析本村主要健康影响因素时，需要从以下几个方面考虑：

1. 环境因素

包括物质环境、社会和社区组织结构。物质环境在很多方面起着重要作用。一个干净的环境能够阻止疾病的传播，并可以减轻抑郁。比如，提供安全充足的饮水，保持环境卫生，修建排水系统和垃圾废物处理设施等。反之，肮脏的环境则加快疾病传播，并影响人们的心情。工业污染与交通伤害也影响人们的健康。

同样，家庭卫生和社会环境也影响健康。如果一个家庭存在房屋质量不好，室内卫生差，通风、照明不好等问题，会导致如近视、呼吸道疾病等健康问题。如果一个人因为性别、收入、宗教、性别等因素受到歧视和边缘化，那么他很可能会变得焦虑、抑郁，甚至患精神疾病。如果一个地方女性受歧视，那么她们更是会受到身心伤害。相反，一个和谐的社会环境能够促进人们健康。

2. 健康认识

个人对健康的认识是健康村建设的基础环节。如果人们不了解疾病的原因，不知道如何改善健康，他们就不会花时间、精力和资源去参与健康村建设。提高认识应该涉及有关影响健康的各个方面，因为这些方面是互相影响的。只有人们认识到需要改善环境，改变不良卫生习惯，获得适宜的卫生保健后，对促进健康所做的投资才能发挥出应有的作用。因此，政府和项目委员会应在提高人们的健康认识方面发挥重要作用。

3. 个人卫生习惯

个人卫生习惯对增进健康和保证干预效果的可持续性起着本质的作用。例如，如果受了小伤而不及时清洗，保持清洁，有可能导致伤口感染，而变成一个大问题。又如，提供了安全饮水等卫生设施后，只有当人们能够正确使用这些设施，做到便后洗手，及时清洗餐具，经常洗澡，勤换洗衣物，这样才能有效地发挥卫生设施的作用，去除相关疾病。

关于个人卫生习惯的改变，需要运用健康沟通和健康教育的方法和手段，制定系统的针对行为改变的健康教育计划。大致需要以下步骤：①评估卫生行为，确定目标人群和要干预的行为习惯；②分析影响行为的主客观因素，制定行为干预项目计划；③开展项目人员能力建设、组织建设；④对目标人群开展沟通与教育活动，包括选择合适的卫生信息，确定传播方式，开发传播材料；⑤监测和评价干预效果。

4. 卫生保健因素

人一生中不可能不得病，这时候需要医生的治疗与建议。小孩子处在特殊阶段，可能更容易患病，患病时更需要及时的治疗，并且要及时接种疫苗预防传染病。无论何时，是否有可利用的卫生保健设施对健康的影响都很深远。因此，政府有关部门，要为当地居民提供尽可能近的和优质的卫生保健服务。

5. 疾病因素

农村地区常见的疾病按病因分类大致为粪口传播疾病和虫媒传播疾病。质量过关的安全饮水设施以及好的个人食品卫生习惯（食物的准备、加工处理等）对预防粪口传播疾病至关重要。

虫媒传播疾病通过带菌生物如苍蝇蚊虫，以及水中的寄生虫间接宿主如蛇等来传播。虫媒传播疾病与当地的气候环境有很大关系，也与人们的行为（如接触水的方式）和社会经济状况（维持干净卫生环境的能力）有关。预防此类疾病，要采取措施限制人们接触疫水，采用简便方法控制虫媒，保持环境干净卫生等。在很多情况下，需要将这些措施写入本村日常规范中，并改变农业方式。

（四）制定项目计划

1. 项目目标

结合社区诊断，发现当地存在的卫生问题之后，需要明确项目的干预目标、干预内容、干预人群、干预时间等具体项目计划。

①总目标：总目标一般是比较宏观、长远的，它给整个计划提供一个总体上的要求或努力方向。例如：通过本项目计划的实施，使社区内吸烟人数减少，吸烟率降低，与吸烟有关的慢性病发病率得到控制。

②具体指标：即目标要达到的具体结果，要求是明确的、具体的、可

测量的而又必须达到的指标。指标包括 5 个要素：即对谁？什么变化？多长时间？变化程度多大？如何测量这种变化？一项健康教育计划通常包括三方面的指标，即教育指标、行为指标和健康指标。

教育指标：是指为实现行为改变所应具备的知识、态度、信念和技巧等，是反映健康教育计划近期干预效果的指标。例如：实施围产期保健健康教育计划 1 年后，知识方面：100%的孕妇能说出产前检查的好处；信念方面：100%的孕妇相信她们能够用母乳喂养自己的孩子；技能方面：100%的产妇能够掌握母乳喂养的技巧。

行为指标：是指健康教育计划实施后，干预对象特点行为变化的指标，也是反映计划中期效果的指标。例如：实施母乳喂养健康教育计划 2 年后，使社区 90%的产妇实现母乳喂养。

健康指标：是指通过健康教育计划的实施，反映干预对象健康状况改善情况的指标。由于要使干预对象的健康状况改变往往是一个较长的时期，所以，健康指标反映的通常为远期效果。包括发病率的降低、健康水平和生活质量、平均期望寿命的提高等。例如：执行控烟健康教育计划 3 年后，使社区内 35 岁以上的居民高血压患病率由目前的 12.65%下降至 8%以下。

一项健康教育计划应该设计什么指标、多少个指标，没有统一规定，也不是所有计划都要具备知识、行为、健康这三项指标。要根据计划的内容、对象、时间以及期望产生的效果来定。

2. 制定干预策略和内容

干预策略和措施的具体内容包括：

在基线调查的基础上，指导项目县围绕本村的主要卫生问题和健康问题，制定适合当地情况的干预策略。

围绕卫十一项目“健康村评价指标体系”试行标准，指导项目县有重点地开展环境整治、卫生服务改善、健康传播、提高健康状况等方面的综合干预活动。

围绕《中国公民健康素养——基本知识与技能》，选择干预核心信息，提高健康素养水平。

根据本地区实际情况，采取人际传播和大众传播相结合的方式，开展健康传播活动。

3. 活动时间表

在确定目标、策略和主要活动之后，需要对每项活动所需要完成的工作给予详细的说明，并明确由谁来完成这些工作，以及每一项工作的起止时间。

4. 组织管理

规定项目的领导机构、执行单位、技术指导、协作单位等，以确保职责分明、分工合作。

5. 活动预算

在制定预算之前，需要先明确进行该项工作所需要的各种资源，以及已经拥有的资源。如果本地的资源有限，要争取政府和社会组织的支持。

为了项目的可持续性，要把有限的时间与经费等资源进行合理分配，首先满足最需要开展活动的需要。

（五）能力建设

培训是项目良好运转的保障，培训内容包括：健康村理论、健康村试点建设研究项目方案和管理、健康村建设的策略与方法、运用参与式方法开展社区诊断、基线调查和效果评估，以及档案资料收集和整理等。

（六）实施综合干预

综合干预是健康村项目的核心，评价一个健康教育项目实施和工作的效果，主要是要看其是否使该村的环境和居民健康状况发生切实的改变。干预措施可包括以下几个方面。

政策干预：通过出台、改变影响人的行为改变的政策、法规、规章制度等措施，对人的行为产生强制性影响和干预的措施。如出台村内的公共场所禁止吸烟的规定、要求用工单位为员工购买健康保险、有毒有害工作场所强制实行防护措施、严格执行新农合相关补偿规定等。

环境干预：通过改变环境以促使人们的行为发生改变或维持的措施，

如为村民建设体育运动的场所、改水、改厕、绿化等。

信息干预：通过教育、传播、咨询等措施为人们提供有益于行为改变或维持的健康知识和信息，以促使人们形成促使行为改变或维持的态度、意识、价值观，掌握健康技能等，最终促使人们行为发生有益的改变。

人际干预：是利用同伴压力、社会示范、从众等社会心理现象，对人的行为进行干预的过程。

组织干预：在组织机构内采取促使人们行为改变或维持的措施，如组织集体活动、出台内部规章制度、改善人际关系等从而促成人们的行为发生改变或维持。

服务干预：通过服务的提供从而促成人们的行为发生改变或维持的措施，如在社区卫生服务中心为人们提供就近的免费的血压测量服务、为烟瘾人群提供戒烟咨询和戒烟药物等。

（七）倡导健康公平和社会保障

借助国家的各种政策和经费支持，在满足基本条件的前提下，最大限度地提高卫生服务水平，促进健康公平性提高。实施扶贫帮困措施，促进社会保障公平性。

（八）督导和评估

评价是全面监测项目计划的执行情况、控制计划实施质量、确保计划实施成功的关键性措施，也是评估项目计划是否成功，是否达到预期效果的重要手段。评价不是在计划实施结束后才进行，而是贯穿于计划实施的全过程。

项目实施过程中，需要定期对健康村建设工作开展督导和技术支持，并采用健康村评价指标体系评估健康村建设的效果。

（九）总结和推广

及时总结项目地区健康村建设的和经验，召开现场会或经验交流会，推广健康村建设的理念和经验。

五、国内相关工作经验总结

（一）经验总结

项目前期对国内外健康促进、健康场所等工作开展了调研学习，总结出经验有：

1. 加强政府承诺，制定促进健康政策

健康村涵盖了农村规划、建设和管理等几乎所有领域，需要县、乡各级政府的支持，开发促进健康的政策，促进各层次、各部门政策制定者间的政策对话、经验交流和信息沟通，完善工作机制，营造健康的支持性环境，促进资源整合，为健康村建设提供保障。

村委会是村内活动的组织者和协调者。参与健康村建设的村长首先应作出承诺，声明支持健康村的政策。向上级递交申请，并通过村民公约、告村民书等形式让全体村民了解、参与健康村建设。

2. 倡导多部门合作、社区参与

根据所在农村的实际状况，在项目计划的制订和实施过程中，要充分倡导部门间协调和社区参与。WHO 提出健康农村行动的初衷，就是呼吁运用多部门合作、充分发挥多方力量，解决健康问题的深层次社会问题。倡导广泛的社区参与、充分发挥社区与个人的主观能动性、赋予当地群众参与健康政策的制定和实施过程的权力，关系到健康村建设的最终效果和可持续发展。

3. 社区诊断，制定适宜的当地健康村实施计划

在评价指标体系的实施之前，需要制定详细、明确的健康村建设指导方案。方案的制定需要结合中国国情，借鉴健康城市建设的经验和模式，因地制宜，发挥参建行政村在经济、环境、卫生、农业、社会等方面的优势和特长，推广健康村的理念，提高村民参与健康村建设的意识，实现健康村建设的初衷。

健康村建设的核心要素：以健康为中心，通过政治承诺和健康的公共

政策，促成跨部门行动和社区的参与，并不断地创新，达到健康的社会、健康的环境和健康人群的目的。

制定科学的健康村建设项目方案，确定干预的目标、人群、策略，包括优先干预的健康问题、确定优先干预的行为因素、确定优先干预的倾向因素、促成因素和强化因素、优先干预的环境因素。

4. 相关部门及时提供技术支持，适时开展评估

结合自评和督导时发现的各项目省和项目县的实际情况，逐渐完善指标体系内容和考核细则，在评价中不断发展指标体系。县级以下政府部门及村委会是“健康村”建设的实施主体，重点在行政村里。县级、乡级和村级政府部门承担的职责不同，应分别评价。

重视健康村建设不同时期的评价，重点是衡量一个村是否达到健康村水平的标准，但也要考虑创建健康村的过程指标。在健康村建设的不同阶段进行效果评估，为进一步开展行动提供科学的决策依据。包括：初期效果评价阶段，考核健康村方案的制定和实施；中期效果评价阶段，考核卫生、环境等各指标改变的中期效果；远期效果评价阶段，考核个体、群体和公共或环境卫生的效果。

5. 健康村是一个不断完善的过程

健康村是一个动态的概念，健康村建设的过程与结果同样重要。健康村建设过程也是不断推动促进卫生事业向前发展的过程。一次创建很难达到健康村的理想状态，需要在分阶段进行，依照“需求评估—制订健康村建设计划—实施健康村建设计划—效果评估”的步骤，科学地开展健康村建设工作，强调可持续发展。

（二）健康村创建案例

北沟村是北京市怀柔区健康促进示范村的一个代表。北沟村地处山区，全村区域面积3.22平方公里，136户，365口人，2008年农民人均纯收入10600元。这个五年前贫穷、凌乱、交通不便的山区农村，经过健康村建设后发生了巨大的变化，作为示范村向其他地区推广。北沟村主要做法有：

（1）健康政策：村内的主要健康问题都通过村民委员会讨论并达成共

识。如为保持良好的村容村貌，要求所有柴草进院，码放整齐。为预防狂犬病，防止狗咬伤村民，规定所有狗必须拴链条，不得散放等。

（2）环境改造：硬化了所有村内的街道、山间道，把道路一直修到了长城脚下。在道路两旁栽花种草，美化环境。建设北京市二类公厕，聘用专人管理，保证公厕的正常使用和环境卫生。农户积极改厕，过百户居民家采用三格式水冲方法，干净环保。村道边垃圾桶定期打药，消灭蚊蝇；犄角旮旯定期投放鼠药，消除鼠灾。

（3）健康服务改善：加强村级卫生设施建设，提供义诊、医疗咨询等活动。全村开通无线网络，村民足不出户即可实现网上就诊。

（4）健康传播：利用村级公开栏向村民宣传艾滋病、结核病、呼吸道传染病以及流感防控知识；每周一次村级广播向群众宣传健康知识；市、区爱卫会、疾控中心专家到村内免费向群众发放限盐勺、限油杯及其他健康知识宣传材料，与群众面对面交流，开展慢性病、传染病健康教育。区镇每年至少组织 4 次健康教育知识讲座，接受教育村民达 800 人次。

（5）文体活动：村内建成了图书馆、浴室和文体活动中心，并免费向村民开放。培训村民电脑知识，增强学习健康知识能力。举办评剧、秧歌、体育活动等，丰富村民文化生活。

在北沟村建设过程中，总结出的经验如下：

（1）行政村是我国最小的行政和社区部门。

（2）村长由村民依法选举，他们对村民民主包括健康负责。

（3）健康村为解决农村健康问题、疾病预防和提高健康状况创造了新的途径。

（4）良好的经济状况也许是健康村建设的重要条件，但是并非是必须条件。但是健康村则是经济发展的必需条件。

（5）村长理解他们的职责，对其接受健康村理念非常重要。

（6）健康村是一个鼓励、动员和帮助村民认识、解决健康问题的过程。

（田向阳　严丽萍　程玉兰　卢　永）

第六篇　县级医疗机构综合改革试点实施方案

编写人：刘忠和　王瑞儒

为贯彻中共中央、国务院《关于深化医药卫生体制改革的意见》（中发〔2009〕6号)、国务院《医药卫生体制改革近期重点实施方案（2009~2011年）》(国发〔2009〕12号）及卫生部、中央编办、国家发展改革委、财政部和人力资源社会保障部制定的《关于公立医院改革试点的指导意见》（卫医管发〔2010〕20号）等文件精神，在卫十一项目地区县级医疗机构开展医疗机构诊治技术优化与补偿机制改革试点基础上，总结完善，提出了进一步推动项目地区县级医疗机构综合改革工作，制定本方案。

一、指导思想

坚持以邓小平理论、“三个代表”重要思想为指导，认真贯彻落实科学发展观，坚持公立医院的公益性质，调动医务人员积极性，推进体制机制创新，提高公立医院运行效率，促进公立医院健康发展，满足人民群众基本医疗服务需求，切实缓解群众看病贵、看病难问题。

二、工作目标

在前期改革试点的基础上，根据中央有关文件精神，提出改革支付方式、实施临床路径、加强医务服务监管和完善内部激励机制的3+1综合改革模式。通过实施病种付费，在政府层面探索建立合理的医疗服务补偿机制；在医疗机构实施临床路径管理并持续改进优化，合理分担医药费用风险，从机制上主动控制医药费不合理增长；完善医疗服务监管管理制度，提高医疗服务质量，规范医疗服务行为。改革人事分配制度，充分调动医务人员积极性，激励医务人员依从临床路径全方位地做好医务服务工作。使群众切实享受到方便、安全、质优、价廉的医疗服务。

三、组织管理

为确保3+1综合改革模式改革顺利推进，各县（区）成立医院3+1综合改革领导小组，下设办公室（在医改办或卫生局)。各卫生局成立了改革领导小组，下设办公室（以下简称改革办)。

四、工作内容

（一）优化临床诊治技术

在卫生部公布的临床路径病种范围内，根据当地疾病谱和诊治技术实力，对常见病和多发病的临床诊治技术进行优化细化，建立临床路径文本，并不断优化完善，确保严格遵循循证医学原则和医学规律。要认真按临床路径服务患者，确保医疗服务质量持续提高。

（二）改革支付方式，建立医疗机构合理补偿机制

对实施临床路径管理的病种，采取以实际临床诊治服务费用为基础，确保医疗服务质量为前提，促进合理用药、合理检查等合理控制费用为目标的病种定额支付等方式，要把控制医药费用不合理增长和探索建立医疗机构合理补偿机制结合起来，改变现有的以药补医、项目付费等带来的弊端。要努力降低服务成本。

（三）建立医务服务实时监管制度与办法

在开发医院临床路径信息系统时，必须在县卫生局、合疗办、医保办（社保局）等卫生行政部门和医保管理机构设立并开通监管功能模块和端口，有关部门要建立相应的监管制度和管理办法。

（四）改革医院内部人事分配与运行制度，完善激励政策

在医院内部建立相应的监管组织，开发临床路径软件，以规范医务人员医疗服务行为。制定相应分配政策和奖惩政策，调动医务人员积极性，确保临床路径的有效实施和持续优化。

（五）研究探讨相关的外部政策与制度

该工作涉及多个部门和若干相关政策，需要政府牵头，及时协调相关部门，

为推进 3+1 综合改革模式创造宽松的外部政策和环境。

五、实施步骤

第一阶段：动员部署

（一）建立组织

1. 各县（区）政府

成立 3+1 综合改革模式推进领导小组，由县（区）政府县（区）长任组长，分管副县（区）长任副组长，县（区）发改委、财政局、人力社保局、卫生局、民政局等部门负责人及开展改革的医院院长为成员，下设办公室（在医改办或卫生局）。主要职责：

（1）将本工作纳入全县（区）医改总体计划，全面负责领导和实施。

（2）审定适合当地的临床路径管理病种。

（3）组织制定 3+1 模式改革工作方案及管理办法，协调有关部门制定临床路径管理病种付费的定额标准和参合农民、城镇职工、城镇居民补偿方案等。

（4）协调解决在实施过程中出现的困难和问题。

2. 参与改革医院

（1）成立 3+1 综合模式改革领导小组：由院长任组长，分管副院长任副组长，医务科、护理部、财务科、药剂科、信息科、审计科及医保办负责人为成员，下设 3+1 综合模式改革领导小组办公室（以下简称改革办），由医务科科长兼任主任。领导小组职责：

①制定本工作具体目标、实施方案和相关管理制度，完善协调机制。

②制定激励机制和奖惩办法。

③根据本院实际情况，开发临床路径病种。

④组织对开展科室医务人员进行培训，指导并监督各科室工作开展。

⑤协调临床路径开发与实施过程中遇到的问题。

⑥制定临床路径评价指标和评价程序。

⑦对临床路径的实施效果进行数据收集、评价和分析。

⑧根据评价分析结果提出临床路径管理的改进措施。

⑨定期向县（区）领导小组报告本工作开展相关信息。

（2）开展科室建立3+1综合模式改革实施小组：由科主任任组长，护士长、副主任、负责质控的医师为成员，由高年资主治医师任个案管理员。

①实施小组工作职责：负责提出本科室病种选择建议，协同制定相关病种临床路径，并根据相关病种路径制定办法和准则，协同制定病种的临床路径文本；负责记录、整理临床路径实施中的技术问题和相关资料，提出临床路径文本的修订建议，协同完善和修订临床路径文本；负责临床路径实施情况自评，发现问题，及时纠偏。自评周期为第一个月每周一次，从第二个季度起两周一次，到第二年改为每月一次；参与临床路径实施效果评价与分析，根据督导方案组织有关人员收集、记录相关指标信息，并开展相关问卷调查。

②个案管理员职责：负责实施小组与领导小组、质量监督考核办公室的日常联络；负责临床路径文本的牵头起草工作；指导每日临床路径诊疗项目的实施，指导经治医师分析、处理患者变异，加强与患者的沟通；负责每日向医院路径办报告入径患者基本信息及退出路径原因；根据临床路径实施情况，定期汇总、分析本科室医护人员对临床路径修订的建议，并向实施小组报告。

（3）建立3+1综合模式改革工作质量监督考核办公室：由分管院长任主任，医务科科长（改革办主任）任副主任，护理部、药剂科、信息科、财务科、审计科、医保办、质控办等科室负责人为成员。主要职责：

①拟订本工作监督考核方案、相关考核办法及指标。

②对实施临床路径的相关科室及医务人员的临床路径依从情况进行常规监测和督查。

③依据奖惩办法，结合监测和督查结果，对开展科室医务人员实施相应的奖励和惩罚。

④定期通报临床路径实施情况和效果，第一个月每周一次，从第二个季度起两周一次，到第二年改为每月通报。

⑤对监测信息进行常规统计和分析，发现问题，及时纠偏。

（二）制定实施工作方案

1. 县（区）3+1 综合模式改革实施工作方案。

2. 医院 3+1 综合模式改革实施工作方案。

（三）开展动员

1. 政府层面

县（区）政府组织相关部门（试点医院必参加）召开专题会议（或领导小组会议），审定实施工作方案，部署落实各部门职责任务，研究解决开展 3+1 综合模式改革工作相关问题。

2. 医院层面

医院召开领导小组会议，审定医院实施工作方案，研究解决开展 3+1 综合模式改革工作相关问题；召开全院动员大会（相关职能科室及试点科室必参加），进行 3+1 综合模式改革工作动员部署。

（四）医院运行机制

1. 制定监督考核方案

由医院 3+1 综合模式改革工作质量监督考核办公室拟定 3+1 综合模式改革工作质量监督考核方案，内容包括监督、评价、考核指标、考核办法等，报医院领导小组审定。

2. 制定 3+1 综合模式改革工作奖惩办法

由改革办拟定 3+1 综合模式改革工作奖惩办法，内容包括对监督、考核结果的运用，奖惩措施等，报医院领导小组审定。

第二阶段：前期准备

（一）临床路径文本制订

1. 学习卫生部临床路径文本

组织科室医务人员对卫生部公布的临床路径相关病种进行培训学习，重点对入径标准、出院标准、药物选择、变异及原因分析等内容进行深入研究。

2. 筛选病种

从本地常见病、多发病中选择治疗方案相对明确、治疗技术相对成熟、诊疗费用相对稳定、诊疗过程中变异相对较少的病种。

3. 制定临床路径文本

以卫生部公布的临床路径表单为蓝本，结合医院实际，制定出适合当地医院的临床路径文本，在临床路径文本制定过程中，强调科室全体医生参与，以便在以后实施中能达成共识，顺利进行。制定临床路径文本时，应分出必选项和可选项。所谓必选项，就是确保医疗质量、医疗安全的基本诊疗项目；所谓可选项，就是在实施临床路径单病种过程中可能会出现的又不被变异出径的相关合并症或并发症的诊疗项目。

4. 组织医护人员培训

针对不同对象分三个级别的培训，一是由院领导对卫生部、县（区）有关文件及工作方案、医院组织机构及职责、管理制度、方案、细则、费用标准测算原则等相关内容作全院性培训；二是由各科室负责人对临床路径文本的制订、费用标准测算、病种相关非特异性指标评估表的填写、患者满意度调查表的填写等内容作本科室内医务人员的培训；三是由信息科组织对临床路径软件管理及操作等内容对科室医务人员开展培训工作。

（二）费用测算

1. 最小成本、最大成本的测算

根据临床路径文本必选项目结合本地医院级别医疗服务收费标准以累加的形式计算出试点病种临床路径最小成本。根据临床路径文本必选项目（按100%计）和可选项目（按20%~40%计），结合本地医院级别医疗服务收费标准以累加的形式计算出该病种临床路径最大成本。由此得出病种费用区间作为医疗费用定额标准协商审定依据之一。

2. 近三年覆盖80%病人费用测算

利用统计学偏态分布的原理，采用SAS统计软件对医院近三年临床路径病种的病案数据进行分析处理，考虑到患者的受益面，选取可覆盖80%病人费用数据作为医疗费用定额标准审定依据之一。在对数据进行处理过程中，要注意剔除床位费为0、检查费为0、诊疗费为0、手术费为0（手术病人）等极端情况的病例，以及比数据平均值大一倍以上，或与绝大部分数据所处的区间存在明显差距的病例；对于年病例样本较少的情况（N<5），将所有年份的数据通过消费者物价指数（CPI）调整到同一基年进行测算。

（三）软件开发及测试

1. 嵌入式临床路径软件开发

利用HIS系统平台，以嵌入式开发临床路径软件，将临床路径文本按要求导入临床路径软件系统。临床路径软件开发流程图见附件一。

2. 医保对接

临床路径软件开发应与人力社保局的医保部门相对接，以便实施临床路径网络监管及报销。临床路径软件对接操作流程图见附件二。

3. 软件测试

在病种医疗费用定额标准实施之前，医院及医保管理部门均应对软件的可行性、合理性等方面进行测试，尤其是医院在确保医疗质量、医疗安全方面，对每一个环节均应严格把关，并做出可靠的应急预案。

（四）病种费用定额标准及管理办法

1. 病种费用定额标准

综合理想状态下病种最小成本和最大成本的费用数据及与单病种相关联的近三年覆盖80%病人的实际费用数据，在县领导小组组织下，由县（区）发改委、财政局、合管办、人力社保局、卫生局、民政局与推行单病种优化临床路径模式改革医院会商，以降低病人自付费用和保护医务人员积极性、确保医疗质量为原则，在保证新农合与医保基金安全性和提高基金使用效率的基础上，科学合理地确定各试点病种的定额支付标准和相应的补偿机制。

2. 管理办法

推行3+1综合改革模式，要由当地政府出台相关管理办法，规定纳入病种的入径率、入径标准、出院标准、费用结算办法。在确定病种费用定额标准时，应适当降低病种医疗费用，通过取消报销起付线及药品目录、诊疗项目目录中规定的政策自付费用和保持原报销比例不变等方式，降低患者实际自付费用。

第三阶段：组织实施

（一）实施

由科室实施小组负责组织，对符合入径标准的病例按临床路径实施流程图（附件三）进行管理，定期开展临床路径实施效果评价与分析。

（二）监督

运行初期，应当进行日报、周报、月报，各相关行政职能科室应根据各自的职责开展监督，监督内容主要为临床路径管理、病种相关非特异性指标、临床路径执行情况三个方面，对个案管理员的科室日报情况、主管医师对病种相关非特异性指标评估登记表（附件四）的登记情况进行重点监督。

（三）激励

病种优化临床路径模式改革工作在初期运行阶段，主要以激励为主，以推动此项工作的开展。随着改革工作的深入开展，逐步加大奖惩。奖惩的主要内容为临床路径管理、病种相关非特异性指标、临床路径执行情况，奖惩的对象为开展科室及科室管理层人员、主管医师、个案管理员。

（四）医保监控

政府卫生行政部门、医保管理机构要强化、实化对医疗质量和医疗费用监管工作，落实医疗服务各项管理制度与规范。在医院信息化系统上增设监管功能模块和端口，全面、实时地对医疗服务过程进行监管，如入径病例是否符合入径标准、出院标准、14 日和 31 日再住院情况等，并对入径患者的满意度进行调查，及时发现未按规定路径执行的病例情况等，采取措施，控制人为病例变异和退出路径，防止费用转移和出入院数量造假等问题发生。制定相应分配政策和奖惩办法。

第四阶段：开展评估

（一）定期开展评估

县领导小组建立临床管理专家组，对试点医院临床路径管理工作进行独立评价，确保医疗质量。评价结果作为医院病种定额补偿数量依据，并定期向省和中央项目办通报评价结果。

医院对试点科室医务人员实施定期督查和奖惩，由医院改革办牵头，医务科、护理部、审计科、药剂科、财务科、医保办、质控办、信息科组成评估小组，对医疗服务行为、医疗服务质量、医疗费用、患者及医务人员的满意度等方面进行月评估和季度评估，评估结果与奖惩情况在每月科主任例会进行通报。

（二）持续改进

对评估中发现的问题，及时开展调研，认真分析，找出解决问题的办法。在评估中涉及组织机构、运行机制及管理办法的问题，应及时作出调整，优化组织机构、运行机制及管理办法；对由于改革带来的医疗机构可能潜在的风险，应当作出客观性评价，以书面请示或在政府召开专题会议时提出并解决。

第五阶段：扩大病种

3+1 综合改革模式运行一段时间后，可进一步扩大病种，把基层医疗机构诊疗过程中大多数常见病、多发病符合卫生部临床路径标准的病种纳入 3+1 模式进行管理，让大多数患者在一定程度上可享受改革带来的实惠。要逐年扩大试点病种数量，积累经验，待条件成熟时实行更为科学合理的疾病诊断相关分组付费（DRGs）方式。

六、有关工作要求

（一）统一思想，提高认识

3+1 综合改革模式是公立医院改革的重要内容，是兼顾医疗质量管理和效率管理、促进公立医院改革的具体探索。各县（区）政府和公立医院要充分认识开展此项改革工作的重要意义，切实加强组织领导，以高度负责的态度组织实施，确保改革工作的顺利开展。

（二）落实责任，务求实效

各部门要积极协助医院开展改革工作。各医院要紧密结合本单位实际，认真进行调查研究，选择有代表性的专业和病种，按照卫生部下发的各病种临床路径、《临床诊疗指南》、《临床技术操作规范》和国家基本药物目录，制定详细的实施工作方案，优先使用基本药物，确定具体工作目标和实施步骤，切实落实工作责任，做到责任到人、指标到人。认真组织开展对相关临床科室工作开展情况和效果的检查、监督和考核工作，确保改革工作顺利进行。

（三）积极探索，总结提高

3+1 综合模式改革工作是一项全新的工作任务，各开展医院要在工作中认真学习，深入研究，加强交流，大胆探索，勇于创新，不断总结，及时研究解决工作中遇到的困难和问题，为研究 3+1 综合改革模式工作相关管理制度和工作长效机制积累宝贵经验。

附件一

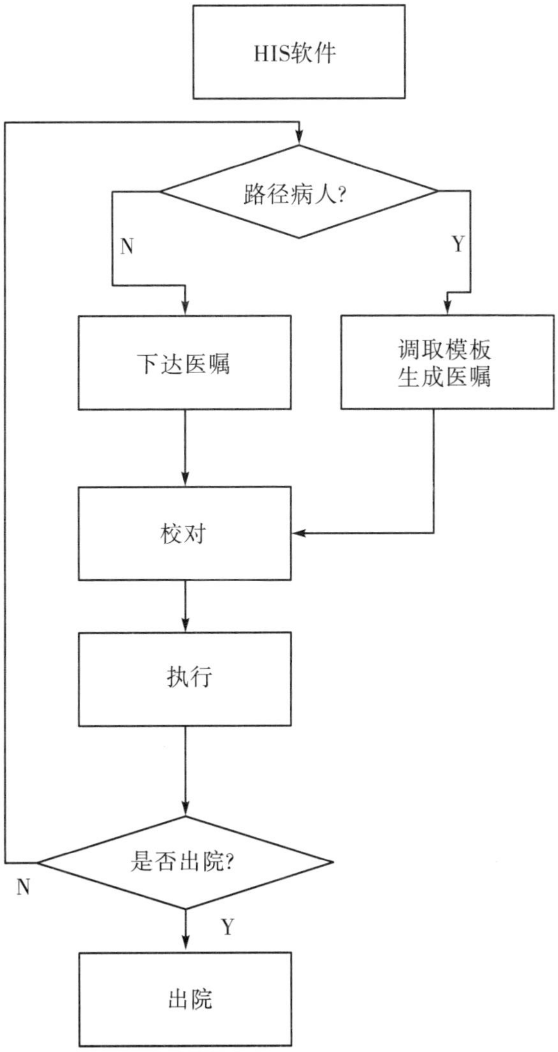

临床路径软件开发流程图

附件二

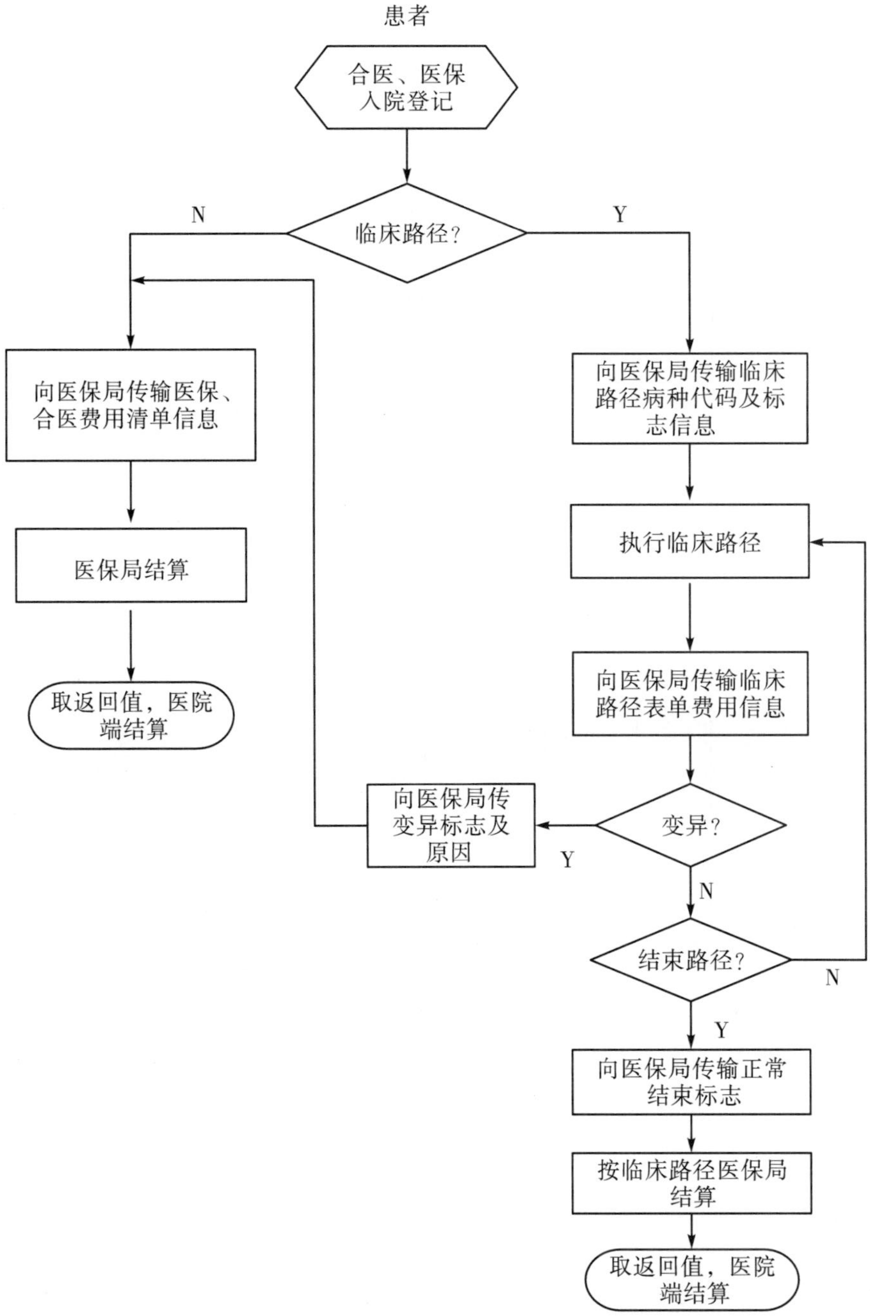

临床路径软件对接操作流程图

附件三

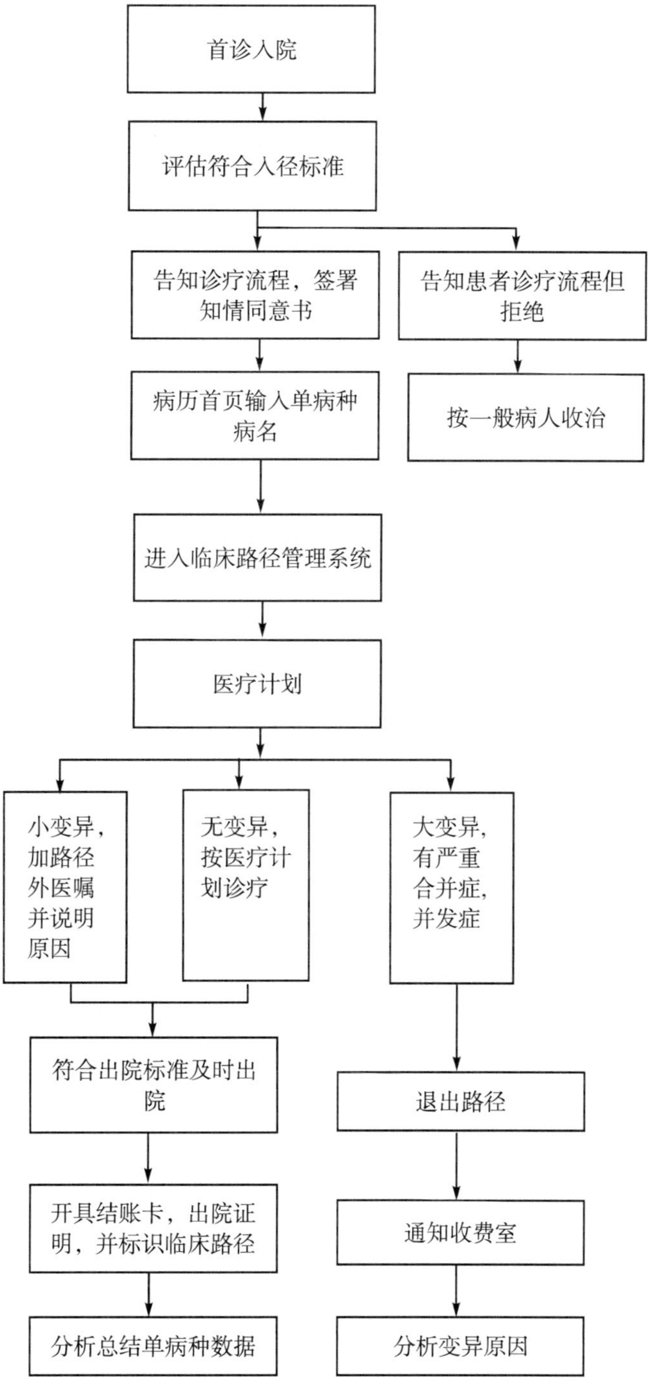

临床路径实施流程图

附件四

单病种相关非特异性指标评估登记表

科室名称__________ 病种名称__________病人姓名__________

序号	评估指标		结果	
	一、效率指标			
1	住院日（天）			
2	手术病人术前住院日（天）			
	二、效果指标			
3	死亡		是	否
4	治愈		是	否
5	好转		是	否
6	医院感染		是	否
7	手术病人手术部位感染		是	否
8	再住院	14 日再住院	是	否
		31 日再住院	是	否
9	手术病人非计划重返手术室		是	否
10	并发症/手术后并发症		是	否
	（1）			
	（2）			
	（3）			
	三、工作量指标			
11	住院患者总人数			
12	临床路径执行情况	进入路径	是	否
		完成路径	是	否
13	出现变异		是	否
	四、抗菌药物使用指标			
14	使用三线抗菌药物		是	否
15	抗生素使用天数（天）			
16	手术病人预防性抗菌药物应用类型			
17	手术病人预防性抗菌药物应用天数（天）			
	五、卫生经济学指标			

续 表

序号	评估指标	结 果
18	单病种次均费用（总费用和总药费）	
19	单病种日均费用（总费用和总药费）	
20	单病种药品费用	
21	单病种抗菌药物费用	
22	单病种抗菌药物费用比例（%）	
23	单病种耗材费用	
24	单病种耗材费用比例（%）	
25	单病种检查费用	
26	单病种检查费用比例（%）	

注：本表记录每个单病种患者。